桂山 金 星 元 校閲

原本小學集証

明文堂

原本

小學集註

上

御製小學序

小學何為而作也古之人生甫八歲必受是書即三代教人之法也自嬴秦坑焚
以來經籍蕩殘存者幾希此新安朱夫子之所以慨然乎世教之陵夷輯舊聞而
牖來學者也嗚呼是書也規模節次粲然備具有內外之分有本末之序曰立教
曰明倫曰敬身茲三者內也本也次言稽古所以撫往行而證之也曰嘉言曰善
行茲二者外也末也果於斯三者沈潛反覆驗之于身則二者不過推廣而實之
而已譬如綱舉則目張根培則枝達此正小子入道之初程蒙養之聖功豈易言
哉若夫敬身一篇儘覺緊切蓋嘗論之敬者聖學之所以成始成終徹上而徹下
敬怠之間吉凶入判是以武王踐阼之初師尚父之所以惓惓陳戒者不越乎是
學者誠有味于斯動靜必於敬造次必於敬收吾出入之心立吾正大之本今日
下一功明日做一事於不知不覺之中靈臺泰然表裏洞徹則進乎大學所謂修
身齊家治國平天下之道特一舉而措之矣其於風化烏可少補云爾
歲在甲戌春正月哉生魄序

通政大夫兵曹參知臣李德成奉
　教書

小學書題

●어린 아이 배우는 글을 쓴이라

皆平聲

古者小學에 敎人以灑掃應對進退之節와 愛親敬長上聲 隆師
親友之道니하 皆所以爲修身齊家治國平天下之本이니治平聲後凡不圈者

옛 소학에 사람을 가르치되 물 뿌리고 쓸며 대답하고 나아들며 물러가는 예절과 어버이를 사랑하며 어른을 공경하고 스승을 존대하며 벗을 친하는 도리로 써 가르치니 다 써 몸을 닦으며 집을 정제하고 나라를 다스리며 천하를 평정케 하는 근본이 되느니라

(集解)小學 小子所入之學也 三代盛時 人生八歲 皆入小學而受敎焉 灑 謂播水於地 以浥塵 掃 謂運帚 於地 以去塵 應 謂唯諾 對 謂答述 節 禮節也 親 父母也 長 尊長也 親 近也 道則講習之方 也 此言小學之敎 所以爲他日 大學修齊治平之根本也

而必使其講而習之於幼穉之時治는 欲其習與智長上하이오 化
●반드시 하여금 그 어렸을때 강독하여 익히는 것은 그 익힘이 지혜로 더불어 자라나게 되며 마음

與心成而無扞汗格不勝升之患也니
●더부러 마음이 이루어져서 막히고 이기지 못한 근심이 없느니라

(正誤)扞格 牴牾不相入也 ○按 格 如民莫敢格之格 即拒逆之意 讀如字

(集說)陳氏曰不勝 不能勝當其敎也 言 人於幼穉之時 心智未有所主 及時而敎之 欲其習與智俱長 化與 心俱成 而無扞格難入 不勝其敎之患也

今其全書를 雖不可見나이 而雜出於傳去聲 記者 亦多마는언 讀
者 往往에 直以古今異宜로 而莫之行니하 殊不知其無古

二

今之異者는 固未始不可行也ㅣ라니

(이제 그 모든 글을 비록 보지 못하나 전기에 섞여서 나왔는 것이 많건마는 읽는 자가 간혹 예전과 이제가 다르므로써 행하지 아니 하나니 자못 그 예전과 이제가 다름이 없는 것은 진실로 비로소 가히 행하지 못할 것이 아닌 줄을 알지 못하느니라)

(增註) 直 猶但也 殊 猶絶也 (集解) 全書 謂三代小學教人之書 傳記 謂今所存曲禮內則諸篇也 夫 無古今之異 即朱子 蒐輯以成此書者 是也 自坑焚之後 載籍不全 其幸存者 世人 直以時世不同 莫之能行 盖絶不知其中 無古今之異者 實可行也

●今頗蒐輯하여 以爲此書하여 授之童蒙하여 資其講習하노니 庶幾평聲

(이제 자못 찾아 모아서 써 이 글을 만들어서 어린 아이를 주어서 그 강습하고 익힘을 도우노니)

(集說) 陳氏曰 蒐 索也 輯 聚也 授 付也 童蒙 童幼而蒙昧也 資 助也 庶幾 近辭 風化 詩序 謂風 風也 教以動之 風以化之也 萬一 萬分之一也 云爾 語辭 朱子此書 續古者小學之教 其有補於國家之風化 大矣 曰庶幾 曰萬一 皆謙辭耳 吳氏曰朱子之於世教 豈惟有補於當時 實則有功於萬世也

●有補於風化之萬一云爾라니

(거의 풍속과 교화에 만분의 하나라도 도움이 있으리라 이르리라)

●淳熙丁未三月朔朝에 晦菴은 題하노라

(순회 정미 삼월 초하루에 회암은 쓰노라)

(集說) 陳氏曰淳熙丁未 宋孝宗十四年也 晦菴 朱子別號也

小學集註攷訂

總論

許氏衡曰小　學大義其略曰

立教　上本曰　他本無字

第三板擇於諸母與可者　謂朱子曰可保也後漢書有附阿即所　列女傳作阿母

教以右手註取其便　○便　今吳本氏第四板作強

明倫

第三板皆佩容臭　大雅公劉篇註或曰容臭如　刀耳朱子曰容臭如今之香囊是也安城之劉　謂輜軿之中

氏曰臭者香物莒　之容臭耳朱子詩註如此小學所謂容舌亦是盛香之囊耳　菖蘭之屬亦以香之中是謂

第三十二板執摯以相見註雖父母之親　本第三十作子○母當三十八板今

敬身

第九板母循枉註是二過矣　嘉言本第十作貳板○今　二本第十作一板○今

第二十一板病臥於床委之庸醫比之不慈不孝　身病臥於床非也父母與子之身即父乃　病臥於床吾之身即父

比之不慈不疾病死事親生者尤係不可委不知於庸醫之手致誤其身下則　母之遺體不孝者尤係而不可不知醫術也之禮註朱子曰身下則

也

不二程以傳後言病故比之於不有慈上字○不足以奉先故比於不孝

第二十六板二溢米註溢謂二十四分升之一也
沈括曰今秦漢以前量六斗當今一斗二升十九合古之一溢為
量比今甚小儀禮註說恐是○今一本第二升十九板盖分兩之一溢云

第三十一板劉安禮註安禮字立之作字名當居是邦不非其大夫註朱氏曰
本氏當作子十五○板今

第三十六板鄰下風俗註造請謁人於外
善行　今請本第當四十板字謂○

第七板藍田呂氏註呂氏兄弟四人長大中○言今行錄中本第八作板忠

第十七板汲　景帝時太子出見　本第當十作九則板○今

第二十五板冀其意阻　今本他本第二十七板作沮當考○

第三十五板厠　註近身之小衫　東韻南人㿺謂鑿木空中如槽史記註㿺註孟康曰

恐誤　第三○十七今板

第四十板生祥下端無休期　是休○他今本今本作時考本第四十三板時字

右文元公金長生攷訂　數文第元次公本攷訂同恐據覽舊者本冊致板疑與故各今條活之字下印並本以葉

今以本便第考次准附本

載今以本

小學題辭

●소학을 쓴 말이라

(集說)饒氏曰小學者 小子之學也 題辭者 標題書首之辭也

元亨利貞은天道之常이오仁義禮智는人性之綱이니

●원과 형과 리과 정은 하늘 도의 떳떳 함이요 인과 의와 예와 지는 사람의 성품의 벼줄이니라

(正誤)元者 生物之始 亨者 生物之通 利者 生物之遂 貞者 生物之成 四者 天道 自然之本體也 且

(集說)元者 仁之理 義者 宜之理 禮者 恭之理 智者 別之理 四者 謂之人性 人心所具之
天理也 統萬善而不遺 故曰綱 ○元 於時 爲春 於人 爲仁 亨 於時 爲夏 於人 爲禮 利 於時 爲秋 於
人 爲義 貞 於時 爲多 於人 爲智

(集說)此一節言天道流行 賦於人而爲性也

凡此厥初ㅣ無有不善야藹然四端이隨感而見이니

●무릇 그 처음이 착하지 아니함이 없어서 뚜렷이 녯끝(인과 의와 예와 지)이 감정에 따라 나타나
느니라

(集說)饒氏曰此者 指上文 仁義禮智之性也 厥初 謂本然也 藹然 衆盛貌 端 緒序也 孟子曰惻隱之心 仁
之端也 羞惡之心 義之端也 辭讓之心 禮之端也 是非之心 智之端也 感者 自外而動於內也 見者 自內而
形於外也此 言人性 其初本善 是以 四者之善端 藹藹然隨其物之所感動而 形見也

(集說)此一節 言性發而爲情也

愛親敬兄과忠君弟長이是曰秉彝라有順無疆이니

●부모를 사랑하고 형을 공경하는 것과 임금에게 충성하고 어른에게 공경하는 것이 이것을 말하기
를 본래 가진 떳떳한 도리라 순함은 있고 강작 함은 없느니라

(集說)饒氏曰忠者 盡己之謂 弟 順也 秉 執也 彝 常也 言 愛親敬兄忠君弟長 此四者 乃人所秉執之常
性 皆出於自然而非勉疆爲之也

(集說)此一節言性之見於行也

六

●惟聖은 性者라 浩浩其天이시니 不加毫末이라도 萬善足焉이라

오직 성인은 천성 그대로 하는 사람이라 넓고 넓은 그 하늘이시니 털끝 만치 더하지 아니 하며 모든 착함이 족하느니라

(集說)饒氏曰惟 語辭 浩浩 廣大貌 天 卽理也 毫末 言至微也 此 言聖人 無氣稟物欲之累 天性渾全 浩
浩然廣大 與天爲一 不待增加毫末而萬善自足 無少欠缺也

(集說)此一節 言聖人之盡其性也

衆人은 蚩蚩物欲交蔽여하 乃頹其綱여하 安此暴棄라니

모든 사람은 어리석고 어리석어서 물욕이 서로 덮혀서 기강을 물어트려서 이 자포자기함을 편안하게 여기느니라

(集說)饒氏曰衆人 凡民 蚩蚩 無知之貌 物欲 謂凡聲色臭味之欲也 交 互也 蔽 遮也 暴 害也 此 言衆
人 氣稟昏愚 物欲交蔽 是以 頹墜其仁義禮智之綱 而安於自暴自棄也

(集說)此一節 言衆人之汨骨其性也

●惟聖이 斯惻建學立師사하 以培其根며하 以達其支사하니라

오직 성인이 이 슬퍼 하시사 학교를 세우고 스승을 세워서 써 뿌리를 북돋우며 그 가지를 발달케 하느니라

(集說)饒氏曰斯 語辭 此 言聖人 憫人安於暴棄 故 爲建學立師 以教之 使之養其仁義禮智之性 如培壅
木之根本 充其惻隱羞惡辭讓是非之端 與夫愛親敬兄忠君弟長之道 如發達木之支條也

(集說)此一節 言聖人 興學設教之意

●小學之方은 灑掃應對며하 入孝出恭여하 動罔或逾니佩니 行有餘
力든이어 誦詩讀書며하 詠歌舞蹈여하 思罔或逾라니

어린 아해 배우는 방법은 물 뿌리고 쓸고 대답하고 심부름을 하며 들어와서는 효도하고 나가서는 공손해서 행동이 혹 넘침이 없는 것이니 행하다 남은 힘이 있거든 시를 외우고 글을 읽으며 노래를 부르며 춤추고 뛰어 놀아서 생각이 혹 넘치지 달것이니라

窮理修身은 斯學之大니 明命赫然여하 罔有內外니하 德崇業廣
야라 乃復其初니 昔非不足이어 今豈有餘오리

(集解) 罔 無也 悖 戾也 餘力 猶言暇日 手日舞 足日蹈 詠歌舞蹈 皆學樂之事 逾越也
饒氏曰 此 言小學之方 必使學者 謹夫灑掃應對之節 入則愛其親 出則敬其長 凡所動作 無或悖戾乎此也
行此數者 而有餘力則誦詩讀書 詠歌 以習樂之聲 舞蹈 以習樂之容 凡所思慮 無或逾越乎此也
(集說) 此一節 言小學之敎

(集解) 饒氏曰 明命 即天之所賦於人 而人之所得以爲性者也 赫然 明盛貌 德者 道之得於內者也 業者 功
之成於外者也 復 還也 初 謂本然也 此 言格物知致 以窮究其理 誠意正心 以修治其身 此乃大學之道也
然 天之明命 赫然昭著 無有內外之間 學者 誠能從事於大學 使物格知至意誠心正身修 而德之積於內者
極乎崇高 業之施於外者 極乎廣博 則有以復其性之本然矣 昔日之安暴棄也 此性 固非不足 今日之德崇
業廣也 此性 亦非有餘 但昔爲氣稟物欲之所蔽 今則復其本然耳
(集說) 此一節 言大學之敎

● 이치를 궁리하며 몸을 닦음은 이 학문의 큰 것이니 밝은 하늘 명이 혁연(빛나는 것)하여 안과 밖
이 있지 아니하니 덕이 높으고 사업이 넓으니 이에 그 처음을 회복하니 예전에 부족함이 아니거니
지금 어찌 남음이 있으리요

● 世遠人亡여하 經殘敎弛하여 蒙養弗端고하 長益浮靡야하 鄕無善
俗며하 世乏良材야하 利欲紛挐며 異言喧豗 니라

(集解) 饒氏曰 人 謂聖人 經 六經也 端 正也 挐 牽引也 靡 相擊也 此 言自前世既遠 聖人既没 六經殘
缺而敎法 亦廢弛矣 小學之敎 廢則自童蒙之時 而養之不以其正 大學之敎 廢則至年長而所習 日益輕浮
華靡 是以 鄕無淳厚之習 世無粹美之人材 但見利欲之習 紛然而相牽引 異端之言 喧然而相攻擊也
(集說) 此一節 言後世敎學不明之害

● 세대가 멀고 성인이 없어서 글이 쇠잔하고 교화가 풀리어서 어린 아이 기르기를 단정하지 못하고
커서 더욱 부랑해서 마을에는 착한 풍속이 없으며 세상에는 어린 인재가 다해서 이욕(利欲)이 어지
럽게 이끌며 괴이한 말이 분주하게 공격하느니라

幸茲秉彝ㅣ極天罔墜라爰輯(集)舊聞이야하庶覺來裔리(以制하노)嗟嗟(切니)

小子야敬受此書라하匪我言耄(冒ㅣ)惟聖之謨ㅣ시니라

●다행히 이 본래 가진 떳떳한 도리가 하늘이 다하도록 떨어지지 않느니라 이에 예전 문견을 모아서 거의 오는 후예를 깨닫게 하오니 슬프고 슬프다 애들아 공경히 이글을 받으라 내가 늙어서 하는 말이 아니라 오직 성인의 가르치신 것이니라

(集說)饒氏曰極은終也라極天罔墜는言人之秉彝萬古常存也라爰은於也라裔는衣襟之末이라來裔는謂後學也라嗟嗟는

(歡辭)我는朱子自謂也라耄는老而昏也라

(集說)此一節은言集小學開後學之意라

原本小學集註總論

程子曰古之人自能食能言而教之是故小學之法以豫爲先蓋人之幼也知思未有所主則當以格言至論日陳於前

使盈耳充腹久自安習若固有之者後雖有讒說搖惑不能入也若爲之不豫及乎稍長意慮偏好生於內衆口辨言

鑠於外欲其純全不可得已

朱子曰後生初學且看小學書那箇是做人底樣子

又曰脩身大法小學書備矣義理精微近思錄詳之

又曰古之學固以致知格物爲先然其始也必養之於小學則在乎灑掃應對進退之節禮樂射御書數之習而已聖

賢開示後人進學門庭先後次序極爲明備

又曰古之教者有小學有大學其道則一而已小學是事如事君事父兄等事大學是發明此事之理就上面講究委曲

所以事君事親等事是如何

又曰古人由小學而進於大學其於灑掃應對進退之間持守堅定涵養純熟固已久矣大學之序特因小學已成之功

又曰古人於小學存養已熟根基已自深厚到大學只就上點化出些精采

又曰古人小學教之以事便自養得他心不知不覺自好了到得漸長更歷通達事物將無所不能 今人既無本領只去

理會許多閑汨董百方措置思索反以害心

又曰古人於小學自能言便有教一歲有一歲工夫到二十來歲聖賢資質已自有三分了大學只出治光彩而今都蹉

過了不能更轉去做只據而今地頭便割住立定腳跟做去如三十歲覺悟便從三十歲立定腳跟做去便年八九十

歲覺悟亦當據現在割住做去

又問某自幼既失小學之序矣請授大學何如朱子曰授大學也須先看小學書只消旬月工夫

李周翰諸教屢歎年歲之高未免時文之累朱子曰這須是自見得某所編小學公宜仔細去看也有古人說話也有今

人說話

或問某今看大學如小學中有未曉處亦要理會 朱子曰相秉看不妨學者於文爲制度不可存理會不得之心須

立箇大規模都要理會得至於明暗則係乎人之才如何耳

陸氏九淵曰古者教子弟自能言卽有教以至灑掃應對之類 皆有所習故長大易言今人自小只敎做對稍大卽

教作虛誕之文皆壞其性質也

呂氏祖謙曰後生小兒學問且須理會曲禮少儀儀禮等學灑掃應對進退之事及 先理會爾雅訓詁等文字然後可以

語上下學而上達自此脫然有得不如此則是躐等終不得成也

陳氏淳曰程子說主敬工夫可以補小學之闕蓋主敬可以收放心而

　　　　　　立大本大本既立然後大學工夫循序而進無往

不通大抵主敬之功貫始終一動靜合內外小學大學皆不可無也

又曰朱子小學書綱領甚好最切於日用雖至大學之成亦不外是

李氏方子曰先生五十八編次小學書成以訓蒙士使培其根以達其支內篇曰立教曰

　明倫曰敬身曰稽古外篇二取

古今嘉言以廣之善行以實之雖已進乎大學者亦得以兼補之於後修身大法此略備焉

　較古人爲學之次第班孟堅漢史雖說小學大學

直氏德秀曰小學之書先載列女傳胎教之法而繼以內則之文合二章觀之小學之教略備矣

規模大略然亦不見其間節目之詳也千有餘年學者各以己意爲敎爲學高者入於空虛卑者流於功利雖苦心極力博

許氏衡曰小學大義其略曰自始皇焚書以後聖人經籍不全無由考

識多聞要之不背於古人者鮮矣近世新安朱文公以孔門聖賢爲敎爲學之遺意恭以曲禮少儀弟子職諸篇輯爲

小學之書其綱目有三立敎明倫敬身次稽古所以載三代聖賢已行之迹以實前篇立敎明倫敬身之言以合外篇嘉

言善行載漢以來賢者所言之嘉行其善行亦不過立敎明倫敬身也衍內篇之言以合外篇則知外篇

者小學之枝流約以外篇之言以合內篇則知內篇者小學之本源合內外而兩觀之則小學之規模節自無所不備矣

又曰小學之書吾信之如神明敬之如父母

原本小學篇目

原本小學集註篇目

終

實敬身二十八章
內外篇凡三百八十六章

原本小學集註總目

原本小學集註卷之一

建安何士信　集成
海虞吳訥　集解
姑蘇陳祚　正誤
天台陳選　增註
淳安程愈　集說

內篇

立敎第一

(集解)立은 建也-라 敎者 古昔聖人 敎人之法也니 凡十三章

● 가르침을 세우는 차례 처음이라

子思子- 曰天命之謂性이오 率性之謂道-오 修道之謂敎-l라하시니

則(칙)天明하며 遵聖法하야 述此篇하야 俾爲師者로 知所以敎하며 而弟

子-로 知所以學라하노

(集解)子思 孔子之孫 名伋 子思 其字也 下子字 後學 宗師先儒之稱 朱子曰 命 猶令也 性 卽理也 天以陰陽五行 化生萬物 氣以成形而理亦賦焉 猶命令也 於是 人物之生 因各得其所賦之理 以爲健順五常之德 是則所謂性也 率 循也 道 猶路也 人物 各循其性之自然 則其日用事物之間 莫不各有當行之路 是則所謂道也 修 品節之也 性道雖同而氣禀或異 故 不能無過不及之差 聖人 因人物之所當行者而品節之 以爲法 於天下 則謂之敎 若禮樂刑政之屬 是也 (增註)則 法也 天明 天之明命 卽天命之性也 遵 循也 聖 法聖 人之法 卽修道之敎也 俾 使也 此篇所述 皆道之當然 原於天而立於聖人者也 師之所以敎 弟子之所以 學 無有切於此者矣

● 자사자가 말하기를 하늘이 명한 것을 이르되 성품이요 성품을 따르는 것을 이르되 도리요 도리를 닦는 것을 이르되 교훈이라 하시니 하늘의 밝은 것을 본받으며 성현의 법을 따라서 이책을 지어서 스승된 자로 하여금 가르칠 바를 알게 하며 제자로써 배울 바를 알게 하노라

原本小學集註卷之一

列女傳에 曰古者에 婦人이 妊子(壬子)에 寢不側(仄하)며 坐不邊하며 立不
蹕(畢하)며
열녀젼에 말ᄒᆞ기를 예젼에 부인이 자식을 잉태함에 기울게 자지 아니ᄒᆞ며 가에 앉지 아니ᄒᆞ며 섯
(集解)列女傳漢 劉向所編 姙 娠申也 側 偏其身也 邊 偏其身也 蹕 當作跛 謂偏任一足也

不食邪味ᄒᆞ며 割不正(이어)든 不食ᄒᆞ며 席不正(이어)든 不坐ᄒᆞ며
●사특한 것을 먹지 아니ᄒᆞ며 베힌 것이 바르지 아니ᄒᆞ거든 먹지 아니ᄒᆞ며 자리가 바르지 아니ᄒᆞ
거든 앉지 아니ᄒᆞ나니라
(集解)邪味 不正之味 割 切肉也 席 坐席也

目不視邪色ᄒᆞ며 耳不聽淫聲ᄒᆞ고 夜則令瞽(고로) 誦詩ᄒᆞ며 道正事ᄒᆞ더니라
●눈으로 사특한 빛을 보지 아니ᄒᆞ며 귀로 음란한 소리를 듣지 아니ᄒᆞ고 밤이면 눈을 감고 시를 외
우며 바른 일을 말ᄒᆞᄂᆞ니라
(集說)陳氏曰邪色 不正之色 淫聲 不正之聲 道 言也 正事 事之合禮者 (集解)瞽 無目樂師也 詩 二南
之類 正事 如二典之類

如此則生子에 形容이 端正ᄒᆞ며 才過人矣리라
●이같이 한면 자식을 낳음에 형용과 얼굴이 단정하며 재주가 남 보다 지내치ᄂᆞ니라
(集說)此 言 姙娠之時 當愼所感 感於善則善 感於惡則惡也 李氏曰人之有生 以天命之性 言之 純粹至
善 本無有異 以氣質之性 言之 則不能無淸濁美惡之殊 淸 智而濁乃愚 美乃賢而惡乃愚 姙娠之初感
化之際 一寢 一坐 一食 一視 一聽 實淸濁美惡之機栝 智愚賢不肖之根柢也 爲人親者 其可忽慢而不敬
畏哉

○內則(측)에 曰凡生子에 擇於諸母와 與可者되 必求其寬裕

慈惠溫良恭敬愼而寡言者ㅣ여하 使爲子師ㅣ니라

●내칙에 말하기를 무릇 자식을 낳음에 모든 어미와 더부러 옳은 사람을 가리되 반드시 그 너그럽고 넉넉하고 자혜하고 온순하고 어질고 공경하고 신중해서 말이 적은 사람을 구해서 하여금 자식의 스승을 삼을 것이니라

(集說)陳氏曰內則은 禮記篇名이니 言閨門之內니라 執儀可則이오 諸母는 衆妾也ㅣ오 可者는 謂雖非衆妾이라도 而可爲子師者는 寬

裕慈惠溫良은 恭敬이오 愼而寡言者는 婦德之純也ㅣ니 故로 使之爲子師는 以敎子焉이니 司馬溫公曰乳母不良이면 非惟敗亂

家法이라 兼令所飼似子類之니라

子能食食ㅣ어든 敎以右手ㅣ며하 能言이어든 男唯女兪ㅣ며하 男鞶革이오 女

鞶絲ㅣ니라

●자식이 능히 밥을 먹거든 오른 손으로 써 가르치며 능히 말을 하거든 남자는 큰 소리로 하며 여자는 부드러운 소리로 하며 남자의 띠는 가죽으로 하고 여자의 띠는 실로 하느니라

(集解)食은 飯也ㅣ오 右手는 取其便이라 男女ㅣ 同也ㅣ오 唯는 應之速이오 兪는 應之緩이니 男女ㅣ 異也ㅣ오 鞶은 大帶也ㅣ오 革은 皮也ㅣ니 一說에 鞶은 小囊이니 盛帨라 則敎以恭敬尊長은 有不識尊

卑長幼者는 則嚴詞禁之니라

六年이어든 敎之數與方名이니라

●여섯 살이 되거든 숫자와 동서남북을 가르칠 것이니라

(集說)陳氏曰數는 謂一十百千萬이오 方名은 東西南北也ㅣ니라

七年이어든 男女ㅣ不同席하며 不共食이니라

●일곱 살이 되거든 남녀가 같은 자리를 아니하며 한 그릇(한자리)에 먹지 아니하느니라

(集成)顏氏家訓에 曰教婦初來教兒嬰孩ㅣ라 故로 在謹其始니 此其理也ㅣ니라 若夫子之初生也에 使之不知尊卑長幼之

禮하야 遂至侮慢父母하며 歐擊兄娣라도 父母ㅣ 不知訶禁하고 反笑而獎之하야 彼旣未辨好惡하고 謂禮當然이라 及其旣長하야 習已成性하야 乃

怒而禁之라도 不可復制어든 於是에 父嫉其子하고 子怨其父하야 殘忍悖逆이 無所不至하나니 此蓋父母ㅣ 無深識遠慮하야 不能防微杜漸

溺於小慈하야 養成其惡故也ㅣ니라

八年이어든 出入門戶와 及即席飲食에 必後長者여하야 始敎之讓이니라

(集說) 陳氏曰不同席而坐 不共器而食 敎之有別也

(集說) 陳氏曰耦曰門 奇曰戶 即就也 後長者 謂在長者之後也 讓 謙遜也 方氏謂出入門戶 則欲其行之

(諺解) 여덟 살이 되거든 문호와 좌석에 나아가는 것과 음식에 반드시 어른 보다 뒤에 하여서 처음으로 사양하는 법을 가르치느니라

九年이어든 敎之數日이니 (聲上)

(集說) 陳氏曰數日 知朔望與六甲也

(諺解) 아홉 살이 되거든 날수 헤아리기를 가르치느니라

十年이어든 出就外傅하야 居宿於外하며 學書計하며 衣不帛襦袴하며 禮
帥初하며 朝夕에 學幼儀하되 請肄(이)簡諒이니라

(集說) 陳氏曰外傅 敎學之師也 書 謂六書 計 謂九數 襦 短衣 袴 下衣 不以帛 爲襦袴 爲其太溫也 禮 肄 習也 (集成) 孔氏曰童子未能致文故 姑
帥初 謂行禮動作 皆循習初敎之方也 幼儀 幼事長之禮儀也 肄 習也 陸氏曰請簡而易從 諒而易知之事 且使之守信故 未能擇信故

(諺解) 열 살이 되거든 바깥 스승에 나아가서 밖에 거처하고 자며 글과 산수를 배우며 옷은 명주 적삼과 바지를 아니하며 예절을 처음 가르치며 아침 저녁에 어린 예의를 배우되 청해서 간단함을 익히느니라

十有三年이어든 學樂誦詩하며 舞勺하고 成童이어든 舞象하며 學射御하나니

(集說) 吳氏曰樂 八音之器也 詩 樂歌之章也 勺 即酌 周頌 酌詩也 舞勺者 歌酌爲節而舞 文舞也 象 周
頌 武詩也 舞象者 歌武而舞 武舞 不用兵器 十三尚幼 故 舞文舞 成童 十五以上也 則稍
長矣 故 舞武舞焉 (集解) 張子曰古者 敎童子 先以舞者 欲柔其體也 心下則氣和 氣和則體柔 古者 敎
胄子 必以樂者 欲其體和也 學者 志則欲立 體則欲和也

(諺解) 열 세 살이 되거든 음악을 배우고 시를 외우며 작(춤이름)춤을 추며 더 크거든 상(춤이름)춤을 추고 활쏘고 말(馬)몰기를 배우느니라

二十而冠[貫]하여 始學禮하며 可以衣[去聲]裘帛하며 舞大夏하며 惇行孝悌하며

博學不敎하며 內而不出이니라

스무 살에 관례를 해서 처음 예절을 배우며 가히 써 갖옷과 명주 옷을 입으며 대하(춤이름)춤을 추며 독실히 효도와 공경을 실행하며 널리 배우고 가히 가르치지는 아니하며 옷을 입으며 내품하고 내지는 아니하나니라

(集解)冠은 加冠也라 始學禮는 以冠者는 成人이라 兼習五禮也라 裘는 皮服이오 帛은 繒帛이오 大夏는 禹樂이니 樂之文武兼備者也라 惇은 厚也오 博廣也오 不敎는 恐所學未精이라 不可以爲師而敎人也라 內而不出은 言蘊蓄其德하야 美於中而不自表見其能也라

○三十而有室하며 始理男事하며 博學無方하며 孫[遜]友視志라

설혼 살에 안해를 두어서 처음 남자의 일을 다스리며 널리 배우기를 방향이 없으며 벗을 공순히 해서 지조를 볼찌니라

(集解)陳氏曰 室은 猶妻也라 男事는 受田給政役也라 方은 猶常也라 遜友는 順交朋友也라 視志는 視其志意所尙也라 (增註) 博學無常하고 惟善是師하며 遜友視志하야 惟善是取

○四十에 始仕하여 方物出謀發慮하여 道合則服從하고 不可則去ㅣ니

마흔 살에 처음 벼슬을 해서 일을 처리하며 지혜와 꾀를 내여 생각을 발해서 도리에 맞은즉 복종하고 옳지 아니하면 가ㄴ(제건)니라

(集解)方氏曰 服은 謂服其事오 從은 謂從君也라

(集說)朱子曰 方은 猶對也라 物은 猶事也라 隨事謀慮也라

○五十에 命爲大夫하여 服官政하고 七十에 致事라ㅣ니

쉰 살에 명해서 대부가 되어서 관정에 복종하고 일흔 살에 벼슬을 마치느니라

(集說)陳氏曰 服任也라 上言仕者는 爲士니 此言服官政者는 爲大夫니 以長人과 與聞邦國之大事者也라 致事는 謂致還其職事於君也라

女子ㅣ 十年이어든 不出하며 姆(무)ㅣ 敎婉(완)娩(만) 聽從하며 執麻枲(시)하며

治絲繭_{하며}織紝組_祖紃_{巡하여}學女事_{하여}以共_供衣服_{하며}觀於祭祀_{하여}

제사에 보살펴서 술과 장과 대접시와 나무접시와 나물과 식혜를 드려 예절을 도우느니라

여자가 열살이 되거든 나가다니지 아니하며 여스승의 순한 말과 순한 얼굴과 듣고 쫓음을 가르치며 삼과 모시를 잡으며 실과 고치를 다스리며 비단을 짜서 여자일을 배워서 써 옷과 옷을 지으며

(集說)陳氏曰不出常處於閨門之內也 姆女師也 婉謂容貌 娩謂言語 婉謂容貌 司馬公云柔順貌 此教以女德也 枲麻之有子者 執麻枲 績事也 治絲繭 蠶事也 紝繒帛之屬 組亦織也 紃似絛 古人以置諸冠服縫中者 此教之學女事也 納進也 漿酢水 竹曰籩 木曰豆 淹菜曰菹 肉醬曰醢 此教以祭祀之禮也

納酒漿邊豆菹_{臻魚切}醢_{海하여}禮相_{去聲}助奠_{이니라}

(集解)司馬溫公曰 女子六歲 可習女工之小者 七歲 誦孝經論語

禮相長者而助其奠 此教之祭祀之禮也 (集解) 列女傳之意 略曉大意 蓋古之賢女 無不觀圖史 以自鑑戒 如蠶桑織績飲食之類 不惟正是其職 蓋必教之早習 使知衣食所來之艱難 而不敢爲奢靡焉 若夫纂繡華巧之物 則不必習也 愚謂小學之在於早 諭教 蓋非唯男子爲然 而女子亦莫不然也 故自能言 即教之以應對之緩 朝夕聽受姆師之教 教以女德 教以女工 能助相君子而宜其家人 世變日下 習俗日靡 閨門之內 至或教之習俗樂歌曲 以蕩其思 治纂組事華靡 以壞其質 養成驕态妬悍之性 以敗人之

別八年 即教以出入飲食之讓 至于十歲 則使不出閨門 謂唯男子爲然 而女子亦然也 故自能言 即教之以應對之緩 七年 謂小學之在於早 諭教 蓋非唯男子爲然

朱氏所謂孝不衰於舅姑 敬不遺於夫子 慈不偏於卑幼 義不咈於夫之兄弟 能助相君子而宜其家人 世變日下 而家道成矣 習俗日靡 豐城

家斂人之世者 多矣 嗚呼 配匹之際 生民之始 萬福之原 爲人父母 可不戒哉

十有五年而笄_{雜하고}二十而嫁_니有故_든二十三年而嫁_{니라}

열다섯 살이 됨에 비녀를 지르고 (결혼하고) 스무 살에 시집가느니라

二十 살에 시집을 가는 것이니 부모 상고가 있거든

(集說)陳氏曰笄簪也 婦人不冠 以簪固髻而已 故曰笄 故謂父母之喪

聘則爲妻_오奔則爲妾_{이니라}

빙례로 맞으면 본처가 되고 따라오면 첩이 되느니라

○曲禮에 曰幼子를 常視毋誑無況하며 立必正方하며 不傾聽이니라

(集解) 曲禮 篇名 言其節目之委曲也 視 與示同 毋 禁止辭 誑 欺也 常示之以不可欺誑者 習於正也 (增註)正方 謂正向一方 傾聽 謂側耳以聽 (集成)程子曰自幼子常視毋誑

●곡례에 말하기를 어린 아회를 항상 속임을 보이지 말며 설때에 반드시 바른 방향으로 하며 엿듣지 아니하느니라

○學記에 曰古之敎者ㅣ家有塾執하며 黨有庠祥하며 術有序하며 國有學이니라

●학기에 말하기를 예전에 가르치는 자가 집(이십오호)에 숙(학교)이 있으며 당(오백호)에 상(학교)이 있으며 나라에 국학이 있느니라

(集解) 學記 禮記篇名 古者 二十五家 爲閭 同在一巷 巷首有門 門側有塾 民在家者 朝夕受敎 於塾也 五百家 爲黨 黨之學曰庠 術 當爲州 州二千五百家 爲州 州之學曰序 敎黨學 所升之人也 天子所都及諸侯國中之學 謂之國學 以敎元子衆子 及卿大夫士之子 與所升俊選之士焉 程子 曰古者 家有塾 黨有庠 遂有序 蓋未嘗有不入學者 八歲 入小學 十五 擇其俊秀者 入大學 不可敎者 歸之於農 三老 坐於里門 出入 察其長幼進退揖讓之序 觀其所習 安得不厚也

○孟子ㅣ 曰人之有道也에 飽食暖衣하야 逸居而無敎ㅣ면 則近於禽獸ㅣ릴새 聖人이 有憂之하사 使契로 爲司徒하사 敎以人倫하시니 父子有親하며 君臣有義하며 夫婦有別하며 長幼有序하며 朋友有信이라

●맹자가 말하기를 사람의 도리가 있음에 배부르게 먹고 따뜻하게 입어서 편안하게 거처해서 가르침이 없으면 금수에 가까울세 성인이 근심함이 있으사 설(요임금의 신하 이름)을 시켜서 사도(벼슬

이름)를 시키사 써 인륜을 가르치시니 아비와 자식은 친함이 있으며 임금과 신하는 의리가 있으며

(增註) 孟子 名軻 字子輿 聖人 謂堯也 契臣名也 司徒 官名 (集解) 朱子曰人之有道 言其皆有秉彝之

性也니라 然이나 無敎則亦放逸怠惰而失之 故 聖人 設官而敎以人倫 亦因其固有者而導之耳

○舜이 命契曰百姓이 不親하면 五品이 不遜새 汝作司徒니 敬敷

●五敎하되 在寬하라

(集說) 吳氏曰舜 虞帝名 契 即上章堯所命之臣也 五品 父子 君臣 夫婦 長幼 朋友 五者之名位 等級也
遜 順也 敬 謂敬其事 敷 布也 五敎 謂以上五者當然之理 而爲敎令也 百姓 不相親睦 五品 不相遜順
故舜命契 仍爲司徒 使之敷以敷敎 而又寬裕以待之也

●夔曰命汝典樂하노니 敎冑子하되 直而溫하며 寬而栗하며 剛而無

●虐하며 簡而無傲니 詩는 言志오 歌는 永言이오 聲은 依永오 律은 和聲이니

●八音克諧하여 無相奪倫이라야 神人以和하리라

(集解) 夔 舜臣名 冑 長也 冑子 謂自天子至卿大夫之適子也 栗 莊敬也 無虐 無傲 二無字 與毋同
五聲宮商角徵羽也 律 十二律 黃鍾 大簇 姑洗 蕤賓 夷則 無射 陽律也 大呂 夾鍾 中呂
林鍾 南呂 應鍾 陰律也 八音 金 石 絲 竹 匏 土 革 木也 蔡氏曰凡人 直者 必不足於溫 故欲其溫 寬者
必不足於栗 故欲其栗 所以慮其偏而輔翼之也 剛者 必至於虐 故欲其無虐 簡者 必至於傲 故欲其無傲

●기(순임금의 신하이름)에게 명해 말하기를 백성이 친하지 아니하면 오품(오륜)이 순하지 아니할새 너를
사도를 시키니 공경히 오교(오륜)를 펴되 너그럽게 하라

기(순임금의 신하이름)에게 명해 말하기를 너를 그러우되 엄숙하며 강직하되 포악함이 없으며 간솔하되 거만함이 없을 것이니 시는 영(永)에 의지하는 것
이요 율은 소리를 화하게 하는 것이니 여덟가지 음율을 극히 화하게 해서 서로 차례를 빼앗음이 없
어야 귀신과 사람이 화하느니라

所以防其過而戒禁之也 教胄子者 欲其如此而其所以教之之具 則又專在於樂 蓋樂
救其氣質之偏也 心之所之 謂之志 必形於言 既形於言 必有長短之節 故曰歌永
言既有長短 則必有高下清濁之殊 故曰聲依永 既有長短清濁 則又必以十二律和之 乃能成文而不亂 所
謂律 和聲也 人聲既和 乃以其聲 被之八音 而爲樂則無不諧協而不相侵亂 失其倫次 可以奏之朝廷 薦之
郊廟 而神人以和矣 聖人 作樂 以養情性 育人材 事神祇 和上下 其體用功效 廣大深切 乃如此 今皆不
復見矣 可勝嘆哉

○周禮에 大司徒ㅣ 以鄕三物로 敎萬民而賓興之하니

●주레에 대사도ㅣ 고을에 세가지 일로써 만민을 가르쳐 손님으로 이르켜 쓰나니

(集說) 陳氏曰周禮 周公所著 實周家一代之禮也 大司徒 教官之長也 萬二千五百家 爲鄕 朱氏曰物 猶
事也 與 猶舉也 三事告成 鄕大夫 舉其賢能而以禮賓之

一曰六德이니 知仁聖義忠和ㅣ오
智

●첫재는 여섯가지 덕이니 지혜와 어짐과 착함과 의리와 충성과 화평이오

(集說) 朱氏曰六者 出於心 故曰德 知 別是非 仁 無私欲 聖 無不通 義 有斷制 盡己之心曰忠 無所乖戾

二曰六行이니 孝友睦姻(인)任恤이오
目 (인) 去聲恤오ㅣ

●둘재는 여섯가지 행이니 효도함과 우애함과 화목함과 친척에게 화목함과 벗에게 믿
구휼함이고

(集解) 孝 謂善事父母 友 謂善於兄弟 睦 謂親於九族 姻 謂親於外
親 任 謂信於朋友 恤 謂賑於憂貧也

三曰六藝니 禮樂射御書數ㅣ라

●셋재는 여섯가지 재주니 예문과 음악과 활쏘기와 말몰기와 글씨와 산수이니라

(集說) 藝者 見之於事者也 禮 凡有五 一曰吉禮 事邦國之鬼神祇 其目 十有二 以禋祀 祀昊天 以實柴
祀日月星辰 以血祭 祭社稷 五祀 五嶽 以貍沈 祭山林川澤 以疈辜 祭
四方百物 以肆獻祼 享先王 以饋食 享先王 與 夫春享以祠 夏享以禴
秋享以嘗 冬享以烝也 二曰凶禮 哀

邦國之憂 其目 有五 以喪禮 哀死亡 以荒禮 哀凶札
以弔禮 哀禍災 以禬禮 哀圍敗 以恤禮 哀寇亂也

三曰賓禮 親邦國 其 有八 春見曰朝 夏見曰宗 秋見曰覲
冬見曰遇 時見曰會 殷見曰同 時聘曰問 殷覜曰視也

四曰軍禮 同邦國 其 有五 大師之禮 用衆也 大均之禮
恤衆也 大田之禮 簡衆也 大役之禮 任衆也 大封之禮
合衆也 五曰嘉禮 親萬民 其 有六 以飲食之禮
親宗族兄弟 以昏冠之禮 親成男女 以賓射之禮
親故舊朋友 以燕饗之禮 親四方賓客 以脹膰之禮
親兄弟之國 以賀慶之禮 親異姓之國也

凡有六 一曰雲門 黃帝之樂也 二曰咸池 帝堯之樂 言其德
如雲之所出也 三曰大韶 舜之樂 言其德 能紹堯之道也
四曰大夏 大禹之樂 言其德 能大中國也 五曰大濩
成湯之樂 言其能寬治民 其德 能使天下得所也 六曰大武
武王之樂 言其能伐除害 其德 能成武功也

象以形體也 二曰會意 謂人言 止戈爲武 人言爲信也
類 見其物體也 二曰參連 謂前發一矢 後三矢 連續而去也
車在交道 旋轉 應於舞節 五曰逐禽左 謂逆驅禽獸使左 當人君以射之也
墜也 三曰過君表 謂君表轅門之類 言急驅車走而入門 若少偏則車軸擊門闑而不得入也 四曰舞交衢 謂御
也 鳴和鸞 皆鈴也 和在式 鸞在衡 馬動則鸞鳴而和應也 二曰逐水曲 言御車 隨水勢之屈曲而不
襄尺 襄作讓 謂臣與君射 不敢並立 讓君一尺而退也 五曰井儀 謂四矢貫侯 如井之容儀也 御凡有五 一曰
貫尺 射凡有五 一曰白矢 言矢 射凡有五 一曰
民 其德 能使天下得所也 六曰大武
類 二曰處事 謂人在一上爲上人在一下爲下 處得其宜也 五曰假借 謂令長之類 一字兩用也 六曰諧聲 謂
也 四曰處事 謂人在一上 書凡有六 一曰象形 謂日月之
車在交道 旋轉 應於舞節 三曰逐禽左

以御隱雜互見 八曰方程 以御錯揉正負九曰句股 以御高深廣遠也 (增註) 禮以制中 樂以道和 射以觀
江河之類 以水爲形 工可爲聲也 數凡有九 一曰方田 以御田疇界域 二曰粟布 以御交易變易
以御貴賤廩稅 四曰少廣 以御積冪方圓 五曰商功 以御功程積實 六曰均輸 以御遠近勞費 七曰盈朒
德 御以正馳驅 書以見心畫 數以盡物變 皆至理所寓 而日用不可缺者也

●以鄉八刑으로 糾萬民니하 一曰不孝之刑오이 二曰不睦之刑오이 三
曰不婣之刑오이 四曰不弟之刑오이 五曰不任之刑오이 六曰不
恤之刑오이 七曰造言之刑오이 八曰亂民之刑라이니

女六고을에 여덟가지 형벌로써 만민을 규찰하나니 첫째는 효도 아니하는 형벌이고 둘째는 일족에게 화목
하지 아니하는 형벌이고 셋째는 친척에게 화목하지 아니하는 형벌이고 넷째는 공경하지 아니하는
形罰이고 다섯째는 벗에게 신임하지 아니하는 형벌이고 여섯째는 가난한이에게 구휼하지 아니하는

형벌이고 일곱째는 말을 만드는

(增註)絀 謂 察而正之 造言

上文 言友在睦婣之上 專施於兄弟 此

而罪其長 故 六行則教兄以友

형벌이고 여덟째는 백성을 현란케 하는 형벌이니라

造言 造爲妖妄之言也

亂民 挾邪道以惑民也 (集成)

賈氏曰此不悌 即六行之友

鄭氏曰制刑之意 終不爲卑者

退 在睦婣之下 兼施於師長

變言弟 使少者 不敢陵長也

而制刑則謂之不悌

○王制에 曰樂正이 崇四術立四教하여 順先王詩書禮樂以

造士하되 春秋에 教以禮樂하고 冬夏에 教以詩書니라

●왕제에 말하기를 악정(관명)이 네가지 술법(시서예악)을 숭상하며 네가지 가르침을 세워서 선왕

의 시서와 예악을 순하게 해서 써 만민을 기르되 봄과 가을에는 예와 음악을 가르치고 겨울과 여

름에는 시와 서를 가르치느니라

(集說)吳氏曰王制 禮記篇名 樂正 掌教之官 崇 尙也 術者 道路之名 言詩書禮樂 四者之教 乃入德之

路 故言術也 順 依也 造 成也 陳氏曰古人之教 雖曰四時 各有所習 其實 亦未必截然棄彼而習此 恐亦

互言耳 非春秋 不可教詩書 冬夏 不可教禮樂也

○弟子職에 曰先生施教시든 弟子是則(칙)하여 溫恭自虛하여 所受

是極이니라

●제자식에 말하기를 바를 극진히 할찌니라

(集說)陳氏曰弟子職 管仲篇名 管仲 所著者 先生 師也 曰弟子者 尊師 如父兄也 則 効也 溫 和也 恭

遜也 自虛 心不自滿也 ○吳氏曰虛其心 使有所容也 朱子曰所受是極 謂受業 須窮究道理到盡處也

●제자식에 선생이 가르침을 베풀거든 제자가 본받아서 온순하고 공순히 자신을 겸허 해

○見善從之하며 聞義則服하며 溫柔孝弟하여 毋無恃力이니라

●착한 것을 보고 쫓으며 옳은 것을 들으면 복종하며 온순하고 유화하며 효도하고 공경해서 교만

한 힘을 믿지를 말찌니라

(增註)服 猶行也

志毋虛邪하며 行(去聲)必正直하며 游居有常하며 必就有德이니

●뜻은 허황하고 사특하지 말며 행실은 반드시 바르고 곧으며 놀고 거하기를 떳떳함이 있으되 반

(增註)心之所之를 謂之志오 虛는 謂虛僞오 身之所行을 謂之行이오 常은 謂常所니라

顔色整齊하며 中心必式하나 夙興夜寐하여 衣帶必飾(亦)이니라

●낯빛이 정제하며 속마음이 반드시 공경하나니 일찍 일어나고 밤에 잠자서 옷과 띄를 정제 할찌

(增註)夙은 早也오 飾은 整也라

(集解)整齊는 脩治嚴肅之貌오 式은 敬也라

朝益暮習하여 小心翼翼하나니 一此不懈하면 是謂學則(칙)이니라

●아침에 더배우고 저녁에 익혀서 마음을 적게 해서 조심할 것이니 하나 같이 게으르지 아니함이 이것을 배우는 법이라 이를 것이니라

(集解)益은 增也오 翼翼은 恭敬貌라 言爲弟子者 當專一從事於此而不怠 是謂爲學之法矣 愚 按此篇 明白簡要 實弟子職之所當務 且終篇 惓惓然以敬爲言 豈非當時 先王篇風善教 猶有存者 管子 其有所受歟學者 宜深體之

○孔子─曰弟子─入則孝하고 出則弟하며 謹而信하며 汎愛衆하되 而

親仁이니 行有餘力이어든 則以學文이라

●공자 말하기를 제자가 들어와서는 효도하고 나가서는 공경하며 삼가하고 신실하며 보통 여러사람을 사랑하되 어진이를 친하게 할것이니 행하고 남은 힘이 있거든 곧 굴을 배울찌니라

(集說)朱子曰謹者 行(聲法)之有常也 信者 言之有實也 汎은 廣也 衆은 謂衆人 親은 近也 仁은 謂仁者 餘力은 猶言暇日 以 用也 文은 謂詩書六藝之文 程子曰爲弟子之職 力有餘則學文 不脩其職而先文 非爲己之學也

○興於詩하며 立於禮하며 成於樂이니라

●시에 흥기하며 예절에 서며 음악에 이룻느니라

（增註）此章之首 當有孔子曰三字 而略之者 蒙上章也 他皆倣此 （集解）朱子曰與 起也 詩本性情 有邪有正 其爲言 旣易知而吟咏之間 抑揚反覆 其感人 又易入故 學者之初 所以興起 其好善惡惡之心 而不能自己者 必於此而得之 朱子曰禮 以恭敬辭遜 爲本而有節文度數之詳 可以固人肌膚之會 筋骸之束故 學者之中 所以能卓自立 而不爲事物之所搖奪者 必於此而得之 （集說）朱子曰樂 有五聲十二律 更唱迭和 以爲歌舞八音之節 可以養人之性情而蕩滌其邪穢 消融其查滓故 學者之終 所以至於義精仁熟 而自和順於道德者 必於此而得之 是 學之成也 又曰按內則 十歲 學幼儀 十三 學樂誦詩 二十而後學禮 則此三者 非小學傳授之次 乃大學終身所得之難易 先後淺深也

○樂記에 曰禮樂은 不可斯須去身이니라

（集說）吳氏曰樂記 禮記篇名 斯須 暫時也 去 離去也 眞氏曰古之君子 以禮樂 爲治身心之本 故 斯須不可去之

악기에 말하기를 예절과 음악은 가히 잠간이라도 몸에 버릴수 없느니라

○子夏ㅣ 曰賢賢하되 易亦色하며 事父母하되 能竭其力하며 事君하되 能致其身하며 與朋友交하되 言而有信이면 雖曰未學이나 吾必謂之學矣라호리

●자하가 말하기를 어진이를 어질게 여기되 여색 좋아하는 마음으로 바꾸며 부모를 섬기되 능히 그 힘을 다하며 임금을 섬기되 능히 그 몸을 맡기며 벗으로 더부러 사귀되 말이 믿음이 있으면 비록 배우지 못했다 하더라도 나는 반드시 배웠다고 이르리라

（集解）朱子曰子夏 孔子弟子 姓卜 名商 賢人之賢 而易其好色之心 好善有誠也 致 猶委也 委致其身 謂不有其身也 四者 皆人倫之大者 而行之必盡其誠 學求如是而已 故 子夏 言有能如是之人 苟非生質之美 必其務學之至 雖或以爲未嘗爲學 我必謂之已學也

原本小學集註卷之一 終

明倫第二라

內篇

●인륜을 밝히는 차례 둘째라
(集說)陳氏曰明은 明之也ㅣ오 倫은 人倫也ㅣ라 凡百八章이라

●맹자가 말하기를 샹과 셔와 학교를 셰워셔 써 가르침은 다 인륜을 밝히는 배니 셩인의 글을 샹
고하며 현인의 젼긔를 졍졍해셔서 이책을 지어셔 써 선비를 훈계 하노라

孟子ㅣ曰設爲庠序學校하여 以敎之는 皆所以明人倫也ㅣ시니라
(集說)朱子曰庠은 以養老爲義오 序는 以習射爲義오 校는 以敎民爲義니 皆鄕學也오 學國學也라 倫은 序也ㅣ니 父子有親君
臣有義 夫婦有別 長幼有序 朋友有信 此는 人之大倫也라 庠序學校는 皆以明此而已니라 吳氏曰稽는 考也ㅣ라 訂은 平議
也라

聖經며訂(뎡)定 賢傳(젼)을 述此篇하여 以訓蒙士하노라

內則(칙)에 曰子ㅣ事父母되 鷄初鳴이어든 咸盥(관) 漱며 櫛(즐) 縰

笄總하며 拂髦冠緌(유) 纓며 端韠 紳며 搢(晉)笏며 左右佩用(녀)

偪(逼)屨 著綦(긔)니라

내칙에 말하기를 자식이 부모를 셤기되 닭이 처음 울거든 다 낯 씻고 이 닦고 빗질하고 비녀 꽂
고 머리 땋으며 모발을 털며 갓을 쓰며 갓 끈을 매고 현단을 입고 띄를 띄고 홀을 꽂으며 좌우에
찰것을 차며 신 끈을 매느니라

(集解)司馬溫公曰孫事祖父母同 (集說)陳氏曰盥은 洗手也오 漱는 漱口也오 櫛은 梳也오 縰는
韜髮作髻者라 (集說)陳氏曰拂髦는 謂拂去髦上之塵이니 髦者는 緌之餘오 緌者는 冠之系며 端은 玄端服也오
韠은 蔽膝也오 笄는 簪이오 總은 束髮飾髻者오 亦繒爲之오 搢은 揷也오 揷笏於大帶며 所以記事也ㅣ라 左右佩用은 謂身之兩旁에 佩紛帨玦捍汗之類以

備用也　偏　邪幅也　纏足至膝者　屨　鞋也　著　猶結也　綦　鞋口帶也

冠結纓　垂緌　在身則服玄端　著韠　加紳　搢笏　佩用　在足則緌綦偪　納屨　著綦　各以次第施之　劉氏曰髦

謂子生三月　則剪其胎髮爲鬌髼　帶之于首　男左　女右　逮其冠笄　則綵飾之　加于冠　不忘父母生育之恩

也父母　喪則去之

婦ㅣ事舅姑호되　如事父母호야　雞初鳴이어든　咸盥漱ᄒᆞ며　櫛ᄒᆞ야　笄總ᄒᆞ며　衣

며느리가 시아버와 시어미를 섬기되 부모 섬기는 것과 같이 해서 닭이 처음 울거든 다 낯씻고 이
닦고 빗질하고 비녀 꽂고 머리 땋으며 옷입고 띄 매고 좌우에 쓸 것을 차며 옷끈을 드리우고 신끈
을 매ᄂᆞ니라

●紳ᄒᆞ며　左右佩用ᄒᆞ며　袴(금)ᄒᆞᆯ띠니　臣禁　纓綦屨ㅣ라ᄒᆞᄂᆞ니

(集說)陳氏曰夫之父曰舅　夫之母曰姑　衣紳　著衣紳也　佩用　粉帨箴管之類　管以貯針　袺結也　纓香囊也　恐身

有穢氣　觸尊者故　佩之

以適父母舅姑之所호되　及所호야　下氣怡聲ᄒᆞ야　問衣燠寒ᄒᆞ며　疾痛

써 부모와 시아버지와 시어머니 계신 곳에 가되 다 가서는 기운을 낮추고 소리를 부드럽게 해서
옷이 따스고 차운 것을 물으며 병들고 아프고 가려움에 눌려 긁으며 출입하면 혹 앞에도 도
고 뒤에도 해서 공경히 붙들고 뫼실찌니라

苟癢ᄒᆞᆯ이어든　而敬抑搔之ᄒᆞ며　出入則或先或後ᄒᆞ야　而敬扶持之ᄒᆞᄂᆞ니라

(集解)適往也　所寢至也　下氣　低其氣而不盈也　怡聲　怡悅其聲而不厲也　燠　熱也　問衣若燠　則將減之

(使清也)寒　冷也　問衣若寒　則將加之使溫也　苛　疥也　抑　按也　搔　爬也　疾痛則敬而按之　苛癢則敬而爬

之　出入則或先或後　以扶持之　皆不離於敬也　(集成)劉氏曰皆所以撫恤衰病　而一出於敬也

●進盥할새　少者는　奉槃ᄒᆞ고　長者는　奉水ᄒᆞ야　請沃盥ᄒᆞ고　盥卒授巾이니라

세수물을 드릴새 젊은 자는 쟁반을 받들고 어른은 물을 받들어서 씻음을 청하고 씻음을 마침에 수
건을 드릴찌니라

(增註)槃　承盥水者　沃盥　注水而盥也　授　進也　巾　拭手者

問所欲而敬進之되하 柔色以溫聲去之여하 父母舅姑ㅣ 必嘗之而

後에 退라니

자시고져 하는 바를 물어서 공경히 드러되 부드러운 얼굴로 써 따뜻하게 해서 부모와 혹 시부모

가 맛 본 뒤에 물러가느니라

(增註)所欲은 意之所欲食者ㅣ니라 (集解)陳氏曰溫은 承籍之義니 謂以和柔之顏色 承籍尊者之意

男女未冠貫笄者ㅣ 雞初鳴이어든 咸盥漱며 櫛縱며 拂髦며 總角며

남자와 여자가 갓 쓰지 아니한 자가 닭이 처음 울거든 다 낯 씻고 이(齒) 닦으며

빗질하며 불모(머리를 털음)하며 머리를 땋으며 옷 입고 갓 써서 다 화장을 하고 밝기 전에 뵈옵고

무엇을 자시느냐 물어가고 만약 자시지 아니했으면 어른을 도와서 볼찌

니라

(集說)吳氏曰總角은 束髮爲角也ㅣ 臭는 香物也 助爲形容之飾 故 曰容臭 以纓佩之 不佩所用之物 而止佩容
臭者 未能卽事也 昧 晦也 爽 明也 昧爽 欲明未明之時 朝 猶見也 佐 助也 具 謂膳具 幼者 於親膳之
事 未能專之 特可以佐長者而已

衿纓여하 皆佩容臭고하 昧爽而朝여하 問何食飲矣오하 若已食則退

若未食則佐長者視具ㅣ니라

○凡內外ㅣ 雞初鳴이어든 咸盥水며 衣服고하 斂枕簟점切며 灑掃

보통 내외가 닭이 처음 울거든 다 낯 씻고 이(齒) 닦으며 옷을 입고 벼개를 거두어서 갈무리며

방과 마루와 및 뜰에 물 뿌리고 쓸어서 자리를 펴고 각각 그 일에 종사 할찌니라

(集說)陳氏曰此亦內則之文而不言者는 蒙上章也 席 設也 各從其事 若女服事于內 男服事于外
是矣 (集解)此言

室堂及庭여하 布席고하 各從其事라니

內外婢僕也

○父母舅姑ㅣ將坐ㅣ어시든奉席請何鄉이며將衽이어시든長者는奉席請何趾고少者는執牀與坐御者는擧几고斂席與簟며縣玄衾

篋(협)枕고斂簟而襡獨之니라

부모와 시부모가 장차 앉을랴 하시거든 자리를 들고 어디로 누우시냐고 청하며 젊은 자는 상과 요를 잡으며 뫼시는 자는 궤를 들고 자리와 덫자리를 걷우며 이불을 달고 벼개를 걷우고 자리를 거두어서 갈무릴찌니라

(集說)陳氏曰將坐 朝起時也 奉坐席而鋪者 必問何向 衽 說文云 安身之几 坐 非今之臥牀也 少者 執此牀以與之坐 長者 奉此臥席而鋪 必問足向何所 衽 說文云 安身之几 坐 非今之臥牀也 左右之執此牀坐而臥 必簟

父母舅姑之衣衾簟席枕几를不傳하며杖屨를祗敬之여勿敢近하며敦牟巵匜를移를非餕俊이어든莫敢用하며與恒飲食을非餕이어든莫之敢飲食이라니

부모와 시부모의 옷과 이불과 대자리와 벼개와 평상을 옮기지 아니하며 막대와 신을 공경히 하여 감히 가까이 말며 그릇과 술 그릇은 잡수시다 남은 것이 아니거든 감히 쓰지 아니하며 다못

(集說)陳氏曰傳移也 謂此數者 皆尊者所用 子與婦 不得輕移他所也 近 謂挨偪之也 敦與牟皆盛黍稷之器 巵酒器 匜盛水漿之器 此四器 皆尊者所用 子與婦 非餕其餘 無敢用此器也 與及也 尊者所常食飲之物 子與婦 非餕餘 不敢擅飲食之也

항상 음식을 남은 것이 아니거든 감히 먹지 아니하니라

○在父母舅姑之所여有命之어시든應唯敬對하며進退周旋에愼

三二

齊(切)며ᄒ야 升降出入에 揖遊ᄒ며ᄒ야 不敢噦(얼)切於月 噫(희) 嚏(체) 咳欠伸

부모와 시부모의 계신 곳에 있어서 부르며 시키는 일이 있거든 대답하고 공경히 심부름을 하며 오르고 내리고 출입함에 읍하고 감히 침과 가래를 뱉지 아니할찌니라

●부모와 시부모의 계신 곳에 있어서 부르며 시키는 일이 있거든 대답하고 공경히 심부름을 하며 오르고 내리고 출입함에 읍하고 감히 침과 가래를 뱉지 아니할찌니라 아들고 물러가고 주선하는데 삼가고 썩썩하게 하며 감히 침과 가래를 뱉

跛 倚睇(체)第 不敢睡洟替니라

추워도 감히 더 입지 아니하며 가려워도 감히 긁지 아니하며 공경할 일이 있지 아니하거든 감히 건고

(集說)陳氏曰應以速也 應以速也 敬對 對以敬也 周旋 周回旋轉也 慎 謹慎也 齊 齊莊也 揖 謂進而前其身 略俯如揖也 遊 揚也 謂退而後其身 微仰而揚也 噦 嘔逆聲 嚏 食飽聲 噴嚏 咳 咳嗽 氣乏則欠 欠 欠伸跛倚視 疲則伸 偏任爲跛 依物爲倚 睇視 傾視也 唾出於口 洟出於鼻 方氏曰嚏噫嚏咳 則聲爲不恭 視 則貌爲不恭矣 睡洟俱爲不恭 敬皆不敢爲也

●撅(궤)며ᄒ야 貴ᄒ며 藝衣衾을 不見裏라니

●寒不敢襲며ᄒ야 癢不敢搔며ᄒ며 不有敬事든ᄂ이어 不敢袒裼但袒며ᄒ야 不涉不

寒當襲 癢當搔 而侍坐

(集解)襲 重衣也 敬事 謂習射之類 祖裼 靈臂也 涉 涉水也 撅 褰起衣裳也 ○寒當襲 癢當搔 而侍坐

●父母唾洟를 不見現ᄒ며 冠帶垢苟ᄒ이어든 和灰請漱搜ᄒ며 衣裳垢ᄂ이어든 和

●부모의 가래침과 콧물을 남에게 보이지 아니하며 갓과 띄가 때 묻거든 재를 타서 씻기를 청하며 옷과 치마가 때 묻거든 재를 타서 씻기를 청하며 옷과 치마가 타지고 찢어졌거든 바늘에 실을 꿰서 깁기를 청할찌니라

●灰請澣며ᄒ야 衣裳綻裂(탄)이어든 紉(닌)切隣 箴(침)針尼隣 請補綴라

(集解)陳氏曰唾洟不見 謂卽刷除之 不使見示於人也 漱澣 皆洗滌之事 手洗曰漱 足洗曰澣和灰 如今人用灰湯也 以

線貫箴曰級

少事長하며賤事貴에共帥率時니

●젊은이가 어른을 섬기며 천한이가 귀한이를 섬기되 한가지 이것을 따를찌니라

(集解)帥 循也며 時 是也니 言少之事長 賤之事貴 皆當循是禮也

○曲禮에 曰凡爲人子之禮는 冬溫而夏凊하며 昏定而晨省하며

●곡례에 말하기를 보통 남의 자식이 되는 예는 겨울에는 따스게하며 여름에는 시원하게하며 밤에는 침구를 정하고 새벽에는 안부를 살펴보며

(集說)陳氏曰溫以禦其寒 凊以致其涼 定其衽席 省其安否

○出必告하며 反必面하며 所遊를 必有常하며 所習을 必有業하며 恒言에 不稱老라니

●나갈때에는 반드시 고하며 돌아와서는 반드시 아뢰며 노는 곳을 반드시 떳떳함이 있으며 익히는 바를 업적으로 하며 항상 말에 늙었다 하고 자칭을 아니 할찌니라

(集說)陳氏曰出則告違 反則告歸 又以自外來 欲省顏色 故言面 恒言 平常言語也 自以老稱 則尊同於 父母 而父母 爲過於老矣 古人 所以斑衣娛戲者 欲安父母之心也 (集成)呂氏曰親之愛子 至矣 所遊必

○禮記에 曰孝子之有深愛者는 必有和氣하고 有和氣者는 必有愉色하고 有愉色者는 必有婉容이니 孝子는 如執玉하며 如奉盈하여 洞洞屬屬(촉) 然여하 如弗勝하며 如將失之니 嚴威儼恪이 非所以

事親也ㅣ라

(集解) 예기에 말하기를 효자의 깊은 사랑이 있는자는 반드시 화기가 있고 화기가 있는자는 반드시 화열한 빛이 있고 화열한 빛이 있는자는 반드시 순한 얼굴이 있으니 효자는 옥을 잡은것 같고 가득찬 그릇을 잡는것 같이 해서 동동하고 촉촉한듯 해서 이기지 못하는 것 같으며 장차 잃은 것 같이 할 것이니 엄숙하며 위엄하며 엄연하며 공경함이 어버이를 섬기는 바가 아니니라

(集解) 愉는 和悅之貌오 婉은 順美之貌오 盈은 滿也오 洞洞은 質愨貌오 屬屬은 專一貌라 洞洞表裏無間也 愉色婉容 皆愛心之所發 如執玉如奉盈如弗勝如將失 皆敬心之所存 愛敬兼至 乃孝子之道 故嚴威儼恪 使人望而畏之 是成人之道 非孝子之道也 (集說) 陳氏曰 勝은 當也니 言敬親을 常如執玉奉盈하야 惟恐不能勝當하며 而且將覆墜也라 陳氏曰 和氣愉色은 皆愛心之所發이오 如執玉如奉盈如弗勝如將失은 皆敬心之所存이라

○曲禮에曰凡爲人子者ㅣ居不主奧ᄒᆞ며坐不中席ᄒᆞ며行不中道ᄒᆞ며立不中門ᄒᆞᄂᆞ니라

곡예에 말하기를 보통 남의 자식이 되는 자가 거처함에 아랫목에 아니하며 앉기를 가운데 자리에 아니하며 다니기를 가운데 길을 아니하며 서기를 가운데 문에 아니하ᄂᆞ니라

(集說) 陳氏曰 言爲人子는 謂父在時也니 室西南隅를 爲奧니 主奧中席은 皆尊者之道也라 行道則或左或右오 立門則避根闑(闑魚列切)之中은 皆不敢迹尊者之所行也라

●食饗에不爲槩ᄒᆞ며祭祀에不爲尸ᄒᆞ며

먹이고 잔치하는데 한도를 아니하며 제사에 시동이 되지 아니하며

(集說) 陳氏曰 食饗은 如奉親延客及祭祀之類ㅣ 皆是不爲槩量하야 順親之心而不敢自爲限節也라 若主人之子는 是使父北面而事之니 人子所不安이라 故不爲也라 呂氏曰 尸取

●聽於無聲ᄒᆞ며視於無形ᄒᆞ며

소리 없는데 들으며 얼굴 없는데 보ᄂᆞ니라

(集解) 陳氏曰 先意承志也며 常於心에 想像하야 似見形聞聲이라 謂父母ㅣ 將有敎使己然이라

不登高하며不臨深하며不苟訾자하며不苟笑ㅣ니라

●노픈ᄃᆡ 오르지 아니하여 깁픈ᄃᆡ 들어가지 아니하며 구차히 나무라지 아니하며 구차히 웃지 아니할 찌니라

(集說)苟且 訾毁也 (增註)登高 臨深 危道也 苟訾 苟笑 辱道也 邵氏曰人子 旣當自卑 以尊其親 又當自重 以愛其身也

○孔子ㅣ曰父母ㅣ在든어시든不遠遊하며遊必有方이니라

●공자가 말하기를 부모가 계시거든 멀리 놀지 아니하며 놀되 반ᄃᆞ시 방향을 알리ᄂᆞ니라

(集解)朱子曰遠遊 則去親遠而爲日久 定省曠而音問踈 不惟己之思親不置 亦恐親之念我不忘也 遊必有 方 如已告云之東 即不敢更適西 欲親必知己之所在而無憂 召己則必至而無失也 范氏曰子能以父母之心 爲心則孝矣

○曲禮에曰父母ㅣ存이어든不許友以死ㅣ니라

●곡예에 말하기를 부모가 계시거든 벗에게 죽음으로써 허락하지 아니 할찌니라

(增註)親在而以身許人 是忘親矣 ○父母在而日與友 約以同死 不可也 若同行 臨患難 則亦不可辭以

○禮記에曰父母ㅣ在든어시든不敢有其身하며不敢私其財니示民

●예기에 말하기를 부모가 계시거든 그 몸을 두지 아니하며 감히 그 재물을 사사로 하지 아니하니

(集解)有 猶專也 不敢有 言身非己之身 父母之身也 不敢私 言財非己之財 父母之財也 有上下 謂卑當

有上下也ㅣ니라

●백성에 상하 있음을 보이ᄂᆞ니라

統於尊也

父母ㅣ在든어시든饋獻을不及車馬ㅣ니示民不敢專也ㅣ니라

●부모가 계시거든 먹이고 드림을 수레와 말에 미치지 아니하는 것이니 백성에게 감히 전재치 아

니함을 보이는 것이니라

(集說)吳氏曰自此遺彼曰饋 自下奉上曰獻 車馬物之重者 故 不敢專之以饋獻

○內則에曰子婦孝者敬者는父母舅姑之命을 勿逆勿怠라니

지도 말며 게을리 하지도 말것이니라 며느리가 효도하는 자와 공경하는 자는 부모와 시부모의 명을 거역하

(集成)方氏曰惟孝故能於命勿逆 惟敬故能於命勿怠 勿逆則以順受之 勿怠則以勤行之

若飲食之어시든 雖不嗜나必嘗而待하며 加之衣服이어시든 雖不欲이나

만일 마시고 먹을 것을 주시거든 비록 즐기지 아니하나 반드시 맛 봐서 기다리며 옷을 주시거든 비록 하고져 아니하나

必服而待라니

(集解)言尊者以飲食衣服與己 心雖不好 必且嘗之著之 待尊者察己不好而改命焉然後 置之也

加之事오 人代之든어시 己雖不欲나이 姑與之하여 而姑使之가라 而後

반드시 입고 기다릴찌니라

(集解)陳氏曰尊者 任之以事 而已既爲之矣 或念其勞 又使他人代之 己雖不以爲勞 而不欲其代 然必順尊者之意 而姑與之 若慮其爲之 不如己意 姑教使之 及其果不能而後 己復爲之也 愚按人者 於是數者 豈過爲嬌情飾偽哉 蓋委曲以行其意 而求無拂乎親之心也

復(복)之라니

●일을 시키고 다른 사람을 대신하거든 나는 비록 하고져 하나 아직 더부러 시키다가 뒤에 회복할 찌니라

○子婦는 無私貨며하 無私蓄며하 無私器니 不敢私假며하 不敢私與

●며느리는 사재가 없으며 사사로 저축함이 없으며 사사 그릇이 없는 것이니 감히 사사로 빌리지

라니

●婦ㅣ 或賜之飲食衣服布帛佩帨(세)茝(치)蘭든 則受而獻

아니하며

(集解)貨ㅣ交易之物이오 蓄은藏積之物이오 假는借也ㅣ오 與는與人也ㅣ니 此言家事ㅣ統於尊也ㅣ라

節 蘭든이어 茝(치) 昌改

諸舅姑니 舅姑ㅣ受之則喜여 如新受賜고 若反賜之則辭되 不

며느리가 혹 음식과 의복과 포백과 패세와 치란을 주거든 곧 받아서 시부모에게 드릴것이니 시부모가 받은즉 즐겨서 새로 주는 것을 받는것 같이 하고 만약 돌려주즉 사양하되 명령을 얻지 못하

(集解)陳氏曰故는 即前者所獻之物이라 而舅姑不受者는 雖藏於私室이나 今必再請於尊者여 既許然後에 取以與之也ㅣ니라

得命든 如更受賜여 藏以待乏라

거든 다시 줌을 받는것 같이 해서 감추어서 다하기를 기다릴찌니라

(集說)陳氏曰或賜는 謂私親兄弟也ㅣ오 蘭은皆香草也ㅣ라 受之則如新受賜 不受則如更受賜 孝愛之至也ㅣ라

命者 不見許也ㅣ오 待乏 待尊者之乏也ㅣ라

●婦ㅣ 若有私親兄弟여 將與之든 則必復(扶又反)請其故여 賜而後

며느리가 만약 자기 친정 형제가 있어서 장차 주거든 곧 반드시 다 그 이전 것을 청하여 주라 한

(集解)陳氏曰故는 即前者所獻之物이라 而舅姑不受者는 雖藏於私室이나 今必再請於尊者여 既許然後에 取以與之也ㅣ오 司

馬溫公曰人子之身은 父母之身也ㅣ라 身且不敢自有면 況敢有私財乎아 若父子異財면 互相假借면 則是有子富而父母

貧者라 父母飢而子飽者라 不義 不孝 孰甚於此오

○曲禮에 曰父ㅣ召ㅣ든 無諾며 先生이召ㅣ든 無諾고 唯而起라

곡에에 말하기를 아버지가 부르시거든 가겠읍니다 하고 머디 대답함이 없고 선생이 부르시거든

(集解)唯는應之速이오 諾은應之緩이라 呂氏曰諾은 許而未行也ㅣ라

與之라

뒤에 줄찌니라

三八

○士相見禮에曰凡與大人言에始視面하고中視抱하고卒視面하며

는 또 낯을 보며 고침이 없는 것이니라

毋改니衆皆若是라니

사상견례에 말하기를 보통 경대부와 더부러 말할때 처음에 낯을 보고 다음에 가슴을 보고 끝에

(集說)陳氏曰士相見 儀禮篇名 大人 卿大夫也　大人有德位者之通稱　儀禮註 云始視面 謂觀其顏色 可傳言未也 抱懷抱也 中視抱 容其思之 且爲敬也 卒視面 察其納己言否也 毋改 謂應答之間 當正容體以待之 毋自變動 爲嫌懶惰 不虛心也 (集解)衆 謂同在是者 皆當如此也

若父則遊目하되毋上於面하며毋下於帶라니

만약 아버지인즉 눈을 보되 낯에 올라 말것이며 또 허리까지도 말찌니라

(集解)子於父 主於孝 不純乎敬 所視廣也 (增註)因觀安否何如也 記曰凡視上於面則敖 下於帶則憂

若不言이어든立則視足하고坐則視膝라이니

만약 말씀을 아니하시거든 섰으면 발을 보고 앉았으면 무릎을 볼찌니라

(正誤)視足 伺其行也 視膝 伺其起也

○禮記에曰父ㅣ命呼ㅣ어시든唯而不諾하여手執業則投之하며食在口則吐之하고走而不趨ㅣ니라

여기에 말하기를 아버지가 명령해 부르시거든 네 가겠읍니다 하고 더디지 아니해서 손에 일을 잡았거든 즉시 던지고 밥이 입에 있으면 토하고 달려가서 조용히 걸어가지 말찌니라

(集解)應氏曰唯諾 皆應也 而唯速於諾 走趨 皆步也 而走速於趨 投業 吐食 急趨父命也

親老ㅣ어시든出不易方하며復不過時하며親癠ㅣ어시든色容不盛이此ㅣ

孝子之疏節也ㅣ니라

父沒而不能讀父之書는 手澤이 存焉爾며 母沒而杯圈을 不

能飲焉은 口澤之氣ㅣ 存焉爾라니

○內則에 曰父母ㅣ 有婢子若庶子庶孫을 甚愛之어시든 雖父母

沒이라 沒身敬之不衰니라

子有二妾에 父母는 愛一人焉고하 子는 愛一人焉든이어 由衣服飲

食과 由執事를 毋敢視父母所愛하여 雖父母沒이라도 不衰라니

●어버이가 늙으시거든 병드시거든 나감에 방향을 바꾸지 아니하며 돌아옴에 시간을 지내지 아니하며 어버이가 병 드시거든 얼굴 빛을 근심 빛이 있는것 같이 아니할이 이것이 효자의 대략 절차니라

(集解)易는 改也ㅣ오 復은 反也ㅣ라 時는 歸期也ㅣ라 陳氏曰孝子之事親이 豈必待老而後ㅣ리오 如是耶아 蓋以親老者는 尤不可不如是也ㅣ라 過時則恐失期而貽親憂也ㅣ라 (增註)色容不盛은 有憂色也ㅣ라 (正誤)自父命呼로 至色容不盛히 五事는 此皆孝子事親疏略之節이라 必若孔子所謂身體髮膚受之父母 不敢毀傷 立身行道揚名後世하야 以顯父母爲德之本者斯爲至孝也ㅣ라

●아버지가 죽으심에 능히 아버지의 글을 읽지 못함은 손 유택이 있음이며 어머니가 죽으심에 술 잔과 그릇을 능히 쓰지 못함은 입 유택기운이 있는 것이니라

(集說)陳氏曰不能猶不忍也ㅣ라 (集解)方氏曰書冊也ㅣ라 君子執以誦習故로 於父言之오 杯圈은 飲食器也ㅣ라 婦人은 飲食是議故로 於母言之니 父母亡而澤存焉은 有所不忍也ㅣ라

●내칙에 말하기를 부모가 종의 몸에서 낳은 자식과 만약 서자와 서손이 있어서 심히 사랑하시거든 비록 부모가 죽을 때 까지 공경하여 쇠하지 아니할지니라

(集解)婢子는 賤者所生也ㅣ오 若은 及也ㅣ라 沒身은 終身也ㅣ라

●아들이 두 첩을 두었을때 부모는 한사람을 사랑하고 아들은 또 한사람을 사랑하거든 의복 음식으로 부터 일잡는데 까지 심히 부모가 사랑하는 사람에게 비교하지 말아서 비록 부모가 돌아가시더라도 쇠하지 아니하느니라

四〇

(集說)由 自也 視 比也 陳氏曰不敢以私愛 違父母之情也

○子ㅣ甚宜其妻ㅣ라도 父母ㅣ不說어시든 出고 子ㅣ不宜其妻ㅣ라도 父

悅句이

母ㅣ曰是ㅣ善事我시든 子行夫婦之禮焉하여 沒身不衰라니

자식이 심히 그 아내가 마땅하더라도 부모가 좋아 하지 아니하거든 내보내고 자식이 그 안해가

마땅하지 아니 하더라도 부모가 말하기를 이사람이 나를 착하게 섬긴다 하시거든 부부의 예

를 행하야 몸이 죽을때 까지 쇠하지 아니 하느니라

(集解)應氏曰父母以爲善 子情雖替 而夫婦之禮 亦不可不行焉 人子之心 唯知有親 而不知有己故也

●曾子ㅣ曰孝子之養老也는 樂其心하며 不違其志하며 樂其

耳目하며 安其寢處하며 以其飲食으로 忠養之니라

聲上下

증자 말하기를 효자의 늙은이 섬김은 그 마음을 즐겁게 하며 그 뜻을 어기지 아니하며 그 귀와

눈을 즐겁게 하며 그 거처함을 편안히 하며 그 음식으로 써 충성히 섬길찌니라

(集解)樂其心 順適其心 使樂而無憂也 不違其志 先意迎承 使無違逆也 怡聲以問 所以樂其耳 柔色以

溫 所以樂其目 昏定以安其寢 晨省以安其處也 忠者 盡己之謂 (集說)方氏曰養親之道 雖非即飲食

能盡 亦非舍飲食以能爲 止足以養其口體 養之以忠 則

足以養其志矣 君子 何以處之 亦曰忠養之而已 夫養之以忠

●是故로 父母之所愛를 亦愛之하며 父母之所敬을 亦敬之니 至於

犬馬도 盡然이온 而況於人乎아

이런고로 부모의 사랑 하는 바를 또한 사랑 하며 부모의 공경 하는 바를 또한 공경 할 것이니

개와 말에 이르기 까지도 그렇게 하거늘 하물며 사람일까부냐

(集解)眞氏曰孝子 愛敬之心 無所不至 故 父母之所愛者 雖犬馬之賤 亦愛之 況人乎哉 姑舉其近者

其之若弟 吾父母之所愛 吾可不愛之乎 若薄之 是 薄吾父母也 若親 若賢 吾父母之所敬也 吾

其可不敬之乎 若慢之 是 慢吾父母也 推類而長 莫不皆然

○內則에 曰舅沒則姑老ㅣ니家婦ㅣ所祭祀賓客에每事를必請

於姑하고介婦는請於家婦ㅣ니라

(集解)家婦는 長婦也ㅣ오

내칙에 말하기를 시아버지가 죽으면 시어머니는 늙으니 맏며느리가 제사와 손님을 대접 할때에 매사를 반드시 시어머니에게 청하고 다음 며느리

●舅姑ㅣ使家婦ㅣ어든毋怠하며不友無禮於介婦ㅣ니라

(集解)老는 謂傳家事於長婦也ㅣ라 然長婦 不敢專行故 祭祀賓客 禮之大者 亦必稟問而行也

시부모가 맏 며느리를 일을 시키시거든 게을리 말며 다음 며느리에게 무례히 하지 아니할찌니라

●舅姑ㅣ若使介婦ㅣ어든 毋敢敵耦於家婦ㅣ니不敢並行하며不敢

(集解)友 當作敢 使 以事使之也 言舅姑 以事 命家婦 則當自任其勞 而不可惰慢 亦不敢恃舅姑之命而 無禮於介婦也

시부모가 만약 다음 며느리에게 일을 시키거든 감히 만며느리에게 견우지 못하는 것이니 감히 아울러 다니지 못하며 감히 아울러 명하지 아니하며 감히 아울러 앉지 아니할찌니라

並命하며不敢並坐ㅣ니라

(集解)敵 相抗也 耦 相並也 (集說)陳氏曰介婦之與家婦 分有尊卑 任事 毋敢敵耦 不敢比肩而行 不敢 並受命於尊者 不敢並出命於卑者 盖介婦 當請命於家婦也 坐次 亦必異列 (集成)項氏曰此 謂不得侍舅 姑之使令 而傲家婦也

凡婦ㅣ不命適私室이어든不敢退하며婦將有事에大小를必請於

(集說)吳氏曰凡婦 通家婦介婦而言 私室 婦室也 婦恃舅姑 不命之退 不敢退也 事 謂私事 大小 必請

舅姑ㅣ니라

이있을 때에 크고 적은 것을 반드시 시부모에게 청해 물을찌니라 모든 며느리가 자기 방에 가라고 명령 하지 아니하거든 감히 물러가지 못하며 며느리가 장차 일

○適子庶子ㅣ 祗事宗子宗孫여호 雖貴富ㅣ나 不敢以貴富로 入
宗子之家여호 雖衆車徒ㅣ라도 舍於外고호 以寡約入며호 不敢以貴富
로 加於父兄宗族이니라

만아들과 모든 아들에 종가 손자를 섬겨서 비록 귀하고 부하더라도 감히 귀
함으로써 종가 집에 들어가지 아니해서 비록 수레와 따른 사람이 여럿이라도 밖에 두고 적고 간략
하게 들어가며 감히 부와 귀로써 부형 종족에게 더하지 못할 것이니라

(集解)適子 謂父及祖之適子 是小宗也 庶子 謂適子之弟 宗子 謂大宗子 宗婦 謂大宗婦也 祗 敬也 徒
從徒人也 舍 置也 寡 少也 約 省也 (增註)言 非唯不敢以貴富 入宗子之家 凡父兄宗族皆不敢以此加之

○曾子ㅣ 曰父母ㅣ 愛之어시든 喜而弗忘며호 父母ㅣ 惡(오)之든어시 懼
而無怨며호 父母ㅣ 有過ㅣ시든어 諫而不逆이니라

증자 말하기를 부모가 사랑하시거든 즐거워서 잊지 말며 부모가 미워하시거든 두려워 여겨서 원망
하지 말며 부모가 허물이 있거든 순한 말로 사뢰고 거역하지 아니할찌니라

(集解)朱子曰諫而不逆 謂委曲作道理以諫 不唐突以觸父母之怒

○內則에 曰父母ㅣ 有過ㅣ시든어 下氣怡色柔聲以諫니이 諫若不入
이어든 起敬起孝여호 說(悅)則復諫며호 諫若不入이어든

내칙에 말하기를 부모가 허물이 있거든 기운을 낮추고 얼굴을 즐겁게 하고 음성을 부드럽게 해
서 간할것이니 간해서 만약 듣지 아니하거든 공경을 일으키고 효도를 일으켜서 즐겨히 하시면 다
시 순한 말로 간할찌니라

(集解)下怡柔 皆和順之意 盖諫 易至於犯 故欲和也 起 悚然興起之意 言孝敬之心 有加無已 待親
喜則復進言也

不悅이어시 與其得罪於鄕黨州閭론 寧熟同熟諫이니 父母ㅣ怒不悅

而撻之流血이라도 不敢疾怨오 起敬起孝ㅣ니라

●즐기지 아니하시더라도 더부러 향당과 주려(군면동반)에 죄를 얻게 되거든 차라리 익숙히 간할 것이니 부모가 화 내여 즐기지 아니하여서 때려서 피가 흐르더라도 감히 미워하고 원망하지 아니하 고 공경하고 효도 할찌니라

(集解)萬二千五百家爲鄕 熟諫 謂純熟殷勤而諫 疾 惡也 眞氏曰不諫 是陷其親於不義 使得罪於州里 是 以寧熟諫이오 怒而撻之 猶不敢疾怨 況下於此者乎

○曲禮예 曰子之事親也에 三諫而不聽則號聲泣而隨之라니

●곡예에 말하기를 자식이 어버이를 섬김에 세번 간해서 든지 아니하면 부르짓고 울면서 따를찌 니라

(增註)將以感動親心 庶或見聽也 ○父子 無可去之道 故 號泣而隨之而已

○父母ㅣ有疾시든 冠者ㅣ不櫛하며 行不翔하며 言不惰하며 琴瑟不御하며 食肉不至變味하며 飮酒不至變貌하며 笑不至矧하며 怒不至詈하며 疾止어시든 復(복)故ㅣ니라

●부모가 병이 있거든 갓 쓴 자는 빗질을 아니하며 걸음거리를 빨리 다니지 아니하며 말을 늦게아 니하며 거문고와 비파를 타지 아니하며 고기를 먹지 아니하며 술은 얼굴을 변하도록 마시 지 아니하며 웃음에 이 뿌리가 들어나게 웃지 아니하며 성내되 높은 소리를 아니할 것이니 병이 낳 으면 이전대로 회복 할찌니라

(集解)陳氏曰此 言養父母疾之禮 不櫛 不爲飾也 不翔 不爲容也 不惰 不及他事也 琴瑟不御 以無樂意 也 猶可食肉 但不至厭飫而口味變耳 猶可飮酒 但不至醺酣而顏色變耳 齒本曰矧 笑而見矧 是大笑也 怒 罵曰詈 怒而至詈 是甚怒也 皆爲忘憂故 戒之 復故 復常也 司馬溫公曰父母有疾 子 色不滿容 捨置餘 事 專以迎醫合藥 爲務也

○君이 有疾飮藥이어시든 臣이 先嘗之며 親이 有疾飮藥이어시든 子ㅣ 先嘗

之ㅣ니라

●임금이 병이 있어 약을 마시거든 신하가 먼저 맛을 보며 어버이가 병이 있어 약을 마시거든 아들

이 먼저 맛을 볼찌니라

(集解)嘗은 謂度其所堪也

醫不三世어든 不服其藥이니라

●의원이 세 대가 아니면 그 약을 먹지 아니할찌니라

(集說)呂氏曰醫三世治人多 用物熟矣 功已試而無疑然後 服之 亦謹疾之道也 方氏曰經之所言 亦道其常而已 非傳業而或自得於心者 未及三世 固在所取也

○孔子ㅣ曰父在에 觀其志고父沒에 觀其行(去聲)이니 三年을 無改於

父之道ㅣ라야 可謂孝矣니라

●공자 말하기를 아버지가 계실 때에는 그 뜻을 보고 아버지가 죽음에 그 행검을 보는 것이니 삼년

동안을 아버지의 하시는 도리에 고침이 없어야 가히 효도라 이를것이니라

(集解)朱子曰父在 子不得自專而志則可知 父沒然後 其行可見故 觀此 足以知其人之善惡 然 又必能三年 無改於父之道 乃見其孝 不然則所行 雖善 亦不得爲孝矣 游氏曰三年無改 亦謂在所當改 而可以未

改者爾

○內則에 曰父母ㅣ雖沒나이 將爲善에 思貽父母令名여하 必果며하

將爲不善에 思貽父母羞辱여하 必不果라니

●내칙에 말하기를 부모가 비록 죽었으나 장차 착한 일을 할때에 부모에게 착한 이름이 끼친다고

생각해서 반드시 과감히 실행하며 장차 착하지 못한 일을 할때 부모에게 부끄러움과 욕됨을 끼친

다고 생각해서 반드시 과감히 실행하지 아니할찌니라

(集解)貽 遺也 果 決也

○祭義에 曰霜露ㅣ旣降이어든 君子ㅣ履之고하 必有悽愴妻愴之心하나니 非其寒之謂也ㅣ라 春에 雨露ㅣ旣濡ㅣ어든 君子ㅣ履行고하 必有怵惕他歷之心하여 如將見之라니

저의에 말하기를 서리와 이슬이 이미 내리거든 군자가 밟고 반드시 슬프고 흐뭇한 마음이 있나 니 그 차운 것을 말함이 아니라 봄에 비와 이슬이 이미 젓거든 군자가 밟고 반드시 놀래고 겁 나는 마음이 있어서 장차 볼 것으로 같으니라

(集解)禮記篇名 履 踐也 悽愴 悲傷貌 濡 沾濡也 怵惕 驚動貌 輔氏曰君子於親 終身不忘 故氣 序遷改 目有所見 則心有感焉 秋陰之時 萬物衰懊 履霜露則其心 悽愴而悲哀焉 春陽之時 萬物發生 履雨露則其心 怵惕如將見之也 方氏曰經文 於雨露 言春 則知霜露 爲秋矣 於霜露 言非其寒 則知雨露 爲非其溫矣

○祭統에 曰夫祭也者는 必夫婦ㅣ親之니 所以備外內之官 也ㅣ니 官備則具備라

제통에 말하기를 대저 제사는 반드시 부부가 친히 할것이니 써 내외 제관이 구비한 것이니 제관 이 구비하면 제품도 구비 하느니라

(集說)陳氏曰祭統 禮記篇名 統 猶本也 具者 奉祭之物也 方氏曰夫婦親之 若君 制祭 夫人薦盎 君 割 牲 夫人薦酒 卿大夫 相君 命婦 相夫人 此 內外之官 官 所以執事 事 所以具物 故 曰官備則具備

○君子之祭也에 必身親莅利之니 有故則使人이 可也ㅣ니라

군자의 제사에는 반드시 친히 몸소 이행을 할것이니 사고가 있으면 다른 사람을 시키는 것이 가 하느니라

(集說)陳氏曰莅 臨也 必身親臨之者 致其如在之誠也 輔氏曰有故 謂疾病 或不得已之事 己既不克與而 時又不可失 則使他人攝之 可也

○祭義에 曰致齊(재)〔莊皆切下同〕於內하고 散齊於外하여 齊之日에 思其居處(聲上下)하며 思其笑語하며 思其志意하며 思其所樂(요)〔五教反〕하며 思其所嗜여하 齊三日에 乃見其所爲齊者(去聲)라니

(集說)陳氏曰齊之爲言齊也 所以齊不齊而致其齊也 致齊於內 若心不苟慮之類 散齊於外 若不飮酒不茹葷之類 樂好也 嗜欲也 陳氏曰五其字 及所爲皆指親而言 (集成)見所爲齊者 思其熟 若見其所爲齊之親也

제의에 말하기를 안에 재계를 이루고 밖에 재계를 헤쳐서 재계하는 날에 그 거처하는 것을 생각하며 그 웃고 말하든 것을 생각하며 그 취지와 의사를 생각하며 그 즐기는 것을 생각해서 재계한지 삼일만에 이에 그를 위하여 재계한 바를 보느니라

祭之日에 入室하여 優(愛)然必有見乎其位하며 周還(施)出戶에 肅然必有聞乎其容聲하며 出戶而聽에 愾(개)〔開代切〕然必有聞乎其嘆息之聲이니

(集解)陳氏曰入室 入廟室也 周旋出戶 謂薦俎酌獻之時 行步周旋之間 或自戶內而出也 優然 彷彿之貌 見乎其位 如見親之在神位也 肅然 儆惕之貌 容聲 擧動容止之聲也 愾然 太息之聲也

제사 지내는 날는 방에 들어가서 반드시 어련히 그 자리에 있어 보이며 주저하고 문에 나감에 숙연히 반드시 그 얼굴과 소리가 있는 듯는 것 같으며 문 밖에 나가 들음에 개연히 반드시 그 탄식하는 소리가 있어 듣는 것 같으니라

是故로 先王之孝也는 色不忘乎目하며 聲不絕乎耳하며 心志嗜欲을 不忘乎心하시니 致愛則存하고 致慤則著라 著存을 不忘乎心

夫安得不敬乎ㅣ리오

●이런고로 선왕의 효도는 얼굴 빛을 눈에 잊지 아니하며 소리를 귀에 끊지 아니하며 마음에 즐기고 하고저 함을 마음에 잊지 아니하시니 사랑을 이루면 있고 공경을 이루면 드러나고 있음을 마음에 잊지 아니하거니 대저 어찌 얻어 공경하지 아니하리오

(集解)陳氏曰致愛는 極其愛親之心也 致慤은 極其敬親之誠也 存 以上文見乎其位 以下三者而言 莫大於孝 先王 能存此心故 父母之容色 自不忘乎目 父母之聲音自不忘乎耳 父母之心志嗜欲 自不忘乎心 固非勉强所能然也 亦致吾心之愛敬而已 故曰致愛則存 致慤則著 著存不忘 則洋洋如在 夫安得不敬乎

○曲禮에 曰君子ㅣ雖貧이나 不粥(鬻)祭器며 雖寒이나 不衣(去聲)祭服하며 爲宮室에 不斬於丘木이니라

(集解)粥은 賣也오 斬은 伐也니 祭器 所以奉祭 粥之則無以祭也 祭服 所以接鬼神 衣之則褻而不敬也 丘木 所以庇其宅兆 爲宮室而伐之 則是慢其先而濟其私也

●곡례에 말하기를 군자가 비록 가난하나 제기를 팔지 아니하며 비록 추우나 제복을 입지 아니하며 집을 지으되 무덤에 나무를 베지 아니하느니라

○王制에 曰大夫는 祭器를 不假ㅣ니 祭器未成이어든 不造燕器라

(集解)假는 借也 造는 爲也 有田祿者 必自具祭器也 未成 不造燕器者 先神而後已也

●왕제에 말하기를 대부는 제기를 빌리지 아니하는 것이니 제기를 이루지 못하였거든 사사 밥 그릇을 만드지 아니할찌니라

○孔子ㅣ謂曾子曰身體髮膚는 受之父母ㅣ라 不敢毀傷이 孝之始也오 立身行道하여 揚名於後世하여 以顯父母ㅣ孝之終也니라

●공자가 증자에게 일러 말하기를 몸과 털과 살은 부모에게 받았는지라 감히 헐고 상하지 아니함 이 효도의 처음이요 몸을 세워 도를 닦아서 이름을 뒷 세상에 남겨서 써 부모를 들어나게 하는 것 이 효도의 마침이니라

(集說)吳氏曰此 言人子之身體髮膚 皆父母之所遺 自愛而不敢虧 所以爲孝之始也 能立身行道 則己之 名 揚於後世 而父母之 名 亦顯矣 所以爲孝之終也

夫孝는 始於事親이오 中於事君이오 終於立身이니라

(增註)此 孝之終始也

●대개 효도는 어버이 섬김이 처음이요 임금 섬김이 중간이요 몸 세우는 것이 마침이니라

愛親者는 不敢惡(거성)於人이오 敬親者는 不敢慢於人이니 愛敬을 盡 於事親하면 而德敎 加於百姓하여 刑于四海니 此天子之孝 也니라

●어버이를 사랑하는 자는 감히 남에게 미움 받지 아니하고 어버이를 공경하는 자는 감히 남에게 흘대를 받지 아니하는 것이니 사랑과 공경을 어버이 섬기는데 극진히 하면 그 덕과 교화가 백성에 게 더해져서 사해에 법이 될것이니 이것이 천자의 효도이니라

(集解)眞氏曰孝者 不出乎愛敬而已 推愛敬之心 以愛人 而無所疾惡 推敬親之心 以敬人 而無所慢易 則 躬行於上 而德敎自儀法於下 天下之人 無不皆愛敬其親矣

在上不驕면 高而不危고 制節謹度(도)면 滿而不溢(일)이니 然後에 能保其社稷하며 而和其民人이니 此諸侯之孝也라

●위에 있어서 교만하지 아니하면 벼슬이 높아도 위태하지 아니하고 예절로 절제하고 법도를 삼가 하면 가득차도 넘지 아니하는 것이니 그런 뒤에야 능히 그 사직을 보전 할것이며 그 백성을 화 하게 하리니 이것이 제후(공후백자남 벼슬 이름)의 효도이니라

(增註)制節 自制於禮節也 謹度 謹守法度也 貴爲國君 可謂高矣 富有千乘 可謂滿矣 高則易危 在上不

驕 故不危 滿則易溢 制節謹度 故不溢 社 土神 稷 穀神 惟諸侯 得祭之

非先王之法服든이어 不敢服하며 非先王之法言든이어 不敢道하며 非

(增註)法 法度也 宗 程子曰言人宗於此而祭祀也 卿大夫 有家 家必有廟 故言保其宗廟

先王之德行(去聲)든 不敢行하나니이 然後야에 能保其宗廟니하리 此ㅣ卿大

夫之孝也ㅣ니라

●선왕의 법옷이 아니거든 감히 입지 아니하며 선왕의 법말이 아니거든 감히 행하지 아니하는 것이니 그런 뒤에야 능히 그 종묘(사당)를 보전

할 것이니 이것이 경대부(벼슬이름)의 효도이니라

以孝事君則忠오이 以敬事長則順라이 忠順을 不失여하 以事其上

然後야에 能守其祭祀니하리 此ㅣ士之孝也ㅣ니라

(集解)移事親之孝 以事君則忠矣 移事親之敬 以事長則順矣 士有祿位 以奉祭祀故 曰祭祀 (增註)上即

君長也

●효도로써 임금을 섬기면 충성이 되고 공경으로써 어른을 섬기면 순함이 되느니라 충성과 순함을

잃지 말고서 그 위를 섬긴 그런 뒤에야 능히 그 제사를 지킬 것이니 이것이 선비의 효도이니라

用天之道며하 因地之利여하 謹身節用여하 以養父母니ㅣ此ㅣ庶人之

孝也ㅣ니라

(集說)吳氏曰用天之道 謂順天之生長收藏 而耕耘斂穫 各依其時也 因地之利 謂因地之沃衍皐隰 而稻

梁黍稷 各隨其宜也 謹身 謂守身而不妄爲 節用 謂儉用而不妄費 人能如此 則身安力足 有以奉其父母矣

●하늘의 도를 쓰며 땅의 이로움을 인해서 몸을 삼가서 존절히 써서 부모를 봉양하는 것이

것이 모든 사람의 효도이니라

五〇

故로 自天子至於庶人히 孝無終始오 而患不及者ㅣ未之有
也ㅣ니라

이런고로 천자로 부터 모든 사람에 이르기 까지 효도가 마침과 처음이 없고 미치지 못할까 근심
할것이 있지 아니하니라

（增註）孝之終始 見上文事親 而不能有終有始 灾及其身 必矣

●孔子ㅣ曰父母ㅣ生之니하시 續莫大焉오이 君親臨之니하시 厚莫重
焉다이로 是故로 不愛其親오이 而敬他人者를 謂之悖德이오 不敬其
親오이 而敬他人者를 謂之悖禮라니

공자 말하기를 부모가 낳으시니 이음이 더 클수 없고 임금과 어버이가 있으니 두텁기가 더 무거
울수 없도다 이런고로 그 어버이를 사랑 하지 아니하고 다른 사람을 사랑 하는자는 덕을 어겼다
이르고 그 어버이를 공경하지 아니하고 다른 사람을 공경하는 자를 예를 어겼다 이르나니

（集說）眞氏曰父母 生我者也 我則嗣續乎父母者 天性之恩 孰大焉 君之臨臣 父之臨子者 所以治而教之也 其厚乎我 孰重焉 范氏曰君子 愛親而俊 推以愛人 是之謂順德 敬親而後 推以敬人 是之謂順禮 苟或反此 則 愛敬乎君矣 合君親而並言 以見君臣 其義一也 下文 獨言親者 蓋指天性最切者 知愛敬乎親 則知

●孝子之事親에 居則致其敬하고 養則致其樂고하 病則致其
憂고하 喪則致其哀고하 祭則致其嚴니이 五者ㅣ備矣然後야에 能事親
이니라

효자가 어버이를 섬김에 거처할 때에는 그 공경을 이루고 봉양할 때에는 그 즐거움을 이루고 병들
었을 때에는 그 근심을 이루고 초상났을 때에는 그 슬픔을 이루고 제사 지낼때에는 그 엄숙함을

事親者는 居上不驕하며 爲下不亂하며 在醜不爭이니

이루나니 다섯 가지가 갓춘 그런 뒤에야 능히 어버이를 섬긴다 할것이니라

(增註) 致는 極也ㅣ오 樂은 謂愉色婉容이오 人子事親之心이 自始至終에 無一毫之不盡을 可謂孝矣라

居上而驕則亡하고 爲下而亂則刑하고 在醜而爭則兵이니 三者를 不除면 雖曰用三牲之養이라도 猶爲不孝也ㅣ니라

● 어버이를 섬기는 자는 위에 거해도 교만 하지 아니하며 아래가 되어도 작난을 아니하며 동류에 있어서도 다투지 아니하나니 위에 거해서 교만하면 망하고 아래가 되어서 작난을 하면 형벌을 입을 것이니 세가지를 덜지 아니하면 비록 날로 어육봉양을 하더라도 오히려 불효가 되느니라

(集解) 驕는 矜肆오 亂은 悖逆이오 醜는 類오 爭은 鬪也오 兵은 以兵刀相加也라 三牲은 牛羊豕也라 (增註) 三者不除면 灾將及親이니 其爲不孝ㅣ 大矣오 口體之奉이 豈足贖哉아

○孟子ㅣ 曰 世俗所謂不孝者ㅣ 五ㅣ니 惰其四支하야 不顧父母之養이 一不孝也오 博奕好飮酒하야 不顧父母之養이 二不孝也오 好貨財私妻子하야 不顧父母之養이 三不孝也오 從耳目之欲하야 以爲父母戮이 四不孝也오 好勇鬪狠하야 以危父母ㅣ 五不孝也ㅣ니라

● 맹자 말씀하기를 세상 풍속에 불효라 일러 말하는 자가 다섯 가지니 그 사지(수족)를 게을리 해서 부모 봉양을 돌아보지 아니함이 첫째 불효요 장기와 바둑과 술마시기를 좋아 해서 부모 봉양을 돌아보지 아니함이 둘째 불효요 재물과 재물을 좋아하고 안해와 자식에 빠져서 부모 봉양을 돌아보지 아니함이 셋째 불효요 귀와 눈의 욕심을 쫓아서 써 부모를 욕되게 함이 넷째 불효요 용맹을 좋아해

○曾子ㅣ曰身也者는 父母之遺體也ㅣ니 行父母之遺體오딕하야 敢不敬乎아 居處애 不莊이 非孝也ㅣ며 事君에 不忠이 非孝也ㅣ며 苟官에 不敬이 非孝也ㅣ며 朋友不信이 非孝也ㅣ며 戰陣陣에 無勇이 非孝也ㅣ니 五者를 不遂(수)면 災(재)及其親이니 敢不敬乎아

(集說)陳氏曰四支手足也顧猶念也博局戲奕圍棊也斲羞辱也狼忿戾也

서 싸우고 한악해서 부모를 위태하게 함이 다섯째 불효이니라

(集說)吳氏曰行猶奉也 莅臨也 交兵曰戰 制行伍曰陣 遂成也 莊曰忠曰敬曰信曰勇皆孝之事也 而身及於災矣 此君子所以不可不敬也 或疑奉遺體而曰戰

증자 말하기를 내 몸이란 것은 부모의 주는 몸이니 부모의 주는 몸을 행하되 감히 공경하지 아니할 것인가 거처에 단정하지 아니함이 효도가 아니며 임금 섬기기를 충성으로 아니함이 효도가 아니며 벼슬해서 공경하지 아니함이 효도가 아니며 벗과 벗에 신실하지 아니함이 효도가 아니며 진중에 용맹이 없음이 효도가 아니니 다섯 가지를 이루지 못하면 재앙이 그 어버이에게 미치는 것이니 감히 공경하지 아니할 것인가

○孔子ㅣ曰五刑之屬이 三千이로되 而罪ㅣ莫大於不孝ㅣ니라

(集說)陳氏曰五刑墨劓宮大辟剕也 墨者刺面 劓者割鼻 宮者去勞 大辟死刑也 按書呂刑墨屬千劓屬千剕屬五百宮屬三百大辟之屬二百凡三千條刑所以罰惡惡莫大於不孝故罪

공자 말하기를 다섯 가지 형벌의 류가 삼천 가지로되 죄가 불효 보다 더 큰 것이 없느니라

右는 明父子之親하니

●오른쪽은 부자의 친함(가까운것)을 밝힌것이라

○禮記에曰將適公所ㅣ어든 宿齊(재)戒하야 居外寢하며 沐浴하고 史進

象笏든이어 書思對命이니 旣服하고 習容觀貫玉聲여 乃出이니라

예기에 말하기를 장차 임금 계신 곳에 갈새 미리 재계를 하며 바깥 침실에 거처하며 목욕하고 시
자가 상아 홀을 드리거든 명령에 대답할 것을 생각해 쓸것이니 이미 옷을 입고는 얼굴 모양과 목소
리를 익혀서 이에 나가느니라

(集說)陳氏曰適 往也 公所 君所也 宿 前期也 史 掌文史者
之史 卽府史之史 史者 掌文書者也 笏者 忽也 書事 以備忽忘者 思
謂所思告君者 對 謂所擬對君者 命 謂君命三者 皆書之於笏 敬謹之至也 容觀
容貌 儀觀也 玉聲 佩玉

之聲也

○曲禮에 曰凡爲君使去聲者ㅣ 已受命君言을 不宿於家ㅣ라니라

곡예에 말하기를 보통 임금을 위해서 심부름 하는자가 이미 명령을 받아서는 임금의 말을 집에
잠재지 아니 하느니라

(增註)君言 卽君命 受命卽行 敬君也

君言이 至則主人이 出拜君言之辱하고 使者ㅣ 歸則必拜送于
門外라니

임금의 말씀이 이르면 주인이 나가서 임금 말씀의 욕 됨을 절하고 심부름 한자가 돌아가면 반드시
문밖에 절해서 보냈느니라

(集說)辱 謂屈辱君命之來也 至則拜命 歸則拜送 皆敬君也

若使人於君所則必朝服而命之고 使者ㅣ 反則必下堂而
受命라이니

만일 사람을 임금 계신 곳에 심부름을 보낸즉 반드시 조복을 입고 명령하고 심부름 하는자가 돌
아오면 반드시 마루에 내려서 명령을 받느니라

(增註)反 還也 朝服而遣使 下堂而受命 皆敬君也 (集解)陳氏曰 孔子 問人於他邦 再拜而送之 況使人

於君所乎 言朝服而命之 則知上文拜辱拜送
外 則知拜辱 亦於門外也 此皆互文以見 讀者 不可不知

○論語에曰君이召使擯이어든色勃如也하시며足躩(확)如也ㅣ러시다

●논어에 말하기를 임금이 불러 손님을 접대하라 하시거든 얼굴 빛을 놀라는 것 같이 하시며 발은

(集說)朱子曰擯 主國之君 所使出接賓者 勃 變色貌 盤辟璧貌 盤辟乃盤旋 曲折之意 曲折之意 敬君命故也

揖所與立하사左右手ㅣ러시니衣前後襜(첨)如也ㅣ러시다

●더부러 같이 섰을때에 왼편과 오른편 손으로 揖하시는데 옷 앞뒤가 똑 같게 하시더라

(集說)朱子曰所與立 謂同爲擯者也 擯用命數之半 如上公九命 則用五人 以次傳命 擯左人則左其手 擯右人則右其手 襜 整貌

趨進에翼如也ㅣ러시다

●추창해 나아드실 날아가는것 같이 하시더라

(集說)朱子曰疾趨而進 張拱端好 如鳥舒翼

賓이退든必復命曰賓不顧矣ㅣ라하더

●손님이 물러 나가거든 반드시 명령을 돌려 말하기를 손님이 돌아보지 아니하더라라고 하시더라

(集說)朱子曰紓君舒敬也

○入公門하실새鞠躬如也하사如不容이러시다

●대궐 문에 들어 갈새 몸을 굽히다 시피 하사 용납하지 못하는 것 같이 하시더라

(集說)朱子曰鞠躬 曲身也 公門 高大而若不容 敬之至也

立不中門하며行不履閾(역)하시더라

●문 가운데 서지 아니하며 문 턱을 밟지 아니 하시더라

(集說)朱子曰中門 中於門也 閾 門限也 謝氏曰立中門則當尊 行履則 不恪

過位(새)하실새 色勃如也하시며 足躩如也하시며 其言이 似不足者ㅣ러시다

● 임금 자리를 지내실새 얼굴 빛을 놀라는 것 같이 하시며 발은 어름어름 한것 같이 하시며 그 말
이 만족하지 못한자 같으시더라

(集說) 朱子曰位는 君之虛位니 君雖不在 過之必敬 不敢以虛位而慢之也 言似不足 不敢肆也

攝齊(재)升堂하실새 鞠躬如也하시며 屏(丙)氣似不息者ㅣ러시다

● 옷 자락을 끼고 마루에 오를새 몸을 굽힌듯 하시며 기운을 감추사 숨을 쉬지 못하는자 같으시다

(集說) 朱子曰攝은 樞區侯也 齊는 衣下縫奉也 禮 將升堂 兩手樞衣 使去地尺 恐躡壺之而傾跌失容也 屏藏
也 息은 鼻息出入者也 近至尊 氣容蕭也

出降一等하여 逞(정)顔色하사 怡怡如也하시며 沒階하여 逞翼如也하시며

● 한층 내려 나가서는 낯빛을 펴시사 즐기는 듯 하시며 다 내려서는 추창해 가기를 나는것 같이 하
시며 그 자리에 돌아가서는 조심한 것 같이 하시더라

(集說) 朱子曰等은 階之級也 逞은 放也 漸遠所尊 舒氣解顔 怡怡는 和悅也 沒階는 下盡階也 趨는 走就位也 蹯

復其位하여 踧踖(척)如也ㅣ러시다

● 復位 蹙踖 敬之餘也

○禮記에 曰君賜(句) 車馬든 乘以拜賜(句하)하고 衣服든 服以拜
賜라니

● 예기에 말하기를 임금이 수레나 말을 주시거든 타서 써 주심을 절하고 의복을 주시거든 입고 써
절하더니라

(集成) 孔氏曰凡受君賜 賜至則拜 至明日 更乘服所賜 往至君所 又拜 重君恩也

君이 未有命이어시든 弗敢即乘服也ㅣ라

● 임금이 명령이 있으시든 아니 하시거든 감히 타고 입지 아니하느니라

(集成)謂非經賜 雖有車馬衣服 不敢輒乘服也 若後世 三品 雖應服紫 五品 雖應服緋 必君賜而後服

○曲禮에 曰賜果於君前이어든 其有核(핵)者란 懷其核이니라
(集說)陳氏曰敬君賜故 不敢棄核
●곡예에 말하기를 임금 앞에서 과실을 주시거든 그 씨 있는 것은 그 씨를 품을찌니라

○御食於君에 君賜餘ㅣ어시든 器之漑(개)者란 不寫하고 其餘는 皆寫ㅣ니라
(集說)呂氏曰御食 侍食也 (集解)陳氏曰君以食之餘者 賜之 若陶器 若木器 可以洗滌者則卽食之 或其
器 是崔 竹所織 不可洗滌者 則傳寫於他器而食之 不欲口澤之瀆也
(崔 音凡)
●임금을 뫼시고 먹을새 임금이 남은 것을 주시거든 그릇을 씻을 것을 비우지 아니하고 그 나머지
는 다 비우느니라

○論語에 曰君이 賜食시든 必正席先嘗之하시고 君이 賜腥이어든 必熟而薦之하시고 君이 賜生이어든 必畜之러시다
(集說)朱子曰食 恐或餕餘故 不以薦 正席先嘗 如對君也 言先嘗 則餘當以頒賜矣 腥 生肉 熟而薦之
祖考 榮君賜也 畜之者 仁君之惠 無故不敢殺也 (集成)或問聖人 席不正不坐 豈必君賜食而後 正之耶
朱子曰席固正矣 將坐而又正焉 所以爲禮也 曲禮 主人 既迎賓則請入爲席矣 賓既升堂 主人 又跪正席
至此然後正之哉 蓋敬慎之至耳
●논어에 말하기를 임금이 먹을 것을 주시거든 반드시 바루 앉아서 먼저 맛 보시고 임금이 생선을
주시거든 반드시 익혀서 사당에 천하시고 임금이 살았는 것을 주시거든 반드시 기르느니라

○侍食於君에 君祭어시든 先飯이러시다
(集說)朱子曰周禮 王曰一擧 膳夫 授祭品嘗食 王乃食故 侍食者 君祭則己不祭而先飯 若爲(聲去)
君嘗食
●임금을 뫼시고 먹음에 임금이 제사 하시거든 먼저 먹더시다

然 不敢當客禮也

○疾에君이視之어시든東首하시고加朝服拖(타)他可切紳이러시다

●(集說)朱子曰東首 以受生氣也 病臥 不能著衣束帶 又不可以褻服 見君故 加朝服於身 又引大帶於上也

병들었을 때 임금이 보시거든 동쪽으로 머리하고 조복을 덮고 띠를 걸치더시다

○君이命召이어시든不俟駕行矣러시다

●(集說)朱子曰急趨君命 行出而駕車隨之

임금이 명령하여 부르시거든 명에 하기를 기다리지 아니하고 가시더라

○吉月에必朝服而朝ㅣ러시다

●(集說)朱子曰吉月 月朔也 孔子 在魯致仕時 如此

달 초하루에 반드시 조복을 하고 조회를 하더시다

○孔子ㅣ曰君子ㅣ事君되하進思盡忠하며退思補過여하將順其美고匡救其惡이니하故로上下ㅣ能相親也ㅣ니라

●(集解)陳氏曰將 猶承也 進見其君 則思盡己之忠 退適私室 則思補君之過 無一時一念之不在君也 有善則承順之 使益進於善 有惡則匡救之 使潛消其惡 此愛君之至也 臣以忠愛而親其君 則君 亦諒其忠愛而親之也 張氏曰正君之義 必先正其身 故 進則思盡己之忠 退則思補君之過 使己之心 無一毫之不盡然後 君有美則將順之 有惡則匡救之 格君心之非 亦曰正己而已 二說皆通

공자 말하기를 군자가 임금을 섬기되 나아가서는 충성을 다 하기를 생각하며 물러나서는 허물 깁기를 생각해서 장차 그 아름다움을 순하게 하고 그 악한 것을 바루고 구원하나니 이런고로 상하가 능히 서로 친하느니라

○君使臣以禮하며臣事君以忠이니라

●(集說)朱子曰二者 皆理之當然 各欲自盡而已

임금이 신하를 부리거든 예로써 하며 신하가 임금 섬기기를 충성으로써 하느니라

○大臣은 以道事君하다가 不可則止니라

●대신은 도리로써 임금을 섬기다가 옳지 아니하면 그만 두느니라

(集解)朱子曰以道事君者 不從君之欲 不可則止者 必行己之志

○子路ㅣ問事君한대 子ㅣ曰勿欺也ㅣ오 而犯之니라

●자로가 임금 섬김을 물으니 공자가 말하기를 속이지 말고 바루 말 할찌니라

(集解)子路 孔子弟子 姓仲 名由 字子路 朱子曰犯 謂犯顏諫爭(去聲) (集成)西山眞氏曰僞言不直 謂之欺

直言無隱 謂之犯 欺與犯 正相反 禮記 謂 事君有犯而無隱

○鄙夫는 可與事君也與哉아

●더러운 놈은 가히 임금을 섬길까

(集說)朱子曰鄙夫 庸惡陋劣之稱

其未得之也엔 患得之하고 旣得之얀 患失之하나니라

●그 얻지 못해서는 얻기를 근심하고 이미 얻어서는 잃을까 근심 하느니라

(集說)何氏曰患得之 謂患不能得之

●苟患失之면 無所不至矣니라

●진실로 잃을까 근심하면 하지 못할 바가 없느니라

(集說)朱子曰小則吮癰舐痔 大則弑父與君 皆生於患失而已 (善指 痔 大凡 切)

○孟子ㅣ曰責難於君을 謂之恭이오 陳善閉邪를 謂之敬이오 吾君

●맹자 말하기를 임금에게 어려운 것을 책임 지움을 공순 하다고 이르고 착한 것을 베풀고 바르

不能을 謂之賊이라

●지 못함을 덮는 것을 공경이라 이르고 우리 임금이 능하지 못하다 함을 도적이라 이르니라

(集解)范氏曰人臣 以難事責於君 使其君 爲堯舜之君者 尊君之大也 開陳善道 以禁閉君之邪心 唯恐其君 或陷於有過之地者 敬君之至也 謂其君 不能行善道 而不以告者 賊害其君之甚也

○有官守者ㅣ 不得其職則去코하 有言責者ㅣ 不得其言則

(集說)朱子曰官守 以官爲守者 言責 以言爲責者

去ㅣ니

●벼슬 자리에 있는 자가 그 직책을 얻지 못하면 가고 말(言)한 책임이 있는 자가 그 말을 시행해 언지 못하면 가느니라

○王蠋이曰忠臣은不事二君오이오 烈女는不更(경)平二夫ㅣ니

●왕촉이 말하기를 충성된 신하는 두 임금을 섬기지 아니하고 열녀는 두 가장을 고쳐 시집 가지 아니하느니라

(集說)陳氏曰蠋 齊之畫邑人 忠義之臣 始終一心 故 不事一君 貞烈之女 始終一志 故 不更二夫 按 通鑑 燕將樂毅 破齊 聞蠋賢 使請蠋 蠋拒之此 遂自經死

右는明君臣之義라하니

●오른쪽은 임금과 신하의 의를 밝히니라

○曲禮에曰男女ㅣ非有行媒든어不相知名며하非受幣든어不交不

親이니

●곡예에 말하기를 남여가 중매가 있지 아니하거든 서로 이름을 알지 아니하며 폐백을 받지 아니하거든 사귀지 아니하고 친하지 아니하느니라

(集說)陳氏曰行媒 謂媒氏之往來也 名 謂男女之名也 受幣然後 親交之禮分定

故로曰月以告君며하齋(재)戒以告鬼神며하爲酒食以召鄕黨僚

友니하 **以厚其別也**니라

● 이런고로 날과 달로 써 임금께 고하며 재계하여 써 귀신께 고하며 주식을 먹여서 써 향당 동료
와 벗을 부르나니 써 그 분별을 두터이 함이니라

(集說)陳氏曰日月 取婦之期 書之以告于君 鬼神 謂先祖 僚 同官者 友 同志者 厚其別者 重其有
別之嫌也

取니하 **妻**하되 **不取同姓**이니 故로 **買妾에 不知其姓則卜之**라니

● 안해를 얻으되 같은 성을 얻지 아니하는 것이니 연고로 첩을 사되 그 성을 알지 못하면 점을 치
느니라

(集解)陳氏曰不娶同姓 爲其近禽獸也 卜者 卜其吉凶也 ○盖異姓則吉 同姓則凶也

○ **士昏禮에 曰父ㅣ醮子에 命之曰親迎(去聲)爾相(去聲여)承我宗事**하

勖帥以敬여하 **先妣之嗣**니 **若則有常**이라하 **子曰諾**다 **唯恐不堪**

● 사혼례에 말하기를 아비가 자식을 장가 보냄에 명령해 말하기를 너의 아내를 맞아서 나의 종사
를 받드되 힘써 따라서 써 공경해서 먼저 어미의 이음이니 너는 곧 떳떳함이 있으라 자식이 말하기
를 그렇게 하겠읍니다 오직 감당치 못할 두려움이 거니와 감히 명령을 잊는 아니하리이다

(集說)陳氏曰士昏禮 儀禮篇名 酌而酬酢曰醮 盖醮子以親迎也 相 助也 妻 所以助夫故 謂之相 宗事宗
廟之事 勖 勉也 帥 倡也 言當勉帥爾婦以恭敬也 母曰先妣 盖古稱也 先妣之嗣 謂婦代姑祭也 若爾
有常 始終不替也 諾 應辭 能也

父ㅣ送女에 命之曰戒之敬之여하 **夙夜無(毋通)違命**이라하

● 아버지가 딸을 시집 보냄에 타일러 말하기를 조심하고 공경해서 자나 깨나 시키는 것을 어김이
없게 하라

(集說)陳氏曰夙 早也 違 逆也 命 謂舅姑之命

母ㅣ施衿結帨(세)호되 曰勉之敬之하여 夙夜無違宮事하라

어머니가 옷을 주고 패물을 채워서 말하기를 힘쓰고 공경해서 자나 깨나 집안 일을 어김이 없게 하라

(集說)陳氏曰衿은 小帶요 帨는 佩巾이오 違는 乖也오 宮事는 謂閨內之事라

● 서모가 문안에 와서 적은 주머니를 주고 써 부모의 말을 존중히 여겨서 자나 깨나 어김이 없어서 옷과 주머니를 보라

庶母ㅣ及門內하여 施鞶(반)하고 申之以父母之命하여 命之曰敬恭聽하여

宗爾父母之言하여 夙夜無愆하여 視諸衿鞶하라

(集解)庶母는 父之妾也라 鞶은 小囊이니 盛帨巾者라 申은 重也라 宗은 尊也라 愆은 過也라 言當尊爾父母之言하야 早夜無過라 又當常視此衿鞶하야 以憶父母之言而不忘也라 鞶는 音盤이라

● 예기에 말하기를 대저 혼례는 만대의 처음이라 다른 성에 장가 감은 써 먼 것을 부치고 분별을 두

○禮記에 曰夫婚禮는 萬世之始也ㅣ라 取(취)於異姓은 所以附遠

● 두터이 하는바요 폐백을 반드시 정성껏 하며 말이 두텁지 아니함은 고하기를 바르고 믿음으로써 하니 믿음은 사람을 섬기는 것이며 믿음이 부인의 덕이니라 한번 더부러 교제를 하면 몸이 죽

厚別也오 幣必誠하며 辭無不腆(전)은 告之以直信이니 信은 事人

也ㅣ며 信이 婦德也ㅣ라 一與之齊하야 終身不改니 故로 夫死不嫁라

(集成)取異姓者는 所以依附疏遠之道ㅣ며 厚重分別之義며 所以將婚姻之意며 辭ㅣ所以通婚姻之情이며 幣必誠者는 告之以信也니 事人者는 必以信으로 事人이오 而婦人은 以事人爲事라 故로 信爲婦德也니라 (集解)腆은 厚也며 善也며 齊는 謂共牢而食하야 同尊卑也며 方氏曰有夫婦而後에 有父子하고 父子ㅣ所以傳世故로 曰萬世之始라

(集成)取異姓者는 所以依附疏遠之道 曰有夫婦而後에 有父子 者ㅣ 告之以直也ㅣ오 幣必誠者는 告之以信也며 事人者는 必以信

도록 함이니 이런고로 죽어도 다시 시집 가지 아니하느니라

而他適也ㅣ라 以其不可改故로 雖夫死而不嫁也니라

男子ㅣ親迎(去聲여)호대 男先(去聲下同)於女는 剛柔之義也ㅣ니 天先乎地(며)하며 君

先乎臣이 其義ㅣ一也ㅣ니라

(集解)先은 謂倡道也ㅣ오 馬氏曰男子ㅣ
終君主倡而臣主和 其義無二也

남자가 친히 맞아서 남자가 여자보다 먼저 함이 그 의는 먼저 함은 강하고 부드러운 의리니 하늘이 땅보다 먼저 하
며 임금이 신하보다 먼저 함이 그 의는 한가지니라

親迎而男先於女者는 剛先於柔之義也ㅣ오 豈獨婚姻之際如此ㅣ리오 天造始而地代

執贄(至)以相見은 敬章別也ㅣ니 男女ㅣ有別然後에 父子ㅣ親하고 父

子ㅣ親然後에 義ㅣ生하고 義ㅣ生然後에 禮作하고 禮作然後에

萬物이 安하나니 無別無義는 禽獸之道也ㅣ라

(集解)執贄는 奠雁也ㅣ오 章은 明也ㅣ라
行敬以明其別也ㅣ라 馬氏曰父子
出於天性 而曰男女ㅣ有別然後에 父子親은 何也ㅣ오
蓋男女無別於內 則夫婦之道ㅣ喪 而淫辟之罪ㅣ多 雖父子之親도 亦不得而親之也ㅣ라 男女有別然後에 父子ㅣ親하고 父子ㅣ有相
親之恩 則夫婦之道ㅣ喪 而淫辟之罪ㅣ多하나니 由是推之컨대 至於君臣 兄弟 長幼 朋友之際에 皆有義
親之恩이오 父子有相親之恩 則粲然有文以相接이라 故로 曰義生而後에 禮作이오 禮作而後에 萬物所以安也ㅣ라 陳氏曰禽獸는
而不知有父 無別故也ㅣ라 知有母

예물을 가지고 써 서로 보는 것은 공경이 분별을 밝히는 것이니 남자와 여자가 분별이 있은
뒤에 부자가 친하고 부자가 친한 그런 뒤에 의리가 나고 의리가 난 그런 뒤에 예가
일어난 그런 뒤에 만가지 일이 평안 하나니 분별도 없고 의리도 없으면 새와 짐승의 도리니라

○取婦之家ㅣ三日不擧樂은 思嗣親也ㅣ니라

(集說)陳氏曰思嗣親이면 則不無感傷故로 不擧樂이니라

며느리를 다려온 집이 삼일간을 풍악을 거행 아니 함은 어버이의 이음을 생각 함이니라

○婚禮不賀는 人之序也ㅣ라

●혼례에 치하 하지 아니함은 사람의 차례 이니라

(集說)陳氏曰人之序 謂相承代之序也 方氏曰在子則代父 在婦則代姑 故不賀

○內則에 曰禮는 始於謹夫婦ㅣ니 爲宮室호되辨內外호야 男子는居外호고女子는居內호야 深宮固門호야 閽寺ㅣ 守之호야 男不入호고女不出이니

내칙에 말하기를 예의는 부부가 삼가하는데에서 시작 되는 것이니 집과 방을 하되 안과 밖을 분별해서 남자는 밖에 거처하고 여자는 내실에 거처하고 집을 깊이 하고 문을 굳게 해서 안밖 문직이가 지켜서 남자는 안에 들어가지 아니하고 여자는 밖에 나오지 아니 하느니라

(集說)陳氏曰夫婦 人倫之始 不謹則亂其倫類 故禮始於謹夫婦也 鄭氏曰閽 掌守中門之禁 寺掌內人之禁令

●男女ㅣ不同椸(이)枷하며 不敢縣於夫之楎(輝)椸하며 不敢藏於夫之篋笥하며 不敢共湢浴하며 夫不在어든 斂枕篋하며 簟(점)席褷(독)하여器而藏之니 少事長하며 賤事貴에咸如之니라

남자와 여자가 옷 거리를 같이 아니 해서 감히 가장의 옷 거리에 걸지 아니하며 감히 가장의 옷궤에 갈무리지 아니하며 한가지 목욕 하지 아니하며 가장이 있지 아니 하거든 벼개를 거두어 갈무리며 자리를 거두어 그릇에 갈무리나니 젊은이가 어른을 섬기며 천한이가 귀한이를 섬기는 것이 모두 다 같으니라

(集說)陳氏曰橫者曰椸 椸與架同 植者曰楎 置衣服之具也 篋笥 皆竹爲之 貯衣者也 浴室曰湢 不共者異其浴室也 吳氏曰器者 器重之謂 斂枕於篋 斂簟席於褷 器重而藏之 是 不特妻事夫之禮 凡少之事長 賤之事貴 皆臨川吳氏曰言內外之辨 非特男女爲然 雖夫婦 得相親者 亦然

雖婢妾도이라 衣服飮食을 必後長者라니

●妻ㅣ不在ㅣ든妾御ㅣ莫敢當夕이니라

(集解)陳氏曰長者는謂婢妾中之長者ㅣ니婢妾이雖賤이나亦必有長幼之倫이니라

비록 종과 첩이라도 의복과 마시고 먹는 것을 반드시 어른 보다 뒤에 하느니라

아내가 있지 아니 하더라도 첩이 감히 저녁을 당하지 못하느니라

●(集解)古者엔妻妾이各有當御之夕이니當夕也ㅣ라

○男不言內하고女不言外며非祭非喪이어든不相授器니其相授

(正誤)男 正位乎外 不當言女事 女 正位乎內 不當言男事 男女 授受不親 惟喪祭 得以器 相授 祭嚴喪 遽不嫌也 於喪祭之時 男以器授女則女以篚 受其器 女受以匪 則男所受 可知 男以器授女 而女無篚受 之則男 跪而以器停之於地而後 女亦跪而取之 女食 男取 亦如之 陳氏以皆坐 爲句 非是

則女受以篚코其無篚則皆坐奠之而後에取之니라

남자는 안에 일을 말 하지 아니하며 여자는 밖에 일을 말 하지 아니하며 제사가 아니고 초상이 아니면 서로 그릇을 주지 아니 하는 것이니 그 서로 주면 여자가 바구니로써 받고 그 바구니가 없으면 다 앉아서 드린 뒤에 가지느니라

外內不共井며不共湢浴며不通寢席하며不通乞假며男女ㅣ不
通衣裳이니라

(集解)劉氏曰不共井 嫌同汲也 不共湢浴 嫌相褻也 不通寢席 嫌相親也 不通乞假 嫌往來也 不通衣裳 惡淆雜也

밖과 안이 우물을 한가지 아니하며 목욕을 한가지 아니하며 잠자리를 통하지 아니하며 빌리기를 서로 통하지 아니하며 남자와 여자가 옷과 치마를 섞지 아니하느니라

男子ㅣ入內하야不嘯不指하며夜行以燭이니無燭則止고女子ㅣ出
門에必擁蔽其面하며夜行以燭이니無燭則止라니

●남자가 내실에 들어가서 휘파람을 불지 아니하며 손가락질 아니하며 밤에 다닐때 촛불
로써 할것이니 촛불이 없으면 그치고 여자가 밖에 나갈때에 반드시 그 낯을 가리우고 싸며 밤에 다닐때 촛불
이니 촛불이 없으면 그치느니라

(集說)陳氏曰嘯 謂蹙口出聲 指 謂用手指畫 不嘯 不指 謂聲容有異 骸人視聽也 以 用也 擁 障也

道路에 男子는 由右하고 女子는 由左니라

(集成)劉氏曰道路之法
●길과 길에 남자는 오른편으로 가고 여자는 왼편으로 가느니라

敎令이 不出閨門이며 事在饋食似之間而已矣라니

●공자 말하기를 부인은 남자에게 굴복 하는지라 이런고로 전제 하는 의가 없고 세가지 따르는 도가 있으니 집에 있어서는 아버지를 따르고 남에게 가서는 가장을 따르고 가장이 죽으면 자식을 따라서 감히 스스로 이루는 일이 없고 가르치는 사령이 문밖에 나가지 아니하며 일이 먹이고 음식

○孔子ㅣ曰婦人은 伏於人也ㅣ라 是故로 無專制之義코하 有三從之道니 在家從父하고 適人從夫하고 夫死從子여하 無所敢自遂也여하

●이런고로 여자는 규문 안에서 날을 마치고 백리길 초상에 가지 아니하며 일이 단독히 함이 없으며 참여하여 안 뒤에 움직이며 가히 경험한 뒤에 말하며 낮에 뜰에 놀지 아니하며 밤에 다닐때 촛불로써 다니나니 바루 써 부녀의 덕을 바루는 것이니라

是故로 女ㅣ及日乎閨門之內하고 不百里而奔喪하며 事無擅爲하며 行無獨成하며 參知而後에 動하며 可驗而後에 言하며 晝不遊庭하며 夜行以火니하 所以正婦德也ㅣ니라

(增註)專制 自遂 卽下文所謂 擅爲獨成也 饋食 供饋酒食也 已 止也

(集說)陳氏曰及日 猶言終日 不百里 猶言不越境 恭 使人相恭也 驗 證據也 晝居於內而中出中庭 夜行
於內而必照以火 凡此 皆所以正婦德而使之正也

女有五不取니하 逆家子를不取며하 亂家子를不取며하 世有刑人든이어

여자가 다섯 가지 취하지 아니하며 윗 대에 형벌 받은 사람이 있거든

不取며하 世有惡疾든 不取며하 喪父長子를不取니라

취하지 아니하며 아비지를 잃은 맏아들을 취하지 아니 할찌라

(集解)逆家 爲其逆德也 亂家 謂其亂人倫也 世有刑人 如上世不賢而子孫賢則如之何 朱子曰所謂不取者 是世世爲惡不
能改者 非指一世而言也 眞氏曰喪父長子不取 先儒 以爲疑 若父雖喪而母賢則其敎女 必有法又非所拘也

婦有七去니하 不順父母去며하 無子去며하 淫去며하 妬去며하 有惡疾去

부인에게 일곱 가지 버림 받을 악이 있으니 부모에게 순하지 아니하면 버릴 것이요 자식이 없으

多言去며하 竊盜去라니

(集解)不順父母 爲其逆德也 無子 爲其絶世也 淫 爲其亂族也 妬 爲其亂家也 有惡疾 爲其不可與共
粢盛也 多言 爲其離親也 竊盜 爲其反義也 (增註)無子 有惡疾 命也 而去之 於義未安 必以爲不去則
無以承宗事 繼後世也 處之 亦當以義 何至於去耶 此皆可疑

有三不去니하 有所取오 無所歸든어 不去며하 與更(경)去聲三年喪든이어 不
去며하 前貧賤後富貴든어 不去라니

세 가지 버리지 아니할 것이 있으니 가차히 취할 바 있고 돌아갈 곳이 없거든 버리지 아니하며 앞날에는 가난하고 천하고 뒷날에는 부하고 귀하였
부려 부모 삼년상을 입었거든 버리지 아니하며

凡此는 聖人이 所以順男女之際하며 重婚姻之始也ㅣ니라
거든 버리지 아니할찌니라
(集解) 有所取 無所歸 謂妻嫁時 有所受命 後無父兄 可與之也 與更三年喪 謂曾居舅姑之喪也 前貧賤
後富貴 謂己娶婦時貧賤 而今富貴故 皆不去也
(集解)際 謂交際之道 始 謂正始之義 總結此章
(集解) 보통 이것은 성인이 써 남녀의 교제를 순하게 하는 바며 혼인의 처음을 무겁게 하는 것이니라

● 曲禮에 曰寡婦之子ㅣ 非有見焉이어든 弗與爲友ㅣ니라
(集說) 陳氏曰有見 才能卓異也 若非有好之實 則難以避好色之嫌 故 取友者 謹之
(集說) 곡예에 말하기를 과부의 자식이 들어 남이 있지 아니하거든 더부러 벗 하지 아니하느니라

右는 明夫婦之別이니라
● 오른쪽은 부부의 분별을 밝힌 것이라

● 孟子ㅣ 曰孩提之童이 無不知愛其親하고 及其長也여하 無不
知敬其兄也ㅣ니라
(集解) 朱子曰孩提 二三歲之間 知孩笑可提抱者 愛親敬兄 所謂良知 良能也
(集解) 맹자 말하기를 어린 아이가 그 어버이를 사랑 할 줄 알지 못하는 이가 없고 그 큼에 미쳐서는 그
형을 공경 할 줄 알지 못하는 이가 없느니라

● 徐行後長者를 謂之弟오 疾行先長者를 謂之不弟니라
(增註) 徐 緩也 後長者 在長者之後也 疾速也 先長者 在長者之先也
(增註) 조용히 걸어서 어른 보다 뒤에 따르는 자를 공경이라 이르고 빨리 걸어서 어른 보다 먼저 가
는자를 공경이 아니라고 이르느니라

● 曲禮에 曰見父之執야하 不謂之進든어 不敢進며하 不謂之退든어

不敢退하며 不問이어든 不敢對ㅣ니라

(增註)執은 謂執志同者ㅣ오 卽記에 所謂執友也ㅣ니 謂猶命也ㅣ오 敬之를 同於父ㅣ니라

곡예에 말하기를 아버지의 친구를 보고 나아들라 이르지 아니하거든 감히 나아들지 아니하며 묻지 아니하거든 감히 대답하지 아니하는 것이니

○年長以倍則父事之하고 十年以長則兄事之하고 五年以長則肩隨之니라

(集解)肩隨는 並行而差退也ㅣ니 此는 泛言長少之序ㅣ오 非謂所親也ㅣ라 (增註)人生 以十年爲一節이니 倍之則二十年也ㅣ라

나이 많음이 배가 된즉 어버이와 같이 섬기고 열살이 써 많이인즉 형과 같이 섬기고 다섯살 만 이인즉 어깨동무 하며 따를지니라

○謀於長者ㅣ어든 必操几杖以從之니 長者ㅣ 問이어든 不辭讓而對ㅣ 非禮也ㅣ니라

(集說)謀於長者는 謂往就長者 而謀議也ㅣ니 長者之前에 當執謙虛하야 不辭讓은 非事長之道ㅣ라 (集說)應氏曰操几杖以從 非謂長者所無也ㅣ오 執弟子之役이니 其禮然耳니라

나이 많은 자에게 모사하고 의논할새 반드시 궤와 지팡이를 잡고 써 따를것이니 나이 많은 자가 묻거든 사양하지 아니하고 대답하는 것이 예의가 아니니라

○從於先生할새 不越路而與人言하며 遭先生於道어든 趨而進하야 正立拱手하야 先生이 與之言則對하고 不與之言則趨而退ㅣ니라

●선생에게 따를새 길을 타고 넘어서 사람과 더부러 말하지 아니하며 선생을 길에서 만나서 좇아 나아들어 바로 서서 손을 꽂고 선생이 더부러 말하면 대답하고 더부러 말하지 아니하면 좇아 물러 가느니라

六九

從(去聲)長者而上丘陵則必鄉(向)長者所視니라

(集解)從 隨行也 越 踰也 戴氏曰禮無二敬 從先生越路 與人言 則敬有所分矣

(集說)陳氏曰高而有向背者爲丘 平而人可陵者 爲陵 向長者所視 恐有間則卽所見以對也

先生 年德俱高 又能教道人者 長者 則直以年爲稱也 石梁王氏曰

○長者ㅣ與之提攜則兩手로奉長者之手하고負劍辟(僻)呧(二)詔之則掩口而對하니라

어른이 더부러 손을 잡고 끌면 두 손으로 어른의 손을 받들고 옆에 안고 귀에 대이고 말하면 입을 가리고 대답 할찌니라

(集解)提攜 謂牽行捧手 所以承長者之意 辟 偏也 呧 口旁也 詔 告語也 掩口而對 謂以手障口 不使氣觸長者也 (集成)呂氏曰古之佩劍者 挾之於旁 負劍卽佩劍也 童子之幼者 長者 或旁挾之 如負劍然 故謂之負劍也

○凡爲(去聲)長者糞之禮는必加帚(주)於箕上하며以袂(매)로拘句而退하야其塵이不及長者하고以箕로自鄉(向)而扱吸之니라

보통 어른을 위해 소제하는데 반드시 쓰레기판 위에 비를 더하며 소매로서 가리어서 물러가고 그 티끌이 어른에게 미치지 않게 하고 쓰레박으로 자기를 향해서 담느니라

(集解)糞 除穢也 加帚箕上者 初持箕往時 帚置箕上 兩手捧箕 以箕自向歛 取糞穢 不以箕 向尊長也 愚按 先王立教 纖悉畢具 前且掃且移故 云拘而退 扱 歛取也 人生是時 自幼稱 卽曰習事長之方 安於灑掃使令之役 故 能收其放心 觀此章 教子弟糞除之禮 可見矣 後世 此禮不講 父母溺愛 縱其驕情 凡奉長之禮 一切委之斷役 子張子所謂 養其德性 而驕惰無自生矣 近世 魯齊許先生 教貴游子弟 必先使習灑掃應對之禮 以折其驕恣傲慢之氣 深得古昔教人之法 吁 爲人父師 有志於教子弟者 宜深察焉

七〇

○將即席할새 容毋怍하며 兩手로摳衣去齊(자)尺하며 衣毋撥(반)하며 足毋蹶(궐)하며

장차 자리에 나아갈새 얼굴이 부끄러워함이 없으며 두 손으로 옷을 잡아서 옷깃 까지 가기가 한 자가 되며 옷이 헤어짐이 없으며 발이 미끄러짐이 없으며

(集成)呂氏曰怍者는 愧赧不安之貌ㅣ니 愧赧不安이 失之野也오 (集解)劉氏曰以兩手로 摳衣兩旁하야 免有蹎躓失容也ㅣ라 (增註)撥은 發揚貌오 蹶은 行遽貌ㅣ니 二者ㅣ 皆失容이니라

● 先生書策琴瑟이在前이어든 坐而遷之하야 戒勿越이니라

선생의 서책과 거문고와 비파가 앞에 있거든 앉아서 옮기고 경계하여 뛰어 넘지 아니하느니라

(集說)孔子曰坐는 亦跪也ㅣ라 弟子ㅣ 將行할새 苦遇師諸物이어든 或當己前則跪而遷移之하야 戒慎不得踰越이니라

● 坐必安하며 執爾顏하며 長者ㅣ不及이어든 毋儳(참)言하며

앉기를 반드시 안정히 하며 너의 낯 빛을 바로 잡으며 어른이 미처 못하더라도 참남한 말이 없으며

(增註)安은 謂不搖動이오 執爾顏은 卽正顏色也ㅣ라 (集說)陳氏曰儳錯不齊之貌ㅣ니 長者ㅣ 言事未竟이어든 不可擧他事爲言이니 錯雜長者之說이니라

正爾容하며 聽必恭하며 毋剿(초)說하며 毋雷同고하며 必則古昔여하야 稱先王이니라

너의 얼굴을 바루며 듣기를 반드시 공순히 하며 남의 말을 꼬집어 말하지 말며 남의 말에 부치 어 같이 말고 반드시 옛과 옛을 법받아서 선왕을 일컫느니라

(集解)陳氏曰正爾容은 正其一身之容貌也오 聽必恭은 亦謂聽長者之言也ㅣ라 寧取他人之說하야 以爲己說을 謂之剿說이오 聞人之言하고 而附和之를 謂之雷同이니 惟法則古昔하야 稱述先王이 乃爲善耳니라

○侍坐於先生할새 先生이 問焉이어시든 終則對하며 請業則起하고 請益

則起라니

● 선생을 모시고 앉았을때 선생이 묻거시든 말을 마치시거든 대답 하며 학업을 청한즉 일어나고 더
하기를 청한즉 일어나느니라
(集解)陳氏問終而後對 欲盡聞之旨 且不敢雜亂先生之言也 請業者 求當習之事 請益者 再問未盡
之蘊 起所以致敬也

○ 尊客之前에 不叱狗하며 讓食不唾ㅣ니라
(集說)方氏曰不叱狗 不以至賤으로 駭尊者之聽 陳氏曰不唾 嫌於似鄙惡主人之饌也
점잖은 손님앞에 개를 꾸짖지 아니하며 음식을 사양할때 가래 침을 뱉지 아니하느니라

● 侍坐於君子할새 君子ㅣ 欠伸하며 撰杖履하며 視日蚤莫시든 侍
坐者ㅣ 請出矣ㅣ니라
(集解)君子 謂有德位者 氣乏則欠 體疲則伸 撰 猶持也 視日蚤莫 觀日影也 凡四者 皆厭倦之意 故 請
退以息之也 一說 撰 數視也 亦通
군자를 뫼시고 앉았을새 군자가 하품 하고 기지게 하며 지팡이와 신을 만지며 날이 일찍고 저믐
을 보거든 군자를 뫼시고 앉인자가 나가기를 청하느니라

● 侍坐於君子할새 君子ㅣ 問更(경)平聲端則起而對ㅣ니라
(集說)問更端 起而對者 因事變更而起敬也
군자를 뫼시고 앉았을새 군자가 물음을 달리 하거든 일어나서 대답하느니라

○ 侍坐於君子할새 若有告者ㅣ 曰少(上聲)閒(閑)이어든 願有復(복)也ㅣ커든
則左右屏(丙)而侍ㅣ니라
군자를 뫼시고 앉았을새 만약 고백할 자가 있어 말하기를 조금 한가하면 원하노니 사뢸것이 있다
하거든 곧 좌우에 물러나와 기다리느니라

屛而待 不敢干其私也

(集說)鄭氏曰復 白也 言欲須少空閒 有所白也 屛 猶退也 陳氏曰居左則屛於左 居右則屛於右 呂氏曰

○侍飲於長者애 酒進則起하야 拜受於尊(준)所하되 長者ᅵ辭ᅵ어든

●어른을 뫼시고 마실새 술이 들어오면 일어나서 술 자리에 절하고 받으되 어른이 사양하거든 젊은

(集解)尊所 置酒尊之所也 辭 止之也 蓋降席拜受 少者當然 尊者 若止之則還席而飲也 舉猶 飲也 飲

○少者ᅵ反席而飲하고 長者ᅵ舉未醮(초)어든 少者ᅵ不敢飲이라

●은 자는 자리를 돌려서 마시고 어른이 들어서서 다 마시지 아니하였거든 젊은자가 감히 다시 마시지 아니 하느니라

盡酌也 待長者飲盡而後 飲者 不敢先也

○長者ᅵ賜ᅵ어든 少者賤者ᅵ不敢辭ᅵ니라

●어른을 주거든 젊은자가 천한자가 감히 사양하지 아니하느니라

(集解)陳氏曰辭而後受 平交之禮 非少賤事尊貴之道 (集成)陳氏曰上之賜也 以恩 下之受也 以義 義之

所可 雖長者之賜 不敢辭 雖君賜 有所不受

○御同於長者할새 雖貳나 不辭하며 偶坐不辭라

●御를 한가지 할새 비록 여러번이나 사양하지 아니하며 마주 앉기를 사양하지 아니하느니라

(集解)陳氏曰御 侍也 貳 益物也 侍食者 雖獲殷饌之重 而不辭其多者 以此饌 本爲長者設耳 偶者 配

偶之義 因其有賓 而已 亦配偶於坐 故 亦不辭也

○侍於君子하야 不顧望而對는 非禮也니

●군자를 뫼실새 돌아보지 아니하고 대답함이 예의가 아니니라

(集說)呂氏曰顧望而後 對者 不敢先他人言也 應氏曰有察言觀色之意

○少儀예 曰尊長이 於己에 踰等이어든 不敢問其年하며 燕見호 不

將命하며遇於道여든見則面하고不請所之니라

●少儀에 말하기를 높은 어른이 자기 보다 썩 월등하거든 감히 그 나이를 묻지 아니하며 사사로뵈옴에 명령을 받지 아니하며 길에 만나서 본즉 대면하고 가는 곳을 청하지 아니하는니라

(集解) 少儀는 禮記篇名 燕私也 之 往也 陳氏曰 臨等 祖與父之行聲平也 不敢問年 嫌若序齒也 不將命 謂不使擯者傳命 非賓主之禮也 若遇尊長於路 尊者 見則隨見之 不見則隱避 不欲煩動之也 不請所之 不敢問其所往也

侍坐에弗使ㅣ어든不執琴瑟하며不畫地하며手無容하며不翼(삽)也하며寝則坐而將命이니

●뫼시고 앉음에 시키지 아니하거든 거문고와 비파를 잡지 아니하며 땅에 그리지 아니하며 손에 손작난 하지 아니하며 부채질 아니하며 잠잘즉 꿀어앉아서 명령을 기다리느니라

(集解) 翼은 扇也 坐는 跪也 (集說) 陳氏曰侍坐於聲者는 不使之執琴瑟 則不得擅執而鼓之 無故而畫地 不敬 手容恭 若擧手以爲容 亦爲不恭 時雖暑熱 不得揮扇 若當尊長寢臥之時 而傳命 必跪而言之 不可直立以臨之也

侍射則約矢하고侍投則擁矢며勝則洗而以請라이니

●뫼시고 활을 쏜즉 화살을 뭉고 뫼시고 던진즉 화살을 써고 이긴즉 잔 씻어서 청하느니라

(集說) 陳氏曰凡射 必二人爲耦福 在中庭 箭置於福 上耦 前取一矢 次下耦 又進取一矢 如是更進 各得四矢 若卑者 侍射則不敢更迭取之 但一時取四矢 故謂之約矢也 射與投壺之禮 勝者之弟子 於地 一一取而投之 卑者 不敢委於地 故悉撞抱之也 投壺之禮 勝者則委四矢 尊者則委四矢 者 跪而飲之 若卑者得勝 則不敢徑酌 當洗爵而請行觴也 酌酒置于豊上 其不勝

○王制에 曰父之齒를 隨行하고 兄之齒를 鴈行하고 朋友는 不相

踰ㅣ니라

왕제에 말하기를 아버지의 나이에는 따라 행하고 형의 나이에는 동행을 하고 벗에는 서로 넘지

●아니하ᄂᆞ니라

(集說)陳氏曰父之齒를 兄之齒를 謂其人 年與父等也 或與兄等也 隨行 雁行 並行 而隨後也 朋友 年相若則彼此不可相踰越 而有先後 言並行而齊也

●輕任을拜[去聲]고重任을分ᄒᆞ며頒[班]白者ᅵ不提挈[혈]이니라

가벼운 짐을 拜하고 무거운 짐은 나누어서 반백 되는 자가 짐지고 끌지 아니하ᄂᆞ니라

(集解)任擔也 幷獨任之也 分 折而二之也 言 輕則少者 獨任之 重則分任之也 頒曰 老人頭半白黑者 提挈 以手提物也 不提 少者代之也

●君子耆老는不徒行ᄒᆞ고庶人耆老는不徒食이니라

군자 늙은이는 걸어 다니지 아니하며 뭇사람 늙은이는 맨입에 먹지 않ᄂᆞ니라

(集說)吳氏曰六十曰耆 七十曰老 徒 徒行 謂無乘而行也 徒食 謂無羞而食也

右는明長幼之序라ᄒᆞ니

오른쪽은 어른과 아래 어린이의 차례를 밝힘이라

○論語에曰鄕人飮酒에杖者ᅵ出이어든斯出矣러시다

논어에 말하기를 마을 사람이 술을 마심에 짝지(지팽이) 짚은 자가 나가거든 이 따라 나가ᄂᆞ니라

(集說)朱子曰杖者 老人也 六十 杖於鄕 未出 不敢先 既出 不敢後

曾子ᅵ曰君子는以文會友ᄒᆞ고以友輔仁이니라

증자 말하기를 군자는 글로써 벗을 모으고 벗으로써 인을 도우ᄂᆞ니라

(集說)朱子曰講學以會友則道益明 取善以輔仁則德日進

○孔子ᅵ曰朋友는切切偲偲[시]ᄒᆞ고兄弟는怡怡니라

공자 말하기를 벗은 간절하고 간절하며 살피고 힘쓰며 형제는 화열할 것이니라

(雜說)胡氏曰切切 懇到也 偲偲 詳勉也 怡怡 和悅也

辱矣

○孟子ㅣ曰責善은 朋友之道也ㅣ니라

맹자가 말하기를 착하므로 책망하는 것은 벗의 도리니라

(集說)朱子曰朋友 當相責以善也 (集成)程子曰責善之道 要使誠有餘而言不足 則於人有益 而在我者無
之助也

○子貢ㅣ問友한대 孔子ㅣ曰忠告(곡)而善道之호되 不可則止여호라 毋
自辱焉이니라

자공이 벗 사괴음을 물은대 공자가 말하기를 충성으로써 고하고 착하게 인도하되 옳지 아니하면 그
쳐서 스스로 욕됨이 없게 할찌니라

(集解)子貢 孔子弟子 姓端木 名賜 朱子曰友 所以輔仁 故盡其心以告之 善其說以道之 然 以義合者也
故不可則止 若以數朔而見疏 則自辱矣

○孔子ㅣ曰居是邦也여하 事其大夫之賢者며하 友其士之仁
者ㅣ니라

공자가 말하기를 이 나라에 거해서 그 대부의 어진자를 섬기며 그 선비의 어진자를 벗 하느니라

(集說)朱子曰賢 以事言 仁 以德言 陳氏曰事大夫之賢者 則有所嚴憚 友士之仁者 則有所切磋 皆進德
之助也

○益者ㅣ三友오 損者ㅣ三友ㅣ니 友直하며 友諒하며 友多聞이면 益矣요
友便辟하며 友善柔하며 友便佞이면 損矣니라

유익 할자가 셋 벗이요 손해 될자가 셋 벗이니 벗이 정직하며 벗이 신실하며 벗이 문견이 많으
면유익 할것이요 벗이 짝지며 벗이 부드러우며 벗이 영리하면 손해 되느니라

(集解)便 習熟也 辟 謂習於威儀而不直 善柔 謂工於媚悅而不諒 便佞 謂習於口語而無聞見之實 三者損益 正相反也

○孟子ㅣ曰不挾長하며不挾貴하며不挾兄弟而友也ㅣ니友也者는友

其德也ㅣ니不可以有挾也ㅣ니

●(集解)挾者는秉有而恃之之稱이니挾兄弟는謂己有兄弟之助而不資於人也陳氏曰有挾則取友之意不誠賢者
必不與之友矣

맹자가 말하기를 어른이라 여기지 아니하며 귀하다고 여기지 말며 형제 많다 여겨서 벗하지 아니할것이니 벗이란 자는 그 덕을 벗하는 것이라 가히 써 믿음이 있지 아니할 것이니라

○曲禮에 曰君子는 不盡人之歡하며 不竭人之忠하야 以全交

也ㅣ니라

●(集解)呂氏曰盡人之歡 竭人之忠 皆責人厚者也 責人厚而莫之應 此 交所以難全也 歡 謂好於我也 忠 謂盡心於我也 好於我者 望之不深 盡心於我者 不要其必盡 則不至於難繼也

곡예에 말하기를 군자는 남의 즐거움을 다하지 아니하며 남의 충성을 다하지 아니해서 써 사괌을 온전케 하느니라

○凡與客入者ㅣ每門에 讓於客여하 客至寢門든이어 主人이 請入

爲席然後에 出迎客하되 客이 固辭ㅣ어든 主人이 肅客而入이니라

●(集說)陳氏曰讓於客 欲客先入也 爲猶布也 孔氏曰天子五門 諸侯三門 大夫二門 禮有 三辭 初曰禮 辭 再曰固辭 三曰終辭 呂氏曰肅客者 俯手以揖之 所謂肅拜也

무릇 손님으로 더부러 들어가는 자가 문마다 손님께 사양해서 손님이 침문에 이르거든 주인이 청해서 들어가서 자리를 정돈 한뒤에 나와서 손님을 맞으되 손님이 진짓 사양 하거든 주인이 손님을 읍해서 들어 가느니라

主人은 入門而右하고 客은 入門而左여하 主人은 就東階하고 客은 就西

階되하 客若降等則就主人之階니主人이固辭然後에客이復就
西階라니

● 주인은 문에 들어가기를 오른쪽으로 하고 손님은 서쪽 추염으로 나아가고 손님은 서쪽 추염으로 나아가되 손님이 만약 등급이 낮으면 주인의 추염에 나아가는 것이니 주인이 진짓 사양한 뒤에 손님이 다시 서쪽 추염으로 나아가는 손님이 다시 서쪽 추염으로 나아가는

(集解) 陳氏曰入右 所以趨東階 入左 所以趨西階 降等者 其等列 卑於主人也 主人固辭者 不敢當客之
尊己也

○ 主人이與客讓登여하 主人이先登돈이어 客이 從之여하拾涉級聚足여하連
步以上하되上於東階則先右足고하上於西階則先左足이니라

● 주인이 손님과 더부러 사양해 올라서 주인이 먼저 오르거든 손님이 쫓아서 층계를 건너서 발을 모두어서 연해서 걸어 올라가되 동쪽 추염에 오르면 발을 먼저 하고 서쪽 추염에 오르면

(集解) 鄭氏曰拾 當作涉 聲之誤也 陳氏曰讓登 欲客先升也 客不敢當故 主人先而客繼之 拾級 涉階之
級也 聚足 後足與前足 相合也 連步 步相繼也 先右 先左 各順入門之左右也

○ 大夫士 相見에雖貴賤이不敵나하主人이敬客則先拜客고하
客이敬主人則先拜主人이라니

● 대부와 선비가 서로 봄에 비록 귀하고 천함이 대적이 아니되나 주인이 손님을 공경하면 먼저 손
님에게 절하고 손님이 주인을 공경하면 먼저 주인에게 절하느니라

(集解) 孔氏曰惟賢是敬 不計貴賤也

○ 主人이不問이어든客이不先擧라니

● 주인이 묻지 아니하거든 먼저 말을 시작 하지 아니하느니라

(增註) 客 自外至 主人 當先致問 客不當先擧言

右는 明朋友之交라하니

오른쪽은 벗과 벗의 사괴욤을 밝힌 것이라

●孔子ㅣ 曰君子之事親이 孝故로 忠可移於君이오 事兄이 弟[去聲]故로 順可移於長이오 居家ㅣ 理故로 治家移於官이니 是以로 行[去聲]成於內而名立於後世矣라니

공자 말하기를 군자의 어버이 섬기기를 효도로 하는 고로 충성을 가히 임금에게 옮길 것이오 형 섬기기를 공경으로 하는 고로 순함을 가히 어른에게 옮길 것이오 집에 거해서 다스리는 고로 행실이 안에 이루어서 이름이 후세에 남느니라

(集解) 長 謂職位在己上者 夫孝 爲百行之原 故 事親 孝則可移爲事君之忠矣 事兄 弟則可移爲事長之順矣 家者 國之本 能齊其家 則可移居官之治矣 行成於內 猶言不出家而成教也

○天子ㅣ 有爭[去聲下同]臣七人이면 雖無道나 不失其天下하고 諸侯ㅣ 有爭臣五人이면 雖無道나 不失其國하고 大夫ㅣ 有爭臣三人이면 雖無道나 不失其家하고 士有爭友則身不離[去聲]於令名하고 父有爭子면 則身不陷於不義라니

●천자가 간하는 신하 일곱 사람이 있으면 비록 도가 없으나 그 천하를 잃지 아니하고 제후가 간하는 신하 다섯 사람이 있으면 비록 도가 없으나 그 나라를 잃지 아니하고 대부가 간하는 신하 세 사람이 있으면 비록 도가 없으나 그 집을 잃지 아니하고 선비가 간하는 벗이 있으면 자신이 아름다운 이름에 떠나지 아니하고 아비가 간하는 자식이 있으면 자신이 의의 아닌데 빠지지 아니하느니라

(集說) 陳氏曰爭 諫也 父有爭子 通上下言 不義 即無道也

故로 當不義則子不可以弗諫於父ᅵ며 臣不可以弗爭於君이니

●그런고로 의 아님을 당하면 자식이 가히 써 아비에게 간하지 아니하지 못하며 신하가 가히 써 임금에게 다투지 아니하지 못하나니라

(集解)范氏曰子不爭則陷父於不義、臣不爭則陷君於無道

至死하며 致喪三年이니라

○禮記에 曰事親하되 有隱而無犯하며 左右就養이 無方하며 服勤

●곡예에 말하기를 어버이를 섬기되 순하게 간함은 있고 과범 함은 없으며 좌우로 나아가 봉양해서 방향이 없으며 근로를 복무해서 죽음에 이르며 삼년초상을 이룻나니라

(增註)隱微諫也 犯犯顏以諫也 親者 仁之所在 有過而犯 則傷恩 故有隱而無犯 左右 則方也 或左或右 近就而奉養之 無一定之方 言事事皆當理會也 服勤 服行勤勞之事也 黃氏曰於勤 言至死則勤無時或已矣 致喪 極其哀毁之節也

事君하되 有犯而無隱하며 左右就養이 有方하며 服勤至死하며 方喪三年이니

●임금을 섬기되 직면으로 간함은 있고 은밀히 간함은 없으며 좌우로 나아가 봉양함이 방향이 있으며 근로를 복무해서 죽는데 이르며 방상 삼년을 하느니라

(集解)君者 義之所在 有過而隱 則近於容悅 故有犯而無隱 左右就養有方 言當各盡職守也

事師되 無犯無隱하며 左右就養이 無方하며 服勤至死하며 心喪三年이니

●스승을 섬기되 간함은 있고 은밀히 간함은 있으며 좌우로 나아가 봉양함이 방향이 없으며 근로를 복무해서 죽으면 심상 삼년을 하느니라

(集解)義 比方於親喪也

● 스승을 섬기되 과범함도 없고 순하게 간함도 없으며 좌우로 나아가 봉양함이 방향이 없으며 근로를 복무해서 죽음에 이르며 심상 삼년을 하느니라

(集解)師者 道之所在 諫必不見拒 不必犯也 過則當疑問 不必隱也 心喪者 身無衰麻之服 而心有哀戚之情也

● 欒共[恭]子-曰民生於三이라事之如一이니父-生之하시고師-敎之하시고君-食[同]之하시니非父-不生이며非食-不長이며非敎-不知生之族也-故로一事之하야唯其所在에則致死焉이니라

난공자가 말하기를 백성이 셋의 도리에 사느니라 섬기기를 한 가지 같이 할것이니 아비가 낳으시고 스승이 가르치시고 임금이 먹이느니라 아비 아니면 나지 못하고 먹지 아니하면 크지 못하고 가르치지 아니하면 알지 못하니 나는 유라 이런고로 하나 같이 섬겨서 오직 그 있는 바에 곧 죽음을 이룰느니라

(集說)吳氏曰欒共子 晋大夫 名成 謚曰共 族也 言於君父師三者 事之當如一 父 生我 師 敎我 君 食我者也

(增註)食 養也 君父師 皆人之所由生也 故曰民生於三

● 報生以死하며報賜以力이人之道也-니라

낳음을 갚기를 죽음으로 하고 주심을 갚기를 힘으로 써 함이 사람의 도리니라

(集解)真氏曰報生以死 謂君父師也 報賜以力 謂他人之有賜於我者 則亦以力報之也

● 晏子-曰君令臣共하며父慈子孝하며兄愛弟敬하며夫和妻柔하며姑慈婦聽이禮也-니라

안자가 말하기를 임금은 명령하고 신하는 복종하며 아비는 사랑하고 자식은 효도하며 형은 우애하고 아우는 공경하며 가장은 화순하고 안해는 유순하며 시어미는 자애하고 며느리는 순청하는 것이 예의니라

(集說)陳氏曰晏子 齊大夫 名嬰 聽 猶從也 眞氏曰此十者 皆禮之當然

君令而不違며하臣共恭而不貳며하父慈而敎며하子孝而箴며하兄愛

而友며하弟敬而順며하夫和而義며하妻柔而正며하姑慈而從며하婦聽

而婉이禮之善物也ㅣ니라

● 임금은 명령하되 도리에 어기지 말며 신하는 복종하되 두가지로 아니하며 아비는 사랑하되 가르치며 자식은 효도하되 간하며 형은 사랑하며 아우는 공경하되 순하며 가장은 화순하되 의리로 하며 안해는 부드러우되 정직하며 시어미는 자애하되 따르며 며느리는 순청하고 완순할 것이니 예절의 착한 일이니라

(集說)陳氏曰箴諫也라 從은 不自專也ㅣ오 婉順也ㅣ오 物猶事也ㅣ라 眞氏曰君以出令爲職이라 要必不違於理然後에 人心이 服而令行하고 臣之事君은 以恭爲本然이나 必忠誠不二然後에 可貴ㅣ라 父慈而不能敎ㅣ면 則陷父子孝而不能箴이면 則陷父於不義ㅣ라 兄能愛弟矣나 必有和順之美ㅣ라 使情意之相親이라 夫之於妻雖貴ㅣ나 必以義而帥其妻ㅣ오 妻雖柔順이나 必以正而事其夫ㅣ라 君臣以下애 皆以二德相濟라 夫之於妻貴和而樂이라야 姑之於婦一이오 婦之從姑一於聽而婉者는 蓋婦姑相與하야 專主於和柔也ㅣ라 此十者ㅣ 於禮爲至善慈而從이오

○曾子ㅣ曰親戚이 不說이어든 不敢外交하며 近者ㅣ 不親이어든 不敢

求遠하며 小者를 不審이어든 不敢言大ㅣ라니

● 증자 말하기를 친척이 기뻐하지 아니하거든 감히 외인과 사괴지 아니하며 가까운 자가 친하지 아니하거든 감히 먼 외인을 구하지 아니하며 적은 이를 살피지 아니하거든 감히 큰 것을 말하지 말찌니라

(集說)吳氏曰親戚은 謂父兄 外는 謂外人이라 言不能奉親戚하야 使之懽悅하면 則豈敢交之於外乎아 近은 卽親戚이오 遠은 卽外人이라 言近者를 不能相親하면 又豈敢求之於遠者乎아 小는 謂孝弟之道ㅣ니 以家而言也ㅣ오 大는 謂治平之道ㅣ니 以國與天下而言也ㅣ라 曾子敎人을 當及時以盡孝悌라 故로 先言此三者하야 以起下文之意也ㅣ라 言小者를 不能審察하면 又豈敢言其大者乎아

故로 人之生也애 百歲之中에 有疾病焉며하 有老幼焉니하 故로 君

子ㅣ思其不可復(복)者而先施焉하나니 親戚이 旣沒이면 雖欲孝ㅣ나 誰爲孝(去聲)ㅣ며 年旣耆艾면 雖欲悌나 誰爲悌(去聲)오 故로 孝有不及며 悌有不時니라 其此之謂歟져

(集說)吳氏曰六十者를 稽久之稱也ㅣ오 五十曰艾는 言髮之蒼白者ㅣ 如艾之色也ㅣ라 人壽以百歲爲期라 然이나 其間에 有疾病老幼之變하야 不能常也ㅣ라 故로 君子ㅣ 思其不可復爲者하야 及時而先行之也ㅣ라 若親沒則養不逮하며 己老則兄不存하나니 雖欲行孝弟나 不可得也ㅣ라

●官怠於宦成하며 病加於小愈하며 禍生於懈惰하며 孝衰於妻子하나니 察此四者하야 愼終如始니 詩曰靡不有初ㅣ나 鮮克有終이라하니라

吳氏曰宦成은 官已遂也ㅣ오 小愈는 病稍減也ㅣ라 臨事而懈惰하면 則禍生於所忽矣오 孝衰於妻子하면 則溺愛而忘親矣라 詩는 大雅蕩之篇이라 靡는 無也ㅣ오 鮮은 少也ㅣ오 克은 能也ㅣ라 有始無終은 人之常情이니 能察能愼이면 斯免矣라

●荀子ㅣ曰人有三不祥하니 幼而不肯事長하며 賤而不肯事貴하며 不肖而不肯事賢이 是人之三不祥也ㅣ라

그런고로 사람의 삶에 백세의 가운데 질병도 있으며 늙으며 먼저 베푸나니 친척이 이미 죽으면 비록 공경 하고저 하나 누구를 위하여 효도를 하고저 하나 누구를 위하여 공경 하리오 이런고로 효도가 미치지 못함이 있으며 공경이 때 아님이 있다 하니 그것을 이를진저 人壽以百歲爲期 然이나 其間에 有疾病老幼之變 不能常也ㅣ라 故로 疾病老幼之變 不能常也ㅣ라 故로 君子ㅣ 思其不可復하야 及時而先行之也ㅣ라 若親沒則養不逮 己老則兄不存 雖 欲行孝弟 不可得也ㅣ라

벼슬은 벼슬이 이루어 지는데 게으르며 병은 조금 낫는데서 더하며 재앙은 게으른데서 나며 효도는 처자 때문에 쇠하나니 이 네가지를 살펴서 끝까지 삼갈것이니 시에 말하기를 처음이 있지 아니함이 없으나 능히 마침이 있기가 드무다하니라

(集說)吳氏曰宦成은 官已遂也 小愈는 病稍減也 臨事而懈惰 則禍生於所忽矣 孝衰於妻子 則溺愛而忘親矣 詩는 大雅蕩之篇 靡는 無也 鮮은 少也 克은 能也 有始無終 人之常情 能察能愼 斯免矣

순자가 말하기를 사람이 세가지 상서롭지 못함이 있으니 어려서 어른 섬기기를 즐거히 아니하며 천해서 귀한이 섬기기를 즐거히 아니하며 어지지 못하고 어진이 섬기기를 즐거히 아니하는 것이 이 사람의 세가지 상서롭지 못함이라

것이 사람의 세가지 상서롭지 못한 것이니라

(集說)陳氏曰荀子 名況 戰國時人 祥 吉也 三者 皆凶德 有一於是 灾及其身矣

○無用之辯과 不急之察을 棄而不治니 若夫君臣之義와 父子之親과 夫婦之別은 則日切磋而不舍也ㅣ니라

●쓸데 없는 변론과 급하지 아니한 관찰은 버려서 다스리지 말것이니 만약 임금과 신하의 의리와 아비와 자식의 친함과 가장과 아내의 분별은 곧 날로 끊고 갈아서 놓지 말것이니라

(增註)治 理也 舍 亦棄也 切以刀鋸 磋以鑢錫 皆治骨角之事 無用之言而辯之 不急之務而察之 非惟無益反害於心故 當棄而不理 若夫三綱之道 乃人倫之大者 則當朝夕講習 如切如磋 已糥而益求其精 不可舍也

右는 通論이라

●오른쪽은 통해서 의논함이라

原本小學集註卷之二 終

原本小學集註卷之三

敬身第三이라

●몸을 공경하는 차례 셋째라

内篇

(集說)陳氏曰敬身者 敬以持身也 凡四十六章

孔子ㅣ曰君子ㅣ無不敬也ㅣ니 敬身이 爲大라하니 身也者는 親之
枝也ㅣ니 敢不敬與아(聲平) 不能敬其身이면 是는 傷其親이오 傷其親이면
是는 傷其本이니 傷其本이면 枝從而亡시니라하 仰聖模하며 景賢範하여 述
此篇으로 以訓蒙士하노라

●공자 말하기를 군자가 공경 하지아니 함이 없으나 몸을 공경함이 큰 것이 되나니 몸이라 하는
것은 어버이의 가지니 감히 공경하지 아니할까 능히 몸을 공경하지 아니하면 이것은 그 어버이를 상
하게 하는 것이요 그 어버이가 상하면 이것은 그 근본을 상하는 것이니 그 근본을 상하면 따라서 어린
그 가지가 망한다 하시니 성인의 범을 우러르며 현인의 모범을 향해서 이 책을 지어서 써 어린
선비를 훈계하노라

(集說)方氏曰身之於親 猶木之有枝 親之於身 猶木之有本相須而共體 此所以不敢不敬也 陳氏曰仰
慕也 景猶向也 聖賢之言 爲天下後世法 故曰模範

●丹書에曰敬勝怠者는吉고怠勝敬者는滅며義勝欲者는從고欲
勝義者는凶라하니

●단서에 말하기를 공경이 게으름을 이기는 자는 길하고 게으름이 공경을 이기는 자는 멸망하며
의리가 욕심을 이기는 자는 순하고 욕심이 의리를 이기는 자는 흉하니라

(集解)丹書 見大戴禮 敬者 主一無適之謂 怠 惰慢 滅亡也 義者 天理之公 欲者 人欲之私 從也 順也 眞
氏曰師尙父之告武王 不出敬與義之二言 盖敬則萬善俱立 怠則萬善俱廢 義則理爲之主 欲則物爲之主吉

凶存亡之所由分也

○曲禮에曰毋不敬여하儞若思며하安定辭하면安民哉니저
곡예에 말하기를 공경하지 아니함이 업어서 엄연히 생각하는 것 같으며 말씀이 평안하고 일정
하면 백성을 평안하게 할진저
(集解)毋는禁止辭며眞氏曰毋不敬者는 謂身心內外 不可使有一毫之不敬也 其容貌는 必端儼而若思 其言辭
必安定而不遽 以此臨民 民有不安者乎 此雖四言 而修身治國之道 略備 其必聖賢之遺言歟

敖不可長며欲不可從며志不可滿이며樂不可極라이니
傲는上聲이며從은縱이며
거만 함을 가히 기루지 못할 것이며 욕심을 가히 따르지 못할 것이며 뜻을 가히 가득차게 여기
지 못할것이며 즐거움을 가히 극도로 하지 못할 것이니라
(集解)應氏曰敬之反 爲傲 情之動 爲欲 志滿則溢 樂極則反 馬氏曰傲不可長者 欲消而絶之也 欲不可
縱者 欲克而止之也 志不可滿者 欲損而抑之也 樂不可極者 欲約而歸於禮也

賢者는狎而敬之고하畏而愛之며하愛而知其惡고하憎而知其善며하
어진자는 친압하고 공경하고 두려워 하되 사랑하며 사랑하되 그 미운 곳을 알고 미워 하되 그
의 착한 곳을 알며 재물을 쌓아서 능히 베풀으면 편안한 것을 편안하게 여기되 능히 옮기느니라
(集解)朱子曰此 言賢者 於其所狎 能敬之 於其所畏 能愛之 與上下文禁戒之辭 不同 應氏曰安安者 隨所安而安也 安者
雖積財而能散施 能愛之 於其所愛 能知其惡 於其所憎 能知其善 可以爲法
仁之順 遷者 義之決

積而能散며하安安而能遷하나니라

臨財毋苟得며하臨難聲去毋苟免며狼毋求勝며分聲去毋求多니ㅣ
재물에 다달려 구차히 언지 말며 환란에 다달려 구차히 면하지 말며 싸움에 구차히 이기지 말며
나눔에 많은 것을 구하지 말찌니라
(集說)陳氏澔曰毋苟得 見利思義也 毋苟免 守死善道也 狼毋求勝 忿
思難也 分毋求多 不患寡而患不均 也
陳氏曰苟 苟且 狼 鬪狼 分 分財

疑事를 毋質하여 直而勿有ㅣ니라

●의심 나는 일은 책임 지고 말하지 말고 아는 대로 바로 말해서 자신을 두지 말것이니라

(集解) 朱子曰兩句連說 爲是 疑事毋質即少儀所謂毋質身言語也 直而勿有 謂陳我所見 聽彼決擇 不可據而有之 專務强辯

○孔子ㅣ曰非禮勿視 非禮勿聽하며 非禮勿言하며 非禮勿動이니라

●공자 말씀 하기를 예가 아니거든 보지 말며 예가 아니거든 듣지 말며 예가 아니거든 말하지 말며 예가 아니거든 움직이지 말찌니라

(集說) 朱子曰非禮者 己之私也 勿者 禁止之辭 是 人心之所以爲主 而勝私復禮之機也 私勝則動容周旋 無不中禮 而日用之間 莫非天理之流行矣

○出門如見大賓하며 使民如承大祭하고 己所不欲을 勿施於人이니라

●문에 나갈때 큰 손님을 보는 것 같이 하며 백성 부리기를 큰 제사 받드는 것 같이 하고 자기가 하고싶지 아니한 것을 남에게 시키지 말것이니라

(集說) 朱子曰敬以持己 恕以及物 則私意無所容而心德 全矣 陳氏曰出門如見大賓 使民如承大祭 敬以持己也 己所不欲 勿施於人 恕以及物也

○居處恭(去聲)하며 執事敬하며 與人忠을 雖之夷狄이라도 不可棄也ㅣ니라

●거처 하기를 공손히 하며 일잡기를 공경하며 사람으로 더부러 충성함을 비록 오랑캐에 가더라도 가히 버리지 못할 것이니라

(集解)之往也 夷 東夷 狄 北狄 朱子曰恭主容 敬主事 恭見於外 敬主乎中 之夷狄 不可棄 勉其固守而勿失也

○言忠信하며 行(去聲)篤敬하면 雖蠻貊(麥)之邦이라도 行矣어니와 言不忠信하며

行去聲 不篤敬이면雖州里나行乎哉아

●말이 충성하고 신실하며 행실이 돈독하고 공경하면 비록 오랑캐의 나라이더라도 살고 행하거니

와 말이 충성하고 신실하지 못하며 행실이 돈독하고 공경하지 못하면 비록 중국 마을이라도 살고

행할 것인가

(集說)陳氏曰盡己之謂忠 以實之謂信 篤 厚也 蠻 南蠻 貊 北狄 二十五家 爲里

○君子ㅣ有九思니視思明하며聽思聰하며色思溫하며貌思恭하며言

군자가 아홉 가지 생각하는 것이 있으니 보는데에는 밝기를 생각하며 듣는 데에는 총명 하기를 생각하며 얼굴 빛은 온순 하기를 생각하며 모양은 공손 하기를 생각하며 말은

思忠하며事思敬하며疑思問하며忿思難去聲하며見得思義니라

충성 하기를 생각하며 일은 공경 하기를 생각하며 의심나는 것은 묻기를 생각하며 분이 났을 때에는 환란을 생각하며 얻는 것을 보고 의리를 생각 하느니라

(集說)朱子曰視無所蔽 則明無不見 聽無所壅 則聰無不聞 色 見於面者 貌 舉身而言 思問則疑不蓄 思難則忿必懲 思義則得不苟

○曾子ㅣ曰君子ㅣ所貴乎道者ㅣ三이니動容貌에斯遠去聲下同暴慢

증자 말하기를 군자가 도리를 귀하게 여기는 바가 세가지가 있으니 얼굴 모양을 움직일때 이 포악하고 거만함을 멀리 하며

矣며正顏色에斯近信矣며出辭氣에斯遠鄙倍佩矣니라

낯 빛을 바룰때 이 신실한데 가까이 하며 말 기운을 낼때 이 비루하고 패려함을 멀리 할것이니라

(集說)朱子曰貴 猶重也 容貌 舉一身而言 暴 粗厲也 慢 放肆也 信 實也 正顏色而近信 則非色莊也 辭 言語 氣 聲氣也 鄙 凡陋也 倍 與背同 謂背理也 言道雖無所不在 然 君子所重者 在此三事而已 是皆 修身之本 爲政之本 學者所當操存省察 而不可有造次顚沛之違者也 (正誤)人之容貌 鮮得和平 鮮得和平 人之顏色

剛者 多失之粗厲 稟氣之柔者 多失之放肆 故 於動容貌之時 即當遠夫粗厲 放肆 而必致身於和平 人之顏色 鮮得表裏如一 務於外飾者 色雖屬而內則荏 故 於正顏色之時 即當近乎信實 而不可務乎色莊 人之辭氣

原本小學集註卷之三

鮮得適中 言之甚近者 凡陋 不足聽 論之甚高者 荒誕 不可詰 故 於出辭氣之時 即當遠乎凡陋背理而
必發言之無弊 此 朱子 改先註修身之驗 爲修身之要 深得曾子切己用功之旨

○曲禮에 曰禮는 不踰節하며 不侵侮하며 不好狎(去聲)이니 修身踐言을 謂

之善行(去聲)이니

●곡예에 말하기를 예의라 함은 절도를 넘지 아니하며 남을 침해 하고 업신 여기지 말며 좋아 하
고 친압 하지 아니하는 것이니 몸을 닦고 말을 실천하는 것을 착한 행실이라 이르느니라

(集說)陳氏曰踰節則招辱 侵侮則忘讓 好狎則忘敬 三者 皆非禮 惟能修治其身 以踐行其言是 爲善行也
而遠於恥辱矣 吳氏曰三者 皆版行禮之事 不如是則有以持其莊敬純實之誠

○樂記에 曰君子ㅣ 姦聲亂色을 不留聰明하며 淫樂(함)慝禮를

不接心術하며 惰慢邪辟(僻)之氣를 不設於身體하야 使耳目鼻口와

心知百體로 皆由順正하야 以行其義니라

●악기에 말하기를 군자가 간사한 소리와 어지러운 빛을 총명에 머물지 아니하며 음란한 풍악과
사특한 예를 마음에 대지 아니하며 게으르고 거만하고 짝진 기운을 몸과 몸에 베풀지 아
니해서 귀와 눈과 코와 입과 마음 아는 것과 백가지 몸으로 하여금 다 순하고 정직 함을 말미암아
써서 그 의리를 행하느니라

(集說)眞氏曰君子之所以自養者 無他 內外 交致其功而曰 故 姦聲亂色 不留聰明者 所以養其內也 淫
慝禮 不接心術者 所以養其外也 外無聲色之誘則 內亦正矣 內無淫慝之惑 則外亦正矣 惰慢之氣
者也 邪僻之氣 自外入者也 二者 不得設於身體 則外而耳目鼻口 四肢百體 內而心知 皆由順正 以行其
義 顏子四勿之功 可庶幾也

○孔子ㅣ曰君子ㅣ 食無求飽하며 居無求安하며 敏於事而愼於

言이오 就有道而正焉이면 可謂好學也已니라

●공자 말하기를 군자가 먹음에 배 부르기를 구함이 없으며 거처 함에 평안하기를 구함이 없으며 이를 일에 민첩하고 말에 삼가고 도덕 있는 이에게 나아가서 시정을 하면 가히 학문을 좋아 한다고 이를 것이니라

(集說) 朱子曰不求安飽者 志有在而不暇及也 敏於事者 勉其所不足 愼於言者 不敢盡其所有餘也 然猶不敢自是 而必就有道之人 以正其是非 則可謂好學矣

백성의 중간 등수이니라

●관경중이 말하기를 하늘 위엄을 접내기를 질병 같이 함은 백성의 윗 등수요 회포해서 안유함을 보고 하늘 위엄을 생각함은

○管敬仲이 曰畏威如疾은 民之上也ㅣ오 從懷如流는 民之下
也ㅣ오 見懷思威는 民之中也ㅣ라

(集說) 吳氏曰管敬仲 五齊大夫 名夷吾 威者 謂天之威也 言 民能畏天之威 如畏疾病 自然不敢爲惡 此 民之上者也 懷者 謂人以恩惠懷之也 因人懷己 而不顧禮義之是非 從之如水流下 此 民之下者也 若見 人懷己 而能思畏天威 不敢輕易從之 此 民之中者也

右는 明心術之要라하니、오른쪽은 마음 술법 요지러움을 밝힌 것이라

관의에 말하기를 보통 사람이 사람 되는 바는 예절과 의리니 예절과 의리의 처음은 얼굴과 몸을 보듬며 낯 빛을 갖추며 말소리를 순하게 하는데 있으니 얼굴이 바르면 낯 빛이 갖추게 되며 말소리가 순한 뒤에 예절과 의리가 갖추어 지나니 임금과 신하가 정직하며 어버이와 자식이 친하며 어른

冠義에 曰凡人之所以爲人者는 禮義也ㅣ니 禮義之始는 在於
正容體며 齊顏色며 順辭令이니 容體正며 顏色齊며 辭令順而
後에 禮義備니하나니 以正君臣며 親父子며 和長幼ㅣ니 君臣正며 父子
親며 長幼和而後에 禮義立이니라

九〇

과 어린이가 화순한 뒤에 예절과 의리가 서느니라

(集說)吳氏曰冠義 禮記篇名 此 言人之所以爲人而異於禽獸者 以其有禮義也 禮以飾身 義以制事 人
之道也 其始則在乎正容體 齊顏色 順辭令而已 及夫容體正而遠暴慢 顏色齊而近信 辭令順而遠鄙倍 則
人道全而禮義備矣 禮義既備 由是以正君臣 親父子 和長幼 及夫君臣 正而上下之分 定 父子親而慈孝之
道隆 長幼和而遜順之意 洽則人道正而禮義立矣

○曲禮에 曰毋側聽하며 毋噭(叫)하며 應하며 毋淫視하며 毋怠荒이며 遊毋倨하며
立毋跛하며 坐毋箕하며 寢毋伏하며 欲髮毋髢(替)하며 冠毋免하며 勞毋袒
暑毋褰裳이니 但하며

●곡예에 말하기를 기울려 듣지 말며 소리 질러 대답하지 말며 뜨리뜨리 보지 말며 게으르고 황잡
하지 말며 걸음 걸이를 거만히 말며 서기를 기울려 서지 말며 앉기를 펴지 말며 갓을 벗지 말며 괴로워도 건
에 엎드려 자지 말며 머리카락을 거두움에 다리(월자)를 더하지 말며 갓을 벗지 말며 괴로워도 건
어 올리지 말며 더워도 치마를 걷어 올리지 말찌니라

(集說)陳氏曰聽必恭 側耳以聽 非恭也 應答之聲 宜和平 高急者 悖戾之所發也 淫視 流動邪眄也 怠荒
謂容止縱慢也 遊 行也 倨 傲慢也 立當兩足整齊 不可偏任一足也 箕 謂兩展其足 狀如箕舌也 伏 覆也
髢 孔氏謂髲也 (集解)免 去冠也 袒 露臂也 髮揚 以暑熱褰裳 亦爲不敬也

○登城不指하며 城上不呼니라 (去하 聲하며)

●높은 성에 올라서 손가락질 아니하며 높은 성에 올라서 높은 소리로 부르지 아니하며

(集說)陳氏曰有所指則惑見者 有所呼則駭聞者

○將適舍求毋固하며

●장차 사관에 갈때 요구 하기를 고집하지 말며

(集解)戴氏曰就舘者 誠不能無求於主人 然 執平日之所欲 而必求於人 則非爲客之義

將上堂聲必揚하며 戶外에 有二屨든 言聞則入하고 言不聞

새할 上堂 聲必揚하며 戶外에 有二屨(신)든 言聞(問下同)則入하고 言不聞

則不入ᄒᆞ며

든 말이 들리면 들어가고 반드시 소리를 사람이 들리도록 크게 해서 문 밖에 신 두어 컬레가 있거

장차 마루에 올라갈새 반드시 소리를 사람이

(集解)陳氏曰揚其聲者 使內人 知之也 (集成)饒氏曰二屨 在戸也 知有容 言不聞 恐有私議 須廻避不入

將入戶ᄒᆞᆯ새 視必下ᄒᆞ며 入戶奉扃(경)ᄒᆞ며 視瞻毋回ᄒᆞ며 戶開亦開ᄒᆞ며 戶

장차 문에 들어갈새 반드시 아래를 보며 문에 들어갈 때 문을 붙들며 보기를 돌리지 말며 문이 본래 열려 있거든 또한 열어 두고 문이 본래 단혀 있거든 또한 단으되 뒤에 들어오는 자가 있으면 닫

(集解)視下者 不舉目也 扁門關之木 入戶之時 兩手捧戶 置扁之處 不敢放手排關也 (集說)陳氏曰視

瞻不爲回轉 嫌於干人之私也 開闔 皆如前不遠主人之意也 遂 扃之盡也 嫌於拒從來者 故勿遂

闔亦闔호ᄃᆡ 有後入者ᅵ어든 闔而勿遂ᄒᆞ라ᄂᆡ

되 꼭 닫지 아니 하ᄂᆡ라

毋踐屨ᄒᆞ며 毋踖(적)席ᄒᆞ며 摳苦候切衣趨隅ᄒᆞ여 必愼唯諾이니

남의 신을 밟지 말며 남의 좌석을 뛰어 넘지 말며 옷을 잡고 구석으로 가서 반드시 삼가히 대답

(集解)踐屨 謂踏他人之屨也 踖席 謂攝他人之席也 摳衣 謂兩手提衣 與攝齊同義 趨隅 由席角而升坐也

唯諾 應辭 言既坐定 又當於應對也

○禮記에 曰君子之容은 舒遲니 見所尊者ᄒᆞ고 齊(재)莊皆遫(속)速이니라

예기에 말하기를 군자의 얼굴은 펴고 조용하니 높은 바를 보고는 조심하고 두려워 하며 펴지 아

니하ᄂᆡ라

(集解)陳氏曰舒遲 閑雅之貌 齊 如變變齊慄之齊遫者 謹而不放之謂 見所尊者則加敬

足容重ᄒᆞ며 手容恭ᄒᆞ며 目容端ᄒᆞ며 口容止ᄒᆞ며 聲容靜ᄒᆞ며 頭容直ᄒᆞ며 氣

容肅하며立容德하며色容莊이니라

발의 거동은 무거우며 손의 거동은 공손하며 머리 거동은 곧으며 기운은 엄숙하며 서는 거동은 단정하며 입의 거동은 묵중하며 소리
니라

●(集解)陳氏曰重은 不輕擧移也니 恭은 毋慢弛也라 端은 毋邪視也니 止는 不忘動也니 靜은 不臟咳也오 直은 不傾顧也니 肅似
不息也니 德은 謂中立不倚하야 儼然有德之氣象也오 莊은 矜持之貌也라 朱子曰足敬重以下는 皆容之目이니 是涵養本
原也라

○曲禮에 曰坐如尸하며 立如齊(재)하라 莊皆니라

●(集說)孔氏曰尸居神位니 坐必矜莊이라 坐法은 必當如尸之坐니 人之倚立에 多慢不恭이라 雖不齊나 亦當如祭前之齊라

곡예에 말하기를 앉기를 시동 같이 하며 서기를 재계하는 것 같이 하느니라

○少儀에 曰不窺密하며 不旁狎하며 不道舊故하며 不戲色이며

●(集說)窺密은 謂窺覘人隱密之處也오 旁泛及也오 旁狎은 謂泛與人褻狎也오 道言也오 道舊故는 謂言故舊之非也오 戲는 戲弄也오 戲色은 謂嬉笑侮容之容也라

빛을 희롱하지 아니하며
소의에 말하기를 남의 비밀을 엿보지 말며 범에 워서 친압 하지 말며 이전 잘못을 말하지 말며 낯

●毋拔來하며 毋報(부)往하며

(集成)拔報는 皆疾也오 人來往은 當有宿漸이니 不可猝也라 朱子曰來往은 只是向背之意니 此兩句는 文羲猶云

오는 것을 빨리 오라 말며 가는 것을 빨리 가라 하지 말것이니라

●毋瀆神하며 毋循枉하며 毋測未至하며

(集說)陳氏曰神은 不可瀆이니 必敬而遠之오 言行過而邪枉을 當改以從直이오 後復循襲이면 是二過矣니 君子以誠自處하면 亦

귀신을 설만하지 말며 굽은 일을 따르지 말며 이르지 아니한 일은 예측하지 말것이니라

以誠待人 不逆料其將然也 未至而測之 雖中 亦偽

失誤也

(集說)陳氏曰誓 毀其不善也 曲禮 疑事毋質 與此質字 義同 謂言語之際 疑則闕之 不可自我質正 恐有

●이복과 이루어진 그릇을 나무라지 말며 말씀에 자담 하지 아니 하느니라

毋訾 咨衣服成器 毋身質言語ㅣ니라

○論語에 曰車中에 不內顧ᄒᆞ시며 不疾言ᄒᆞ시며 不親指ᄒᆞ더시

●논어에 말하기를 차 가운데서 안으로 돌아 보지 아니하며 빨리 말 하지 아니하며 친히 손가락질

(集說)朱子曰內顧 回視也 禮曰顧不過轂 三者 皆失容 且惑人

○曲禮에 曰凡視ㅣ 上於面則傲ㅣ오 下於帶則憂ㅣ오 傾則姦이니

●곡예에 말하기를 보통 볼때 낯에 올라가면 거만하고 띄에 내려 가면 근심 스럽고 기우리면 간사

하느니라

(集說)呂氏曰上於面者 其氣 驕知其不能以下人矣 下於帶者 其神 奪 知其憂在乎心矣 視流則容側必

有不正之心 存乎耳中矣 此 君子之所以慎也

○論語에 曰孔子ㅣ 於鄉黨에 恂恂(순)如也사 似不能言

●논어에 말하기를 공자가 마을에 있을때에 순순한 것 같이 하시사 능히 말 하지 못하는 것 같이

者ㅣ러시다

하시다

(集說)朱子曰恂恂 信實之貌 似不能言者 謙卑遜順 不以賢知 先人也 鄉黨 父兄宗族之所在 故 孔子

居之 其容貌辭氣 如此

其在宗廟朝廷ᄒᆞ사는 便便(변)言ᄒᆞ사되 唯謹爾러시

다

●그 종묘와 조정에 있어서는 분명히 말 하시사 오직 삼가 하더시다
(集說)朱子曰便便 辯也 宗廟 禮法之所在 朝廷 政事之所出 言不可以不明辯故 必詳問而極言之 但謹
而不放爾

朝에 與下大夫言에 侃侃(간)如也며하시 與上大夫言에 誾誾(은)銀 如也ㅣ러시다
조회때에 아랫 대부와 말함에 강직 한듯 하시며 윗 대부와 더불어 말함에 화열 한듯 하더시다
(集說)朱子曰此 君未視朝時也 王制 諸侯 上大夫 卿 下大夫五人 許氏說文 侃侃 剛直也 誾誾 和悅而諍也

○孔子는 食不語하시며 寢不言이러시다
공자는 먹을때에 말을 아니 하시며 잘때에 말을 아니 하더시다
(集說)朱子曰答述曰語 自言曰言 范氏曰聖人 存心不他 當食而食 當寢而寢 言語 非其時也

●士相見禮에 曰與君言엔言使臣하며與大人言엔言事君하며與老者言엔言使弟子하며與幼者言엔言孝悌于父兄하며與衆言엔言忠信慈祥하며與居官者言엔言忠信이니라
사상견례에 말하기를 임금으로 더불어 말함엔 신하 부리는 도리를 말하며 경대부로 더부러 말할 때엔 임금 섬기는 도리를 말하며 늙은 사람으로 더부러 말할 때엔 제자 부리는 도리를 말하며 어린 자로 부터 말 할때엔 부형에게 효도하고 공경하는 도리를 말하며 여러 사람으로 더부러 말 할때엔 충신하고 자상히 하며 벼슬한 자로 더부러 말 할때엔 충신을 말하느니라
(集說)陳氏曰大人 卿大夫也 老者 人之父兄 幼者 人之子弟 衆 謂庶人 居官者 謂上士至庶人 在官者 言使臣則以禮 言事君則以忠 言使弟子則以慈愛 祥猶善也

○論語에 曰席不正이어든 不坐ㅣ러시다

논어에 말하기를 자리가 바르지 아니 하거든 앉지 아니 하더시다

(集說)謝氏曰聖人 心安於正故 於位之不正者 雖小 不處

●子ㅣ見齊衰(崔)者고하시며 雖狎이나必變하시며 見冕者與瞽(古)者고하시며 雖藝(屑이)나 必以貌하시며 凶服者를 式之하시며 式負版者ㅣ러시다

공자가 상복 입은 사람을 보시고 친압 하나 반드시 얼굴을 변하시며 벼슬 한자와 눈 어두운 사람을 보시고 사사로 보나 반드시에 모양을 하더시다

(集說)齊衰 喪服 狎 謂素親狎 變 謂變色 冕 有爵者 瞽 無目者 藝 謂燕見 貌 謂禮貌 范氏曰聖人之心 哀有喪 尊有爵 矜不成人

(集說)朱子曰式 車前橫木 有所敬則俯而憑之 負版 持邦國圖籍者 式此二者 哀有喪 重民數也 人惟萬物之靈 而王者之所天也 故 周禮 獻民數於王 王 拜受之 況其下者 敢不敬乎

●禮記에 曰若有疾風迅雷甚雨ㅣ어든 則必變하여 雖夜ㅣ나必興하여 衣服冠而坐라니

예기에 말하기를 만약 빠른 바람과 날랜 번개와 심한 비가 있거든 곧 변색을 해서 비록 밤이나 옷을 입고 갓을 쓰고 서서 있더시다

(集說)陳氏曰迅 疾也 變 謂變其容色 興 起也 必興 皆所以敬天之怒

●論語에 曰寢不尸하시며 居不容이러시다

논어에 말하기를 잠 자기를 시체 같이 아니하며 집에 거할때 얼굴 위엄을 아니 하더시다

(集說)朱子曰尸 謂偃臥似死人也 居 居家 容 容儀 范氏曰寢不尸 非惡其類於死也 惰慢之氣 不設於身體 雖舒布其四體 而亦未嘗肆耳 居不容 非惰也 但不若奉祭祀見賓客而已 申申 夭夭 是也

●子之燕居에 申申如也하시며 夭夭如也러시다

공자가 사사로 거처 함에 펴듯 하시며 즐긴듯 하더시다

(集說)朱子曰燕居 閒暇無事之時 楊氏曰申申 其容舒也 夭夭 其色愉也 程子曰今人 燕居之時 不怠惰

放肆 必太嚴厲 唯聖人 便自有中和之氣

●曲禮에 曰並坐不橫肱하며 授立不跪하며 授坐不立이니라

곡예에 말하기를 같이 앉아서 팔을 가로 하지 아니 하며 섰는 사람을 줄때에 앉지 아니 하며 앉

은 사람을 줄때에 서지 않느니라

(集說)陳氏曰橫肱則妨並坐者 不跪 不立 皆謂不便於受者

●入國不馳하며 入里必式이니라

나라 도읍지를 들어갈때에는 달리지 아니하며 마을에 들어갈때에는 반드시 머리를 굽히느니라

(集說)陳氏曰入國不馳 恐車馬躪轢人也 (集成)馬氏曰石慶 入里門 不下車 而其父 責之 張湛 望里

門 則步 而君子多之則 入里必式者 父母國之道也

●小儀에 曰執虛하되 如執盈하며 入虛하되 如有人이니라

소의에 말하기를 빈 그릇을 잡으되 가득찬 그릇 잡은 것 같이 하며 빈 방에 들어 가되 사람이

있는것 같이 하느니라

(集說)陳氏曰執虛器 如執盈滿之器 人虛室 如人之室 敬心 常存也

●禮記에 曰古之君子ㅣ必佩玉하니 右徵(치)角하고 左宮羽하여

예기에 말하기를 예전의 군자가 반드시 옥을 차는 것이니 오른 쪽에는 치와 각을 달고 왼쪽에 궁

과 우를 다느니라

(集說)陳氏曰徵 角 宮 羽 以玉聲所中法 言也 徵爲事 角爲民 故 在右 右爲動作之方也 宮爲君 羽爲物

君道宜靜 物道宜積 故 在左 左乃無事之方也 不賈商者 或以西方蕭殺之音故 遺之歟

●趨以采齊하며 行以肆夏하며 周還中規하며 折還中矩하며 進則

揖之고退則揚之하나 然後에 玉瑲鳴也니 故로 君子ㅣ 在車則聞

鸞和之聲하고 行則鳴佩玉이니하나 是以로 非辟벽之心이 無自入

也라니

●빨리 걷기를 채자(詩篇名)로 써 하고 사하(詩篇名)로 써 걸으며 두루 아간즉 읍하고 물러간즉 펴나니 그런 뒤에 옥이 쟁쟁 우는 것이니 그런고로 군자가 수레에 있으면 방울의 나는 소리를 듣고 걸으면 찬 옥을 울리나니 이로써 그르고 짝진 마음이 들어올 없나니라

(集解) 采齊 肆夏 皆詩篇名 規者 爲圜之器也 矩者 爲方之器也 朱子曰 周旋 是直去却回來 其圜轉處 欲其圜如規也 折旋 是直去了 復橫去 其橫轉處 欲其方如矩也 陳氏曰 趨時 歌采齊之詩 行時 歌肆夏之詩 以爲節 皆得其節 故佩玉 夏之詩 以爲節 進而前則其身略俯如揖然 退而後則其身微仰 故曰揚之 進退俯仰 皆得其節 故佩玉 之鳴也 瑲然可聽也 鑾和 鈴也 及其久也 則與物俱入 以入言焉

吳氏曰常所乘之車鸞在衡和在獻變在馬鑣也 方氏曰 心內也 而言入 何哉 蓋心雖在內 有物探之而

○射義에 曰射者는 進退周還선을 必中성하니 禮니 內志正하고 外體直

然後에 持弓矢審固하고 持弓矢審固然後에 可以言中니이 此可

以觀德行성矣라니

●사의에 말하기를 활쏘는 자는 나아들고 물러가고 두루하고 돌기를 반드시 예에 맞게 할것이니 속 뜻이 바르고 바깥 몸이 곧은즉 그런 뒤에 활과 화살 잡기를 상심히 하며 군게 하고 활과 화살 가지기를 상심히 하고 군게 한 그런 뒤에 가히 써 맞춘다고 말 할것이니 이것이 가히 써 덕 행을 볼것이니라

(集說) 吳氏曰射義 禮記篇名 進退者 升降之節 周還者 揖讓之容 中禮 合乎射之禮節也 內志正然後 持弓矢固 唯固也故 其力能至 唯審也故 其巧能中 於此而觀 則其德行 可見矣

右는 明威儀之則(칙)하니라

●왼쪽은 위엄과 거동의 법을 밝힌것이라

士冠禮貫에 始加祝曰令(去聲)月吉日에 始加元服니하노 棄爾幼
志고하 順爾成德면하 壽考維祺여하 介爾景福라하리

(集解) 士冠禮는 儀禮篇名이라 男子 二十而冠 將冠則筮日 筮賓 及冠則有三加之禮也 始加 用緇布冠 祝之辭者
服 爾當棄童幼之心 順成爾德 則必有壽考之祥 而大受其大福矣

再加새할 曰吉月令辰에 乃申爾服니하노 敬爾威儀여하 淑愼爾德면이
眉壽萬年새할여하 永受胡福라하리

(集說) 陳氏曰再加 用皮弁 時也 中 重也 有威而可畏 謂之威 有儀而可象 謂之儀 淑 善也 眉壽 老人
以秀眉 爲壽徵也 言 當時月之吉 重加爾服 爾當敬爾威儀 而善謹爾德 則必有眉壽萬年 而永
享福矣

三加새할 曰以歲之正과 以月之令에 咸加爾服니하노 兄弟具在여하
以成厥德면하 黃耉無疆여하 受天之慶라하리

(集說) 吳氏曰三加 用爵弁 正 猶善也 咸 悉也 黃 謂髮白以變 黃耉 老人面 凍梨色 如浮垢 皆壽徵也
無疆 猶言無窮也 言 當歲月之正 悉加爾以三者之服 當爾兄弟無故之時 以成就其德 爾德既成 則必有無
窮之壽 而受天之福慶矣

○曲禮에 曰爲人子者ㅣ父母ㅣ存이어시든 冠衣를 不純（準下同）素며 孤子ㅣ當室하여 冠衣를 不純采니라

(集說)곡예에 말하기를 남의 자식이 된자가 부모가 있거든 갓과 옷을 순전히 희게 아니하며 어버이 없는 자식이 집을 당해서는 갓과 옷을 순전히 채색으로 아니하느니라

(集說)孔氏曰冠純冠飾也 衣純 領緣也 呂氏曰當室 謂爲父後者 不純采者 雖除喪 猶純素也 惟當室者 行至 非當室者 不然也

○論語에 曰君子는 不以紺（古暗切鄒로）緅（側로）飾하시며

(集說)논어에 말하기를 군자는 샛까맣고 샛빨간 것으로 써 꾸미지 아니하시며

(集說)朱子曰君子 謂孔子 紺 深青揚赤色 齊服也 緅 絳色 三年之喪 以飾練服者 飾 領緣也

紅紫로 不以爲褻服이러시다

(集說)분홍과 자색으로 써 사사 옷을 아니 하더시다

(集說)朱子曰紅紫 間色不正 且近於婦人女子之服也 褻服 私居服也 言此則不以爲朝祭之服 可知

當暑하사 袗（치）絺（격）綌을 必表而出之러시다

(集說)더위를 당하사 홋적삼과 걸옷을 반드시 밖으로 내더시다

(集說)朱子曰袗 單也 葛之精者曰絺 麤者曰綌 表而出之 謂先著裏衣 表絺綌而出之於外 欲其不見體也

○去喪하시고 無所不佩러시다

(集說)상복을 벗고 차지 아니 하는 바가 없으시다

(集說)朱子曰君子 無故 玉不去身 觽礪之屬 亦皆佩也

○孔子는 羔裘玄冠으로 不以吊ㅣ러시다

(集說)공자는 검은 양피 간옷과 검은 갓으로 써 문상을 아니 하더시다

(集說)陳氏曰羔裘 用黑羊皮爲之 玄 黑色 朱子曰喪主素 吉主玄 吊必變服 以哀死

○禮記에曰童子는不裘不帛不屨絢이니라
(集解)예기에 말하기를 어린 아해는 갓옷도 아니하고 명주 옷도 입히지 아니하며 신코에 끈을 아니 하나니라
(集解)不裘不帛은爲太溫也絢卽頭之餙用以爲行戒者不屨絢未習行戒也

○孔子ㅣ曰士ㅣ志於道而恥惡衣惡食者는未足與議也ㅣ니라
공자ㅣ 말하기를 선비가 도에 뜻을 하고 몸쓴 옷과 몸쓴 음식을 부끄러이 여기는 자는 족히 더부러 의논 하지 못할 것이니라
(集解)朱子曰心欲求道 而以口體之奉 不若人 爲恥 其識趣之卑陋 甚矣 何足與議於道哉 愚 謂惡衣謂麤舊衣朋 惡食 謂疏食菜羹之類 漢志 謂學以居位曰士 然 四民中 有志於學者 亦得稱爲士也 夫衣取蔽形 食取充服 貴賤上下 各有其制 土之仕者 列於公卿大夫後 其祿俸 有限 未仕者所入 豈能豊洽 乃恥惡衣惡食 而欲求華麗甘肥 以徇時濟欲 其不至於眛天理 喪廉恥 取非義以充之者 幾希矣 故 先儒謝氏 有曰恥惡衣惡食 學者之大病 善心不存 蓋原於此 嗚呼 有志爲士者 尙其戒哉

右는明衣服之制라하니
오른쪽은 의복의 제도를 밝힌 것이라

●曲禮에曰共食不飽며共飯不澤手며
곡예에 말하기를 한가지 먹을때 배부르게 아니하며 한가지 밥 먹을때 손을 적시지 아니하며
(集解)食者 所食 非一品 飯者 所食 止飯而已 共食而求飽 非讓道也 (集成)張子曰不澤手 必有物以取之 不使濡其手

●毋搏飯하며毋放飯하며毋流歠(철)하며
밥을 뭉치지 말며 밥술을 크게 말며 밥을 흘리지 말며
(集解)取飯作搏則易得多 是欲爭飽也 放飯 大飯也 流歠 長飮也

●毋咤(타丑亞切)食하며毋齧(혈)骨며毋反魚肉며毋投與狗骨며毋固
獲며

●밥을 뺄지 말며 뼈를 씹지 말며 먹든 고기를 돌리지 말며 고기 뼈를 개에 던져 주지 말며 구태여 언으려고 하지말며

毋齧其聲之聞也 （集說）陳氏曰咤食 謂當食而咤咤 孔氏 謂以舌 口中作聲 毋咤 恐似於氣之怒也

毋反魚肉 不以所餘 反於器 鄭氏云謂已歷口 人所穢也 毋投與狗骨 恐似於氣之怒也 不敢賤主人之物也 固獲 謂必欲取之也

毋揚飯하며 飯黍毋以箸筯하라

（集解）揚 謂散其熱氣 嫌於欲食之急也 毋以箸 貴其匕之便也

毋嚃塔羹하며 毋絮서羹하며 毋刺威齒하며 毋歠철醢海니어든 主人이 辭以窶반하며

（集解）羹之有菜 宜用梜 不宜以遝 取食之也 絮 就器中調和也 口容止 不宜以物 刺於齒也

主人이 辭不能亨팽고 客이 歠醢든 主人이 辭以窶반이라

客 或有絮羹者 則主人 以不能烹 爲辭 客 或有歠醢者 則主人 以貧窶之味 醢宜鹹 歠之 以其味淡也 爲辭

濡유肉란齒決고 乾간肉란不齒決하며 毋嘬최炙자ㅣ니라

（集說）濡肉 殽胾之類 乾肉 脯脩之類 決 斷也 不齒決 則當治之以手也 孔氏曰火灼曰炙 一舉而 併食曰嚌 是貪食也

○少儀예曰侍食於君子則先飯而後已니 毋放飯하며 毋流歠

며 小飯而亟之하며 數삭噍초여 毋爲口容이니라

●소의에 말하기를 군자를 뫼시고 먹은즉 먼저 밥을 먹고 뒤에 말것이니 밥을 흘으지 말며 흘리고
마시지 말며 조금씩 먹어서 바삐 말며 자주 씹어서 입 형용을 하지 말찌니라

(增註) 君子 三達尊之稱 (集說)陳氏曰先飯 猶嘗食之禮也 後曰 猶勸食之意也 放飯 流歠 見前 小飯則
無無噎之患 歠之 謂速咽下 備或有見問之言也 數嚼 毋爲口容 言 數嚼噎之 不得弄口以爲容也

○論語에 曰食(사)似不厭精하시며膾不厭細하시며

●논어에 말하기를 밥이 졍미로운 것을 싫어 하지 아니하시며 회는 가는 것을 싫어 하지 아니 하시며

(集說)朱子曰食 飯也 精 鑿也 牛羊與魚之腥 聶而切之 爲膾 食精則能養人 膾麤則能害人 不厭言以是
善 非謂必欲如是也

食饐(애)而餲(애)며하시 (烏賣와 鱠於計反) 魚餒(뇌)奴罪反而肉敗를不食하시며 色惡不
食며하시 臭惡不食며하시 失飪(임)反而甚 不時不食하시며

●밥이 쉰 것과 고기가 맛이 변한 것을 먹지 아니하시며 한것은 먹지 아니하시며 빛이 몹쓴 것은 먹지 아니하시며 냄새가
몹쓴 것은 먹지 아니하시며 익지 아니 한것은 먹지 아니하시며 때 아니면 먹지 아니하시며

(集說)朱子曰饐 飯傷熱濕也 餲 味變也 魚爛曰餒 肉腐曰敗 色惡 臭惡 未敗而色臭變也 飪 烹調生熟
之節也 不時 五穀不成 果實未熟之類 此數者 皆足以傷人 故不食

割不正든이어 不食며하시 不得其醬든이어 不食며하시

●베힌 것이 바르지 아니 하거든 먹지 아니하며 그 간장을 얻지 아니 하거든 먹지 아니하시며

(集說)朱子曰割肉不方正者 不食 造次不離於正也 食肉用醬 各有所宜 不得則不食 惡其不備也 此二者
無害於人 但不以嗜味而苟食耳

肉雖多나-不使勝食(사)似氣며하시 唯酒無量不及亂하시며

●고기가 비록 많으나 하여금 밥 기운을 이기지 아니하며 오직 술이 한도양이 없으되 어지러운데
이르지 아니하시며

(集說)朱子曰食 以穀爲主 故 不使肉勝食氣 酒 以爲合懽 故 不爲量 但以醉爲節而不及亂耳

沽酒市脯를不食하시며
● (集說) 산 술과 산 고기는 먹지 아니하시며
朱子曰沽市 皆買也 恐不精潔 或傷人也

不撤薑食하시며不多食이러시다
● 생강 먹기를 거두지 아니하시며 많이 먹지 아니하시다
(集解) 朱子曰薑 通神明 去穢惡 故不撤 不多食 適可而止也

○禮記에曰君이無故든不殺牛하며大夫-無故든不殺羊하며
士-無故든不殺犬豕하나니君子-遠(去聲)庖厨여하야凡有血氣之類를
弗身踐(竆)也하나니라
● 예기에 말하기를 임금이 연고가 없거든 소를 잡지 아니하여 대부가 연고가 없거든 양을 잡지 아니하며 선비가 연고가 없거든 개와 돼지를 잡지 아니하는 것이니 군자가 도수장을 멀리해서 모든 혈
기가 있는 종류를 몸소 잡지 아니하느니라
(集說) 陳氏曰故 謂祭祀 及賓客饗食之禮也 庖 宰殺之所 厨 烹飪之所 身 親也 踐 當作翦 殺也

○樂記에曰豢(患)豕爲酒-非以爲禍也-마는而獄訟益繁은則
酒之流-生禍也니是故로先王이因爲酒禮하사一獻之禮에賓
主-百拜하여終日飮酒되而不得醉焉이니此-先王之所以備酒
禍也니라
● 악기에 말하기를 돼지를 기르고 술을 담는 것이 재앙이 된다고 함이 아니건 마는 옥과 송사가 더욱 번거로운 것은 곧 술로 흘러서 재앙이 생긴 것이니 이런고로 선왕이 인해서 술마시는 예를 정하사

한잔 드리는 예가 손님과 주인이 백번 절해서 종일토록 술을 마시되 언어 취하지 아니하니 이것이

선왕의 써 술 재앙을 방비 하는 바이니라

(集說) 吳氏曰豪 養也 爲 猶造也 獄訟益繁 謂小人 乘醉相侵 以致獄訟滋多也 一獻 士之鄉食禮也 百拜言多也 一獻之禮 而賓主 至於百拜 終日飲酒 而終不得醉 其所以備飲酒之禍者 至矣

○孟子ㅣ曰飲食之人을 則人이 賤之矣나니 爲去聲其養小以失大

也ㅣ니라

●맹자 말하기를 음식만 바라는 사람은 곧 사람이 천하게 여기나니 그 적은 것을 기르고 써 큰 것을 잃음을 위함이니라

(集解) 飲食之人 專養口體者也 小謂口體 大謂心志

右는 明飲食之節이라하니

●오른쪽은 음식의 예절을 밝힌것이라

原本小學集註卷之三終

原本小學集註卷之四

稽古第四ㅣ라

內篇

●옛 일을 상고함이니 차례 넷이라
(集說)陳氏曰稽 考也ㅣ니 此篇 考慮夏商周 聖賢己行之跡 以證前篇(立敎 明倫 敬身之言也 凡四十七章)

●孟子ㅣ 道性善하사되 言必稱堯舜이러시니

맹자가 말하기를 성품이 본래 착함을 말씀하시되 반드시 옷임금과 순임금을 칭찬하시니 그 말에

可傳於後世어시늘 我는 猶未免爲鄕人也ㅣ니하고 是則可憂也ㅣ라 爲法於天下사하 憂之

말하기를 순임금은 천하에 법이 되사 가히 뒷 세상에 전하거늘 나는 오히려 시골 사람이 되는데 면하지 못하니 이것은 가히 근심이로다 근심 하기를 어찌 하는고 순임금과 같이

如何오 如舜而已矣시라하시니 撫隻往行聲去 實前言여하 述此篇여하 使讀者

행실을 모우고 앞 말을 실증을 해서 이 책을 지어서 읽는 자로 하여금 홍미를 있게 하는 것이니라

로 有所興起라하노 (集說)朱子曰道 言也 性者 人所禀於天 以生之理也 渾然至善 未嘗有惡 人與堯舜 初無少異 但衆人汨 骨於私欲而失之 堯舜則無私欲之蔽 而能充其性爾 故 孟子每道性善 而必稱堯舜以實之 欲人知仁義 不

假外求 聖人可學而至 不懈於用力也

●太任同 壬下은 文王之母ㅣ시니 摯至任氏之中仲女也ㅣ시니 王季ㅣ娶以

태임은 문왕의 모친이시니 지ㅅ 나라 임씨의 중간 딸이러시니 왕계가 장가 와서 써 왕비를 삼

爲妃하시라

(集說)吳氏曰任 姓也 太任 尊稱之也 文王 姬姓 名昌 周國之君也 摯 國名 中女 次女也 王季 周太王

앗느니라

太任之性이 端一誠莊하사 惟德之行이러시니 及其娠文王하사 目不
視惡色하시며 耳不聽淫聲하시며 口不出敖言이러시니 生文王而明聖
하사 太任이 敎之以一而識百이러시니 卒爲周宗하시니 君子ᅵ 謂太任이

태임의 성품이 단정하고 정성하고 씩씩하사 오직 덕의 행검이시니 그 문왕을 잉태함에 미쳐서 눈으로 악한 빛을 보지 아니하며 귀로 음난한 소리를 듣지 아니하며 입으로 거만한 말을 내지 아니하더니 문왕을 낳음에 성스러워서 태임이 써 한가지를 가르치면 백을 알더니 마침 주나라 조종이 되었으니 군자ᅵ 태임이 능히 태중 교육을 했다고 이르니라

●爲能胎教ᅵ라하니라

(集解)端은 謂正而不邪ᅵ오 一은 謂純而不二ᅵ오 誠은 謂真實無妄이오 莊은 謂容貌端嚴이니 蓋太任이 天性이 備此四德故로 見於躬
行者ᅵ 皆本於德性之自然이라 (集成)宗은 謂有德有功하야 爲百世不遷之廟ᅵ니 (增註)此는 撫太任之行하야 以實首篇胎教
之言이라 後皆倣此하니라 然이나 未必盡同이니 讀者ᅵ 宜求其大意焉이니라

○孟軻之母ᅵ 其舍ᅵ 近墓러니 孟子之少也에 嬉戲를 爲墓間
之事하야 踊躍築埋어늘 孟母ᅵ 曰此는 非所居子也ᅵ라하고 乃去舍
市하니 其嬉戲를 爲賈衒이어늘 孟母ᅵ 曰此는 非所以居子也ᅵ라하고
乃徙舍學宮之旁하니 其嬉戲에 乃設俎豆하야 揖讓進退어시늘 孟
母ᅵ 曰此ᅵ 眞可以居子矣라하고 遂居之라하니

●맹가(맹자)의 어머니가 그 집이 공동묘지에 가깝더니 맹자가 어릴 때에 희롱해 놀매 공동묘지의 일을 해서 뛰고 쌓고 묻거늘 맹자의 어머니가 말하기를 이곳이 자식 키울 곳이 아니라 하고 이에

孟子ㅣ幼時에 問東家殺猪는 何爲오 母ㅣ曰欲啖汝ㅣ라니 既而오

(增註) 軻는 孟子名이오 舍는 居也ㅣ라 (集解) 買는 商賈의 街衒街鬻이니 俎豆는 祭器也ㅣ라 揖讓進退는 禮之容也ㅣ라

悔曰吾聞古有胎教ㅣ러니 今適有知而欺之면 是는 教之不信

乃買猪肉여하以食之라하니

(集說) 陳氏曰啖은 食也ㅣ오 欲啖汝는 截笞之也ㅣ라 適은 猶方也ㅣ라 買肉食之는 以實前言也ㅣ라

既長就學여하여 遂成大儒하시니라

(增註) 趙氏曰孟子는 鄒人이니 幼被慈母三遷之教하니 長에 師孔子之孫子思하여 通五經하고 著書七篇하니라

○孔子ㅣ嘗獨立이어시늘 鯉ㅣ趨而過庭이러니 曰學詩乎아 對曰未

也ㅣ로다 不學詩면 無以言이라여시늘 鯉ㅣ退而學詩하니라

他日에 又獨立이시늘 鯉ㅣ趨而過庭이러니 曰學禮乎아 對曰未也ㅣ로

(集解) 鯉는 孔子之子伯魚也ㅣ라 朱子曰事理通達而心氣和平故로 能言이라

不學詩면無以立이라하여시늘鯉ㅣ退而學禮하라하니
●다른 날에 또 홀로 섰거늘 이가 쫓아서 뜰을 지내더니 공자ㅣ 말하기를 예를 배웠느냐 대답해 말하기를 배우지 못했습니다 예를 배우지 아니하면 써 설수가 없다 하시거늘 잉가 물러서서 예를 배웠느니라

(集解)朱子曰品節詳明而德性堅定故 能立니라

右는立教ㅣ라
●오른쪽은 가르침을 세움이라

○孔子ㅣ謂伯魚曰女汝ㅣ爲周南召邵下同南矣乎아人而不爲
周南召南이면其猶正墻面而立也ㅣ니與저
그 바로 낮을 대고 선 것과 같으니라 공자가 백어에게 말하기를 너가 주남 소남을 배웠는가 사람이고 주남과 소남을 배우지 아니하면

(集說)朱子曰爲猶學也 周南 召南 詩首篇名 所言 皆修身齊家之事 正墻面而立 言卽其至近之地而一物
無所見 一步不可行

○虞舜이父頑母嚚象傲ㅣ어늘克諧以孝하여烝烝又不格姦하시니라
우나라 순임금의 아비는 완악하고 어미는 사납고 상은 거만하거늘 극진히 화하고 효도해서 점점
(集解)蔡氏曰虞氏 舜 名也 舜父 號瞽瞍 心不則德義之經 爲頑 母 舜後母也 口不道忠信之言 爲嚚 象
舜異母弟 名 傲 驕慢也 諧 和也 烝 進也 乂 治也 格 至也 言舜 不幸遭此 而能和以孝 使之進以善 自
治而不至於大爲姦惡也

○萬章이問曰舜이往于田사號泣于旻天하시니何爲其號
우리 맹자ㅣ曰怨慕也ㅣ시니라 我ㅣ竭力耕田하여 共恭爲子職而
泣也ㅣ잇고 孟子ㅣ曰怨慕也ㅣ시니라

一〇九

已矣니라 父母之不我愛는 於我에 何哉오하시

●만장이 물어 말하기를 순임금이 밭에 가서 하늘을 부르짓어 우시니 무엇을 위해서 부르짓어 우니까 맹자가 말하기를 자기를 원망하고 어버이를 생각 함이니라 내가 힘을 다해 밭을 갈아서 공손히 자식의 직분을 할 따름이니 부모가 나를 사랑하지 아니함은 내게 어찌 함인고 하시니라

（集說）朱子曰 萬章은 孟子弟子ㅣ라 舜往于田은 耕歷山時也ㅣ라 仁覆閔下를 謂之旻天이니 號泣于旻天은 呼天而泣也ㅣ오 事見虞書大禹謨篇이라 怨慕는 怨己之不得其親 而思慕也ㅣ라 於我何哉는 自責不知己有何罪耳니 非怨父母也ㅣ라

帝ㅣ 使其子九男二女로 百官牛羊倉廩을 備여 以事舜於畎畝之中하시니 天下之士ㅣ 多就之者ㅣ어늘 帝ㅣ 將胥天下而遷之

옹임금이 그 자식 아들과 두 딸로 하여금 일백 관원과 소와 양과 창고를 갖추워서 밭 갈고 있는 순임금을 섬기시니 천하의 선비가 나아가는자가 많거늘 옹임금이 장차 천하를 서로 해서 옮겨 주시니 순임금이 부모에게 불순함을 위함이라 궁한 사람이 돌아갈 곳 없는 것 같더시다

焉이러시니 爲（聲去）不順於父母ㅣ라 如窮人無所歸러시다

（集說）朱子曰 帝는 堯也니 史記에 云二女妻之는 以觀其內하고 九男事之는 以觀其外라 又言 一年所居成聚하고 二年成邑하고 三年成都라 是는 天下之士ㅣ 就之也라 胥는 相視也라 遷之는 移以與之也라 如窮人無所歸는 言其怨慕迫切之甚也라

天下之士ㅣ 悅之는 人之所欲也ㅣ어 而不足以解憂며 好（子如）色도 人之所欲이어 妻（字如）帝之二女하사 而不足以解憂며 富는 人之所欲이어늘 富有天下하시 而不足以解憂며 貴는 人之所欲이어늘 貴爲天子되하 而不足以解憂니 人悅之와 好色과 富貴에 無足

이어 富有天下늘이어 而不足以解憂하시며 貴는 人之所欲이어늘 貴爲天子되하 而不足以解憂니 人悅之와 好色과 富貴에 無足

以解憂者오 惟順於父母사라 可以解憂시다

천하의 선비가 기뻐함은 사람의 하고자 하는 바이어늘 써 근심을 풀지 못하며 좋은 색도 사람의 하고자 하는 바이어늘 요임금의 두 딸로써 장가드시어 써 근심을 풀지 못하며 부는 사람의 하고자 하는 바이어늘 천하를 두시되 써 근심을 풀지 못하며 귀는 사람의 하고자 하는 바이어늘 천자되시되 써 근심을 풀지 못하니 사람의 기뻐함과 좋은 색과 부귀에 족히 써 근심을 풀 것이 없고 오직 부모에게 순하여사 가히 써 근심을 풀리러시다

一一〇

○ 천하의 선비가 기뻐 하는 것은 사람의 하고져 하는 바거늘 족히 써 근심을 풀지 못하시며 좋은 여색과 부귀는 사람의 하고져 하는 바거늘 귀하기가 천자가 되었으되 족히 근심을 풀지 못하시며 귀한 것은 여색과 부귀에 족히 써 근심을 풀지 못하시고 오직 부모에게 순해사 가히 근심을 풀것이니라

(集說)朱子曰孟子 推舜之心 如此 以解上文之意 極天下之欲 不足以解憂 而惟順於父母 可以解憂 孟子 眞知舜之心哉

人이 小則慕父母하고 知(去聲)好色則慕少艾하고 有妻子則慕妻子하고
仕則慕君하고 不得於君則熱中이니 大孝는 終身慕父母니 五十
而慕者를 予ㅣ 於大舜에 見之矣로다

사람이 젊은즉 부모를 사랑하고 여색을 좋을 줄을 알면 졈은 계집을 생각하고 처자가 있으면 처자를 생각하고 벼슬 하면 임금을 생각하고 임금께 얻지 못하면 열이 속에서 치미되나니 큰 효도는 몸이 마치도록 부모를 생각하나니 오십에 생각하는 자를 내가 대순에 보았도다

(集說)朱子曰言常人之情 因物有遷 惟聖人 爲能不失其本心也 艾 美好也 不得 失意也 熱中 躁急心熱 不以得衆人之所欲 爲己樂
也 言五十者 舜攝政時 年五十也 五十而慕 則其終身慕 可知矣 此章 言舜 不以得衆人之所欲 爲己樂 而以不順乎親之心 爲己憂 非聖人之盡性 其孰能之

○ 楊子ㅣ曰 事父母를 自知不足者는 其舜乎ㅣ신뎌
者는 事親之謂也니 孝子는 愛日이니

양자 말하기를 부모를 섬기되 스스로 부족한 것을 아는 자는 그 순일진저 가히 얻어 오래지 못

(增註)楊子 名雄 西漢人 自知不足者 謂雖己順其親 而其心 常若不足也 愛日者 惜此日之易過 懼來日
之無多 而不得久事其親也

者는 어버이 섬김의 일이니 효자는 날을 아끼느니라

不可得而久

○文王之爲世子에朝於王季하사 日三하시더니 鷄初鳴而衣服(去聲)하시고

至於寢門外하사 問內竪(樹)之御者曰 今日安否ー何如오 內竪ー

曰安이어든 文王이 乃喜하시며 及日中又至하사 亦如之하시며 及莫(暮)又

至하사 亦如之러시다

● 문왕이 세자가 되었을때 왕계에게 조회하시되 날로 세번 하더시니 닭이 처음 울면 옷을 입으시고 침잠자는 문밖에 이르사 내수의 뫼신 자에게 물어 말하기를 오늘 안부가 어떤고 내수가 말하기를 안하다 하거든 문왕이 기뻐하시며 낮이 되어서 또 이르사 또한 같이 하시며 저물메 이르러서 또 이같이 하더시다

(集解)陳氏曰內竪는 內庭之小臣이오 御는 是直日者ー라 世子ー 朝父母를 惟朝夕二禮어늘 今文王은 日三은 聖人過人之行也ー라

● 其有不安節이어든 則內竪ー以告文王든하여 文王이 色憂하사 行不能

正履더시니 王季ー復(복)膳하신 然後에 亦復初ー러시다 食上에 必在視寒暖

之節하시며 食下든 問所膳하시고 命膳宰曰 末有原이어시든 應曰諾

後에 退하더시다

● 편안하지 아니함이 있거든 곧 내수가 써 문왕에게 고하면 문왕이 얼굴에 근심하사 걸음에 능히 신을 바로 못하더니 왕계가 음식을 회복한 연후에 또 처음대로 회복하더시다 밥을 드림에 반드시 차고 더운 절도를 보며 자시기를 마쳤거든 무엇을 드시나 물으시고 반찬 맡은이를 명령해 말하기를 두번 두지 말라 하시거든 대답해 말하기를 그러 하리라 한뒤에 물러 가니라

(集解)陳氏曰不安節은 謂有疾이라 不能循其起居飲食之常時也라 食上은 進膳於親也라 在는 察也라 食下는 食畢而徹也라 問所膳은 問所食之多寡也라 末猶勿也라 原은 再也라 謂所食之餘를 不可再進也라

○文王이 有疾이어시든 武王이 不說<脫>冠帶而養이러시니 文王이 一飯이어시던

●문왕이 병이 있으시면 무왕이 갓과 띄를 벗지 아니하고 봉양하더시니 문왕이 한번 밥 잡수시거든

（集說）吳氏曰武王 名發 文王之子 武王 爲親疾 跣步不離 不敢脫冠帶以自適也 人之飮食 或疏 或數時 私適其欲也

亦一飯하시며 文王이 再飯이어시든 亦再飯하더라

또 한번 밥 자시며 문왕이 두번 자시거든 또 두번 잡수시더시다

○孔子ㅣ曰武王周公은 其達孝矣乎ㅣ신뎌 夫孝者는 善繼人之

志며 善述人之事者也ㅣ니라

●공자 말하기를 무왕과 주공은 그 통달한 효도이신저 대저 효도한 자는 사람의 뜻을 이으며 착하

（增註）周公 名旦 文王之子 武王之弟也 志者 事之未成者 繼則續而成之 事者 志之己成者也 述則循而行之 朱子曰達 通也 言武王周公之孝 乃天下之人 通謂之孝也 武王 續大王 王季 文王之緒 以有天下 而周公 成文武之德 以追崇其先祖 此繼志述事之大者也

踐其位하여 行其禮하며 奏其樂하며 敬其所尊하며 愛其所親하며 事死如

事生하며 事亡如事存이 孝之至也ㅣ니라

며 그 직위에 당해서 그 예를 행하며 그 풍악을 드리며 그 높은 바를 공경하며 그 친한 바를 사랑 하며 죽은 이를 산 사람 같이 섬기며 없는이를 있는것 같이 섬김이 효도의 지극 함이니라

（集解）朱子曰踐 猶履也 其指先王也

○淮南子ㅣ曰周公之事文王也애 行<去聲>無專制하시며 事無由

己며 身若不勝<升下同>衣하시며 言若不出口하시며 有奉持於文王에 洞

회남자 말하기를 주공의 문왕 섬김에 행하되 전제함이 없으시며 일을 말미암음이

先王之祖考 子孫 臣庶也 始死 謂之死 旣葬則曰反而 亡焉 皆指先王也 此指先王이라 此皆繼志述事之意也

몸이 만일 옷을 이기지 못하는 듯 하시며 말을 만일 입에서 내지 못하는 듯 하시며 문왕에게 받들어 가짐이 있어 洞

●洞屬屬하사 如將不勝하시며 如恐失之하시니 可謂能子矣로다

회남자가 말하기를 주공이가 문왕을 섬김에 행동이 전제함이 없으며 몸이 옷을 이기지 못하는 것 같으며 말이 입에 나오지 아니한 것 같으시며 잃을까 겁내는 것 같으시니 가히 훌륭한 자식이라 이를로다

(集解)淮南子 漢淮南王 劉安 所編 行無專制 所行 必稟命也 事無由己 凡事 不專決也 身若不勝衣 持身之謹 若怯懦也 言若不出口 出言 常謹愼也 至若奉物於父 則又極乎質慤專一之心 常如不勝而有所失 墜者 可謂能盡子道矣

○孟子ㅣ曰曾子ㅣ養曾晳하실새 必有酒肉이러시니 將徹할새 必請所與하시며 問有餘ㅣ어든 必曰有ㅣ라하더시다 曾晳이 死커늘 曾元이 養曾子되 必有酒肉하더니 將徹새할 不請所與하며 問有餘ㅣ어든 曰亡無矣라하니 將以復進也ㅣ니 此는 所謂養口體者也ㅣ니 若曾子則可謂養志也ㅣ니라

맹자 말하기를 증자가 증석을 봉양할새 반드시 술과 고기가 있더시니 장차 상을 거둘새 반드시 술과 고기가 있나 묻거든 없읍니다 하니 장차 써 다시 드릴라 한것이라 이것은 입과 몸 봉양을 하는자니 증자 같으면 가히 뜻을 봉양한다 이를것이니라

●事親이 若曾子者ㅣ 可也ㅣ니라

어버이 섬기기를 증자 같이 하는 것이 옳으니라

(集說)朱子曰曾晳 名點 曾子 父也 曾元 曾子 子也 曾子 養其父 每食 必有酒肉 食畢將徹去 必請於父曰 此餘者 與誰 或父 問此物 尙有餘否 必曰有 恐親意 更欲與人也 曾元 不請所與 雖有言無 其意 但能養父母之口體而已 曾子則能承順父母之志 而不忍傷之也

（集說）朱子曰言當如曾子之養志　不可如曾元　但養口體　程子曰子之身　所能爲者　皆所當爲　無過分之事
也　故　事親　若曾子　可謂至矣　而孟子　止曰可也　豈以曾子之孝　爲有餘哉

○孔子ㅣ曰孝哉라 閔子騫여이 人不間（聲去）於其父母昆弟之

言이로다

공자ㅣ 말하기를 효자로다 민자건이여 다른 사람의 그 부모와 형제의 말에 이간하지 못하도다

（集解）閔子騫 孔子 弟子 名損　胡氏曰父母兄弟　稱其孝友　人皆信之　無異辭者　蓋其孝友之實　有以積於
中而著於外故　夫子嘆而美之

○老萊子ㅣ孝奉二親하더니 行年七十에 作嬰兒戲하여 身著（착）

노래자가 효도로 두 어버이를 봉양할새 나이 칠십에 어린 아희 희롱을 지어서 몸에 다섯가지 색

五色斑爛란之衣며하 嘗取水上堂새할 詐跌（迭仆付）臥地하여 爲小兒

아롱아롱한 옷을 입으며 일찍이 물을 가지고 마루에 오를새 거짓 미끄러져서 땅에 누어서 거짓 아

啼하며 弄雛於親側여하 欲親之喜하더라

이 울음을 하며 새새끼를 가지고 어버이 곁에 희롱을 해서 어버이의 즐김을 하고져 하더라

（集說）吳氏曰老萊者　楚人　孝事二親　年老而爲嬰兒之事於親旁　蓋恐親見子之老而生悲感　故　爲是以娛
其心也

○樂正子春이下堂而傷其足고하 數月不出여하 猶有憂色이러시니하 門

악정자춘이 마루에 내리다가 그 발을 상해서 두어달 나가지 아니하사 오히려 근심 빛이 있더니 제

弟子ㅣ曰夫子之足이瘳矣어늘（抽大로）數月不出하사（사하）猶有憂色은何也고잇

자가 말하기를 선생님의 발이 낳았으되 두어달 나가지 아니하사 오히려 근심 빛이 있는 것은 어쩐

일입니까

（集解）樂正 姓 子春 名 曾子 弟子 瘳 愈也

樂正子春이曰善다하如爾之問也여善다하如爾之問也여吾는聞
諸曾子고하曾子는聞諸夫子하시니曰天之所生과地之所養에惟
人이爲大하니父母ㅣ全而生之하시니子ㅣ全而歸之야라可謂孝矣니
不虧其體하며不辱其身이可謂全矣시니故로君子는頃步而不
敢忘父母也하나니今予ㅣ忘孝之道라ㄴ予ㅣ是以로有憂色也ㅣ로라
擧足而不敢忘父母之遺體라ㅣ是故로道而不徑하며舟而不游하야不敢
以先父母之遺體로行殆며하一出言而不敢忘父母라ㅣ是故로
惡言이不出於口며하忿言이不反於身니하야不辱其身여하不羞其
親면이可謂孝矣라니

●악정자춘이 선생님께 말하기를 착하다 너 같은 물음이여 착하다
너 같은 물음이여 나는 증자에게 들었으고
증자는 선생님께 들였으니 말하기를 하늘의 낳은 것과 땅의 기르는 바에 오직 사람이 큼이 되니 부
모가 온전히 낳았으니 자식이 온전하다 이를것이라 가히 효도라 이를것이니 그 몸을 상하지 말며 그 몸을
욕되게 아니하는 것이 온전하다 이를것이니 그런고로 군자는 지금 내가 효도의 도를 잊었는지라 내가
지 아니하니니 지금 내가 효도의 도를 잊었는지라 내가 이러함으로써 근심 빛이 있노라 한번 발을
들어도 감히 부모를 잊지 아니할 것이라 이런고로 길로 건고 지름길로 아니하며 배를 타고 놀지
아니해서 감히 부모의 끼친 몸으로 위태함을 행하지 아니하며 한번 말을 냄에 감히 부모를 잊
지 아니하는지라 이런고로 악한 말이 입에 나오지 아니하며 분한 말이 몸에 돌아오지 아니하니
그 몸을 욕되게 아니하며 그 어버이를 부끄럽게 아니하면 가히 효도라 이를것이니라

(集說)吳氏曰善 美也 重言之者 亟稱之 以美其問也 惟人爲大 記
作無人爲大 言 無如人 最爲大 蓋天

地性 人爲貴也 不虧其體 所以全其形 不辱其身 所以全其德道 大路也 徑 路之小而捷者 游 浮水也(集
成)頃 當爲跬 一舉足 爲跬 再舉足 爲步

○伯俞ㅣ有過ㅣ어늘 其母ㅣ笞之ㅣ어늘 泣ㅣ어늘 其母ㅣ曰他日笞에 子未
嘗泣이라가 今泣은 何也오 對曰俞ㅣ得罪에 笞常痛이러니 今母之力이
不能使痛라是以泣하노라

백유가 허물이 있거늘 그 모친이 매질을 한대 울거늘 그 모친이 말하기를 다른 날에 매질함에자식이 일찍 울지 아니하다가 이제 우는 것은 어떤 일인가 대답해 말하기를 유가 죄를 얻음에 매가항상 아프더니 이제 모친의 힘이 능히 아프도록 못하는지라 이로써 우노라

(集說)陳氏曰伯 姓韓 名俞 笞 捶擊也 泣 涕出而無聲也 伯俞之泣 悲母力之衰耳 事見說苑

故로 曰父母ㅣ怒之ㅣ어시든 不作於意하며 不見於色하야 深受其罪하야
使可哀憐이 上也오 父母ㅣ怒之ㅣ어시든 不作於意하며 不見於色이 其
次也오 父母ㅣ怒之ㅣ어시든 作於意하며 見於色이 下也ㅣ니라

이런고로 부모가 성을 내시거든 마음에 끼치 아니하며 얼굴에 나타내지 아니하야 그 죄를 깊이 그 죄를받아서 하여금 가히 슬퍼하고 어여삐 여기는 것이 상등이요 부모가 성을 내시거든 마음에 끼치아니하며 얼굴에 나타내지 아니함이 그 다음이요 부모가 성을 내시거든 마음에 끼치며 얼굴에 나타냄이 하등이니라

(集說)陳氏曰故日以下 劉向論也

○公明宣이 學於曾子ㅣ러니 三年을 不讀書ㅣ어늘 曾子ㅣ曰宣아 爾ㅣ
居參之門이로 三年대 不學은 何也오

공명선이 증자에게 배우되 삼년을 글을 읽지 아니하거늘 증자가 말하기를 선아 네가 내 문하에

거한지가 삼년이되었으되 배우지아니함은 어쩐일인고

(集說)陳氏曰公明은 姓이오 宣은 名이오 曾子ㅅ 弟子ㅣ라

公明宣이曰安敢不學잇고宣이見夫子居庭호대親在어시든叱吒반反叱吒丑亞
之聲이未嘗至於犬馬하실새宣이說之야學而未能宣이며見夫
子之應賓客호대恭儉而不惰하실새宣이說之야學而未能宣이며
見夫子之居朝廷하야嚴臨下而不毁傷하실새宣이說之야學而未
能宣이며此三者를學而未能宣이어니安敢不學而居夫子之
門乎ㅣ리잇고

공명선이 말하기를 어찌 감히 배우지 아니하리잇고 선이 선생님의 가정에 거함을 보니 어버이 있거시든 꾸짖고 가래침 뱉는 소리가 일찍기 개와 말에 이르지 아니하며 선이 선생님의 손님 대접 함을 보니 공손하고 검소해서 게으르지 아니하며 선이 기뻐해서 배워서도 능치 못하며 선이 선생님의 조정에 거함을 보니 엄하게 아래를 상대해도 헐어서 상하지 아니하니 선이 기뻐해서 배워서도 능치 못하니 선이 이 세가지를 배워서도 능치 못하니 선이 어찌 감히 배우지 아니하고서 선생님의 문하에 거하리잇고

(集說)吳氏曰夫子는 謂曾子라 叱은 怒聲也오 吒는 恭莊也오 儉은 節制也라

○少連大連이善居喪하야三日不怠하며三月不解하며期悲哀하며
年憂니東夷之子也ㅣ라

소련과 대련이 착하게 초상에 거해서 삼일을 게으르지 아니하며 석달을 게으르지 아니하며 기년을 슬퍼하며 삼년을 근심하니 동쪽 오랑캐의 자식 이니라

(集說)陳氏曰三日은 親始死時也오 不怠는 謂哀痛之切이 雖能不食而能自力하야以致其禮也오 三月은 親喪在殯時也오 解

○高子皐之執親之喪也에 泣血三年하여 未嘗見齒하니 君子ㅣ
以爲難라하니

與懈同 倦也 憂 謂憂戚憔悴 陳氏曰此 孔子之言也 (集解)聖人 非特稱其能行孝道 而又稱其能變夷俗
也

(集解)子皐 名柴 孔子 弟子 孔氏曰人 涕淚 必因悲聲而出 血出則不由聲也 子皐無聲 其涕亦出如血出
故 云泣血 不見齒 謂不笑也

고자고의 어버이의 초상을 집상함에 피눈물로 울어서 일찍 이(齒)를 들어나게 웃지 아니하니 군
자가 씨 어렵다 하더라

○顔丁이 善居喪하여 始死에 皇皇焉如有求而弗得하며 旣殯에 望
望焉如有從而弗及하며 旣葬에 慨然如不及其反而息하더라

(集說)陳氏曰顔丁 魯人 皇皇 猶栖栖也 望望 往而不顧之貌 慨 感悵之意 始死 形可見也 旣殯 柩可見
也 葬則無所見矣 如有從而弗及 似有可及之處矣 葬後則不復如有所從矣 故 但言如不及其反 又云而息
者息猶待也 不忍決忘其親 猶且行且止 以待其親猶之反也

안정이 착하게 거상을 함에 처음 죽음에 무엇을 구함이 있어서 얻지 못하는 것 같으며 이미
빈소를 함에 허전해서 무엇을 따르다 미치지 못하는 것 같으며 이미 장사함에 기연해서 미
치지 못하고 그 돌아와서 쉬는 것 같더라

○曾子ㅣ有疾하사 召門弟子曰啓予足하며 啓予手라하 詩云戰戰
兢兢하여 如臨深淵하며 如履薄氷하니라 而今而後야에 吾知免夫라 小
子아

증자가 병이 있으시사 제자를 불러서 말하기를 내 손을 보며 내 발을 보라 시전에 이르되 겁내고
겁내서 깊은 못에 다다른것 같이 하며 엷은 얼음을 밟는 것 같이 하라 하니 지금 이러한 뒤에야

(集說)朱子曰啓는 開也ㅣ오 曾子ㅣ 平日以爲 身體는 受於父母ㅣ라 不敢毀傷이라 故로 於此에 使弟子로 開其衾而視之ㅣ오 詩는 小旻之篇이니 戰戰은 恐懼오 兢兢은 戒謹이오 臨淵은 恐墜오 履氷은 恐陷이니 曾子ㅣ 以其所保之全으로 示門人이라 而言其所以保之之難이 如此야 至於將死而後에 知其得免於毀傷也ㅣ라 小子는 門人也ㅣ라 語畢而又呼之는 以致反覆丁寧之意니 其警之也ㅣ 深矣라

范氏曰身體도 猶不可虧也ㅣ온 況虧其行야 以辱其親乎아

○箕子者는 紂의 親戚也ㅣ라 紂ㅣ始爲象箸ㅣ어늘 箕子ㅣ嘆曰彼爲象箸니 必爲玉杯로다 爲玉杯則必思遠方珍怪之物而御之矣리니 輿馬宮室之漸이 自此始야 不可振也ㅣ로다

●기자라 하는 사람은 주의 친척이라 주가 처음으로 상아 젓가락을 하거늘 기자가 탄식하여 말하기를 저것이 상아 젓가락을 하니 반드시 옥잔을 만들도다 옥잔을 한즉 반드시 먼 곳에 보배와 괴이한 물건을 생각해서 쓸것이니 수레와 말과 궁궐과 집을 점차로 해서 이로부터 가히 구원하지 못하리로다

(集說)陳氏曰箕는 國名이오 子는 爵也ㅣ라 箕子는 紂諸父ㅣ라 紂는 商王 受也ㅣ라 御는 用也ㅣ라 振은 救也ㅣ라

紂ㅣ爲淫泆이어늘 箕子ㅣ諫대 紂ㅣ不聽而囚之니러 人이 或曰可以去矣야라 箕子ㅣ曰爲人臣여 諫不聽而去면 是는 彰君之惡而自說於民이니 吾不忍爲也ㅣ라시고 乃被髮佯狂而爲奴야 遂隱而鼓琴야 以自悲니 故로 傳之曰箕子操ㅣ라

●주가 음난하고 방탕 하거늘 기자가 간한데 듣지 아니하고 가두었더니 사람이 혹 말하기를 가히 써 갈것이라 하거늘 기자가 말하기를 남의 신하가 되어서 간하되 듣지 아니한다고 가면 이것은 임금의 악함을 빛내서 자기가 백성에게 즐김을 받는 것이니 나는 참아 하지 못하리로다 하야 이에 머리를 풀고 거짓 미쳐서 종이 되사 드디어 숨어서 거문고를 두드리고 써 스스로 슬퍼하시니

(集說)陳氏曰淫 貪慾 洪 放蕩 如嬖姐怛己 爲酒池 肉林之類 囚 拘繫也 傳曰囚箕子 以爲奴 彰 著也

이런고로 전해 말하기를 기자의 곡조라 하니라 操琴曲也

王子比干者는 亦紂之親戚也ㅣ라 見箕子諫不聽而爲奴則
曰君이 有過而不以死爭聲면 則百姓은 何辜오하 乃直言諫紂한대
紂ㅣ怒曰吾聞聖人之心에 有七竅라하니 信有諸乎고하야 乃遂
殺王子比干하야 刳視其心하니라

●왕자 비간이라 하는 자는 또 주의 친척이라 기자가 간해서 듣지 아니하고 종이 됨을 보고 말하기를 임금이 허물이 있어서 죽음으로써 간하지 아니하면 곧 백성은 무슨 허물인고 하고 이에 바른 말로 주를 간한대 주가 성내 말하기를 내가 들으니 성인의 심장에는 일곱 구멍이 있다하니 참말로 있는가 하고 이에 드디어 왕자 비간을 죽여서 그 심장을 헤쳐 보니라

(集解)陳氏曰王子比干 亦紂 諸父 辜 罪也 何辜 言無辜而被虐也 刳 剖也

微子ㅣ曰父子는 有骨肉而臣主는 以義屬故로 父有過ㅣ어든 子
三諫而不聽則隨而號之하고 人臣이 三諫而不聽則其義
可以去矣라하 於是에 遂行하니라

●미자가 말하기를 아비와 아들은 뼈와 고기가 있고 신하와 임금은 의리로써 붙었는고로 아비가 허물이 있거든 아들이 세번 간해서 듣지 아니하면 따라서 부르짖고 남의 신하가 세번 간해서 듣지 아니하면 그 의리가 가히 갈 것이라 하고 이에 드디어 갔느니라

孔子ㅣ曰殷有三人焉이라하니

(集解)吳氏曰微國名 微子 紂庶兄 屬聯續也 去 所以存宗祀

●공자 말하기를 온 나라에 셋 어진이 있느니라

(集解)朱子曰三人之行 不同而同出於至誠惻怛反 當拔之意 故 不咈乎愛之理 而有以全其心之德也 楊氏曰此

三人者 各得其本心 故 同謂之仁

●武王이 伐紂시늘 伯夷叔齊ㅣ 叩馬而諫대한 左右ㅣ 欲兵之어늘 太

●무왕이 주를 치거늘 백이숙제가 말(馬)을 붙들고 간한대 좌우가 찔러 죽이고져 하거늘 태공이 말

(集解)伯夷 叔齊 孤竹君之二子 叩 通作扣 說文 云牽馬也 武王伐紂 夷齊 以爲非義而諫之 兵 猶殺也

太公 呂望也

公이曰此는 義人也ㅣ라하고 扶而去之하니

무왕이 이미 은 나라를 평정하시니 천하가 주나라를 조종으로 하거늘 백이숙제가 부끄러이 해

○武王이 已平殷亂하시니 天下ㅣ 宗周ㅣ어늘 而伯夷叔齊ㅣ 恥之하야 義

不食周粟하여 隱於首陽山여하 採薇而食之하니 遂餓而死라하니

서의리로 주나라 곡식을 먹지 못한다 하고 수양산에 숨어서 고사리를 캐서 먹더니 드디어 굶어서

죽었느니라

(集解)首陽 即雷首山 在河東 程子曰伯夷叔齊 遜國而逃 諫伐而餓 終無怨悔故 孔子 以爲賢也

○衛靈公이 與夫人夜坐ㅣ러니 聞車聲轔轔하야 至闕而止라가過

闕復여有聲고하 公이 問夫人曰知此ㅣ爲誰오 夫人이曰此ㅣ蘧

伯玉也ㅣ니이다 公이曰何以知之오 夫人이曰聞하니

妾이 聞하니 禮에 下公門

式路馬는 所以廣敬也니 夫忠臣與孝子는 不爲昭昭信伸

節하며不爲冥冥惰行하나니遽伯玉은衛之賢大夫也니仁而有智하다公

敬於事上이니此其人이必不以闇昧로廢禮라是以知之이니라

●使人視之호니果伯玉也러라

위령공이 부인으로 더부러 밤에 앉았더니 수레 소리가 들리더니 대궐에 이르러서 그쳤다가 대궐 문에 내리며 임금의 말(馬)을 공경하는 것은 써 공경을 넓히는 바니 대저 충신과 다못 효자는 밝 고 밝다 해서 에절을 펴지 아니하며 어둡고 어둡다 해서 행실을 게을리 아니하나니 거백옥은 위나 라의 밝고 어진 대부라 어질고 지혜가 있고 윗 어른을 섬기는데 공경하니 이는 그 사람이 반드시 어둡고 어두움으로써 예를 펴지 아니함이라 이로써 아노다 공이 사람을 시켜서 보니 과연 백옥이더라

(集解) 衛靈公 名元 夫人 南子 宋女也 闕公門 蘧伯玉 衛大夫 名瑗 下公門 式路馬 謂見君路車所駕之馬 憑式以致敬也 昭昭 顯明也 信 與伸同 言當顯明之時 則伸其節義 欲人之共知也 冥冥 隱暗也 惰 怠慢也 言當隱暗之際 則怠慢其所行 欺人之不見也 伯玉 當時 稱其仁智

○趙襄子ㅣ殺智伯고漆其頭하여以爲飮器니智伯之臣豫讓이

欲殺之報仇여乃詐爲刑人하여挾匕首고入襄子宮中하여塗

厠이어늘左右ㅣ欲殺之대襄子ㅣ曰智伯이死無後늘而此人이欲

爲報仇니眞義士也라吾謹避之耳라

조양자가 지백을 죽여서 그 머리에 칠해서 술 그릇을 하더니 지백을 위해 신하 예양이 원수를 갚고 져 해서 이에 거짓 형벌 사람이 되어서 비수(칼)을 끼고 양자의 궁중에 들어가서 변소를 소제하거 늘 좌우가 죽이고져 한데 양자가 말하기를 지백이 죽고 뒤가 없거늘 이 사람이 그를 위해서 원수를

갚고져 하니 참 의리 있는 선비라 내가 삼가 피할 것이니라

(集解) 襄子 名無恤 智伯 名瑤 皆晉大夫 飲器 韋昭 云飲酒之具 晉灼 云溲溺 奴吊之器 呂氏春秋 云漆

智伯頭 爲溲杯 未詳孰是 刑人 有罪被刑而執賤役者 匕首 短劒也 其首 類匕 (增註)塗厠 謂以泥

厠之墻壁

襄이 又漆身爲癩하고 呑炭爲啞 倚下하여 行乞於市 하니 其妻는 不識

也러로 其友ㅣ識之하여 爲之泣曰以子之才르 臣事趙孟이면 必得

近幸이니 子ㅣ乃爲所欲爲ㅣ어든 顧不易邪아 何乃自苦如此오 襄이

曰委質爲臣이오 而求殺之면 是는 二心也라 吾所以爲此者는

將以愧天下後世之爲人臣而懷二心者也라하노라

양이 또 몸에 칠해서 문둥이가 되고 숯을 먹고 벙어리가 되어서 다니며 시내에 걸식을 하니 그

아내는 알지 못하더라 그 벗이 알아서 위해서 울며 말하기를 써 자네의 재주로써 신하질 해서 조맹을

섬기면 반드시 가깝고 총행을 얻을 것이니 자네가 이에 하고져 한바를 쫓고 신가가 되어서 죽이기를

가어찌 이에 스스로 괴롭기를 이같이 하는고 양이 말하기를 무릎을 꿇고 신하가 되어서 죽이기를

구하면 이는 두가지 마음이라 내가 이렇게 하는 것은 장차 써 천하 후세의 남의 신하가 되어서 두

마음을 품는 자를 부끄럽게 하노라

(集說)陳氏曰爲癩 爲啞 而行乞 欲人不識 得以殺襄子也 趙孟 卽襄子 顧 猶反也 爲所欲爲 謂欲殺襄

子 以報主仇也 委質 猶屈膝也

●後에 又伏於橋下하여 欲殺襄子어늘 襄子ㅣ殺之하니

뒤에 또 다리 아래 엎드려서 양자를 죽이고져 하거늘 양자가 잡아 죽였느니라

(集解) 胡氏曰君子 爲名譽而爲善 則其善 必不誠 人臣 爲利祿而效忠 則其忠 必不盡 使智伯 有後而讓

也 爲之報仇 其心 未可知也 智伯 無後矣 而讓也 不忘國士之遇 以死許之 而其志愈篤 則無所爲而爲

之者ㅣ 眞可謂義士矣라 然이나 襄子ㅣ知其如此而殺之하니 何以爲人臣之勸哉리오

○王孫賈ㅣ事齊閔王하다 王이 出走ㅣ어늘 賈ㅣ失王之處ㅣ러니 其
母ㅣ曰女同(汝下)ㅣ朝去而晩來則吾ㅣ倚閭而望하고 女ㅣ暮出而
不還則吾ㅣ倚閭而望이러니 女ㅣ今事王하다 王이出走ㅣ커시늘 女ㅣ不
知其處ㅣ하니 女尙何歸오

●왕손가가 제나라 민왕을 섬기다가 왕이 나가서 달아나거늘 왕손가가 왕의 간 곳을 잃었더니 그 어머니가 말하기를 네가 아침에 가서 늦게 오면 내가 문에 기대여 바라고 네가 저물어 나가 돌아오지 아니한면 내가 거리에 나가 바래더니 이제 임금을 섬기다가 임금이 나가 달아났거늘 대가 그 간 곳을 알지 못하니 너는 오히려 어찌 돌아오는고 하거늘

(集解)王孫姓 賈名 齊大夫 閔王 名地 燕將 樂毅 破齊 閔王走莒 門 謂家之門 閭 謂巷之門 母謂賈曰汝當往報其仇

王孫賈ㅣ乃入市中하여 曰淖齒ㅣ亂齊國하여 殺閔王하니 欲與我
誅齒者는 袒하라한대 市人從之者ㅣ四百人이어늘 與誅淖齒하여 刺
而殺之라

●왕손가가 이에 저자 가운데 들어가서 말하기를 펼치가 제나라에 난리를 일으켜 민왕을 죽였으니 나와 더불어 뇨치를 죽이고져 하는 자는 오른편 어깨를 걷으라 한대 저자 가운데 사람이 따른자가 사백 사람이어늘 더불어 뇨치를 죽여 질러 죽였느니라

(集解)淖姓 齒名 楚人 爲齊相 因亂而殺閔王

○曰季使(시)ㅣ過冀새할새 見郤缺이 耨커늘 其妻ㅣ饁之러늘 敬하여 相
侍如賓이어늘 與之歸하여 言諸文公曰敬은 德之聚也니 能敬이면 必

○有德이라 德以治民하나 君이 請用之하소서 臣은 聞니 出門如賓며 承事

●구계가 심부을 가는 길에 기땅을 지나갈새 극결이란 사람이 밭을 갈거늘 그의 아내가 점심을 가져와서 대접 함을 본대 공경 해서 서로 대접하기를 손님 같이 하거늘 구계가 데리고 돌아와서 문공에게 사뢰여 말하기를 공경이란 것은 덕의 모임이니 능히 공경하면 반드시 덕이 있는 것이라 먹으로 백성을 다스릴 것이니 임금은 청하노니 이사람을 쓰소서 신하는 들었노니 문에 나가기를 손님질 하여

如祭는 仁之則(칙)也이라호 文公이 以爲下軍大夫하니

●제사 받드는 것 같이 함은 어짐의 법칙이라 합니다 문공이 써

하군대부를 명하니라

(集說)陳氏曰 臼季 晋大夫 名諝臣 晋君 名重耳 冀 邑名 缺 郤缺也 耘苗曰耔 野饋曰餉 人能敬則 心存 心存則理得故 德之聚也 可以安百姓故 曰德以治民 出門如賓 承事如祭 敬也 敬以持己 則私意無所容 而心德全矣 故 曰仁之則也

○公父文伯之母는 季康子之從祖叔母也니 康子ㅣ往

焉이늘 闔門而與之言고 皆不踰閾(去聲)러대 仲尼聞之하시 以爲別

於男女之禮矣니라

●공보문백의 어머니는 계강자의 종조숙모라 강자가 가면 문을 열고 더불어 말하고 다 서로 가다 문지방을 넘지 아니한대 중니(공자의자)가 들으시고 써 남자와 여자의 예절에 분별을 위함이라 하시니라

(集解)公父文伯 魯大夫 名歜 昌六反其母 敬姜也 季康子 魯卿 名肥 闔 開也 闔 門限也 敬妻 以從祖母之尊 與從孫相見 而不踰閾 可謂能別矣 (正誤)從祖母 謂祖父昆弟之妻

○衛共(同恭)姜者는 衛世子共伯之妻也ㅣ라 共伯이 蚤死ㅣ어늘 共姜이 守義니러 父母ㅣ欲奪而嫁之를 共姜이 不許고 作柏舟之詩여하 以

●이

死自誓라하니

●위나라 공강이라는 자는 위나라 세자 공백의 아내라 공백이 일찍 죽었거늘 공강이 절개를 지키

더니 부모가 빼앗아서 시집을 보내고져 하거늘 공강이 허락하지 아니하고 백주라는 시를 지어 써

죽음으로써 스스로 맹세하니라

(集解)姜은 齊姓이라 嫁는 共伯故로 曰共姜이라 共伯은 名餘라

○蔡人妻는 宋人之女也ㅣ니 旣嫁而夫有惡疾이어늘 其母ㅣ將改

嫁之니러늘 女ㅣ曰夫之不幸이乃妾之不幸也ㅣ니奈何去之오리오適人

之道는 一與之醮면하야 終身不改ㅣ니하나 不幸遇惡疾나하 彼無大故

又不遣妾하니 何以得去ㅣ리오하고 終不聽하니라

채가 사람의 아내는 송가 사람의 딸이라 이미 시집 가서 가장이 악한 병이 있거늘 그 어머니가

장차 고쳐 시집 보낼려 하더니 딸이 말하기를 가장의 다행치 못함이 이것이 첩의 다행치 못함이

어찌 버리리오 남에게 시집가는 도리는 한번 더불어 초례를 치루면 몸이 마치도록 고치지 아니하

는 것이니 다행치 못하여 악한 병을 만났으나 저것이 큰 허물이 없고 또 첩을 보내지를 아니하

어찌써 가리오 하고 마침내 듣지 아니하니라

○萬章이 問曰象이 日以殺舜爲事ㅣ어늘 立爲天子則放之는 何

也고잇 孟子ㅣ曰封之也ㅣ어늘 或曰放焉이라하나니 仁人之於弟也에

不藏怒焉하며 不宿怨焉이오 親愛之而已矣라니

(集說)陳氏曰婦人自稱曰妾 酌而無酬酢曰醮 蓋婚禮 贊者三酌 婿婦而不酬酢也

만장이 물어 말하기를 상(순임금의 아우)이 날마다 순임금 죽이기로 일삼거늘 순임금이 써 천자

가 되어서 상을 그냥 방치함은 어찌 함이잇고 맹자가 대답해 말하기를 봉하였거늘 혹 말하기

는 방치함은 어찌 함이잇고 맹자가 대답해 말하기를 공후를 봉하였거늘 혹 말하기

를 방치 하였다 하니라 어지 사람이 그 아우에게 성남도 간직하지 아니하며 원망을 묵히지 아니
하고 친하고 사랑할 뿐이니라

(集說)朱子曰放 猶置也 置之於此 使不得去也 萬章 疑舜 何不誅之 孟子 言 舜實封之 而或者 誤以爲
放也 藏怒 謂藏匿其怒 宿怨 謂留蓄其怨

●伯夷叔齊는 孤竹君之二子也ㅣ라 父ㅣ 欲立叔齊러니 及父卒애
叔齊ㅣ 讓伯夷한대 伯夷曰父命也ㅣ라하고 遂逃去늘 叔齊ㅣ 亦不肯
立而逃之한대 國人이 立其中子ㅣ라하니

백이 숙제는 고죽군의 두 아들이라 아버지가 숙제를 세우고겨 하였더니 아버지가 죽은 뒤에 숙제
가 백이에게 사양한대 백이가 말하기를 아버지 명령이라 하고 드디어 도망가거늘 숙제가 또한 서기
를 즐기지 아니해서 도망을 간데 그 나라사람들이 그 다음 아들을 세웠느니라

(增註)孤竹 國名 (集解)朱子曰伯夷 以父命爲尊 叔齊 以天倫爲重 其遜國也 皆求所以合乎天理之正而
即乎人心之安矣

●虞芮之君이 相與爭田하여 久而不平이러니 乃相謂曰西伯은 仁
人也ㅣ라하고 盍往質焉이리요하고 乃相與朝周할새 入其境하니 則耕者ㅣ 讓
畔하며 行者ㅣ 讓路하며 入其邑하니 男女ㅣ 異路하고 斑白이 不提挈하며 入
其朝하니 士ㅣ 讓爲大夫하고 大夫ㅣ 讓爲卿이어늘 二國之君이 感而相
謂曰我等은 小人이라 不可以履君子之庭이라하고 乃相讓하여 以其所
爭田으로 爲閒田而退하니 天下ㅣ 聞而歸之者ㅣ 四十餘國이러라

우 나라와 예 나라 임금이 서로 더불어 밭(국경)을 다투어서 오랫동안 평정을 못하였더니 이에

○曾子ㅣ曰以能으로問於不能하며以多로問於寡하며有若無하며實若虛하며犯而不校를昔者에吾友ㅣ嘗從事於斯矣러니

증자 말하기를 능함으로써 능하지 못한데 물으며 많은것으로써 적은데 물으며 있어도 없는것 같이 하며 차도 빈것 같이 하며 친범하여도 교제하지 아니함을 이전에 우리 벗이 일찍기 이것에 종사하였느니라

(集說)朱子曰校는計校也ㅣ오 友는馬氏以爲顏淵이라하니 是也ㅣ라 顏子之心이 惟知義理之無窮하고 不見物我之有間이라 故能如此

孔子ㅣ曰晏平仲은善與人交ㅣ로다 久而敬之온여

공자 말하기를 안평중은 착하게 사람을 더불어 사괴이도다 오래도록 공경을 하는도다

(集說)朱子曰晏平仲은齊大夫ㅣ니 名嬰이라 程子曰人交久則敬衰어늘 久而能敬이 所以爲善이니라

●右는明倫이라

오른쪽은 인륜을 밝힌것이라

○子游ㅣ爲武城宰ㅣ러니子ㅣ曰女(汝)ㅣ得人焉爾乎아曰有澹臺

孟子ㅣ曰伯夷는目不視惡色하며耳不聽滛聲하더니라

맹자 말하기를 백이는 눈으로 악한 빛을 보지 아니하며 귀로 악한 소리를 듣지 아니 하더니라

(增註)惡色은非禮之色이오 惡聲은非禮之聲이라

서로 일러 말하기를 서백(주나라문왕)은 어진 사람이라 어찌 가서 바루지 아니하리요 하고 이에서 로 더불어 주나라에 조공할새 그의 경계 안에 들어가니 곧 밭 가는 자는 밭 이랑을 사양하고 길 가 는 자는 길을 사양하며 그의 고을(서울)에 들어가니 남자와 여자가 걷는 길을 다르게 사양하고 머 리가 짐지고 끌지아니 하며 그의 조정에 들어가니 선비가 대부 되기를 사양하고 대부(벼슬)가 공경(벼슬)이 되어 서로 일러 말하기를 소인이라 가히 군자의 뜰을 밟지 못할 것이라 하고 이에 감동이 되어 서로 사양해서 다투던 밭 을 써 묵는 밭을 하고서 물러가니 천하에 소문을 듣는 자가 사십여 나라더라

(集說)陳氏曰虞芮 皆國名 西伯은 周文王也 盍은 何不也 質은 正也 畔은 田界也

滅明者ㅣ하니 行不由徑하며 非公事ㅣ어든 未嘗至於偃之室也ㅣ니

●자유가 무성 고을 재(군수)가 되었더니 자유가 말하기를 네가 인재를 얻었는가 자유가 대답하기를 담대멸명이란 자가 있어서 다닐때 지름길로 다니지 아니하며 공무 일이 아니면 일즉 언(자유의 이름)의 집에 오지 아니하나이다

(集說)朱子曰游 孔子 弟子 姓言 名偃 武城 魯下邑 澹臺 姓 滅明 名 字 子羽 徑 路之小而捷者 公事 如飲射讀法之類 不由徑則動必以正 而無見小欲速之意 可知 非公事 不見邑宰 則其有以自守 而無枉己 徇人之私 可見矣

○高柴ㅣ 自見孔子로 足不履影하며 啓蟄不殺하며 方長不折하니라

●고시가 공자를 뵈온 뒤로 부터 발로 사람의 그림자를 밟지 아니하며 갓난 동물을 죽이지 아니하며 잘 자라는 풀을 꺽지 아니하더니 위첩의 난리에 달아나 갈려 하다가 문이 닫기였거늘 누가 말하기를 이곳에 지름길이 있다 하거늘 자고(이름)가 말하기를 내가 들으니 군자는 지름길로 가지 아니하니라 또 말하기를 이곳에 구멍이 있다 한대 자고가 말하기를 내가 들으니 군자가 구멍으로 다니지 아니하니라 조금 있더니 심부름 하는자가 와서 문이 열리어서 나갔느니라

(集解)不履影謂 與人同行 不踐其影也 啓蟄 蟄虫初出也 方長 草木初生也 竇 孔隙也 有閒 少頃也 未若有寇盜患難 如何守此 以殘其軀 觀聖人 微服過宋 可見矣 (增註)輒衛 君名 難 謂輒 以兵父時也

衛輒之亂에 出而門閉어늘 或曰此에 有徑이라한대 子羔ㅣ曰吾는 聞之호니 君子ㅣ 不徑이라하고 曰此에 有竇ㅣ라한대 子羔ㅣ曰吾는 聞之호니 君子ㅣ 不竇ㅣ라하니라 有閒고 使者至하야 門啓而出하니라

○南容이 三復白圭ㅣ어늘 孔子ㅣ 以其兄之子로 妻之하시다

●남용이 하루에 백규 시를 세번 외운대(시에 말하기를 흰 구슬에 흠은 오히려 가히 갈아서 없앨수 있거늘 이 말(言)에 허물은 갈아 없앨수 없다) 공자가 그 형의 딸로써 질서를 삼았느니라

(集說)朱子曰南容은 孔子ㅣ 弟子니 居南宮 名縚 又名适 字子容 諡敬叔 詩는 大雅抑之篇 曰白圭之玷은 尙可磨어니와 斯言之玷은 不可爲也오 南容이 一日三復此言 事見家語 蓋深有意於謹言也 此 邦有道에 所以不廢며 邦無道에 所以免禍 故로 孔子ㅣ 以兄子妻之시다

○子路ㅣ無宿諾이러라

●자로는 허락을 잠 자게함이 없느니라

(集說)朱子曰宿은 留也ㅣ니 猶宿怨之宿이라 急於踐言하여 不留其諾也ㅣ라

○孔子ㅣ曰衣敝(去聲)縕(慍)袍(여)하 與衣狐貉者로 立而不恥者는 其由也與(平聲뎌)

●공자 말하기를 떨어진 솜 옷을 입고 여호낙타 옷 입은 자로 더부러 서서 부끄러워 하지 아니하는 자는 그 유(자로)일진저

(集說)朱子曰敝는 壞也오 縕은 枲(音洗)니 麻也(著音宁)오 袍는 衣有著者也니 蓋衣之賤者오 孤貉은 以狐貉之皮로 爲裘니 衣之貴者오 子路之志ㅣ 如此則能不以貧窶로 動其心 而可以進於道矣라 故로 夫子稱之시니라

○鄭子藏이 出奔宋이러니 好聚鷸(휼)冠늘 鄭伯이 聞而惡(去聲)之여 使盜殺之君子ㅣ曰服之不衷(中은)이 身之灾也ㅣ라 詩에 曰彼己(記)之子ㅣ 不稱其服이라하니 子藏之服이 不稱也夫뎌

●정자장어 나가 송나라로 달아 났더니 취휼 갓을 좋아하거늘 정백이 듣고서 미워해서 도적을 시켜 죽인대 군자가 말하기를 옷이 분의에 맞지 아니함은 몸의 재앙이라 시에 말하기를 저분에 맞지 아니하니 자장의 옷이 분의에 맞지 아니 했도다

(集解)夷는 中也

(集說)陳氏曰子藏은 鄭伯之子ㅣ 鷸은 翠鳥라 聚鷸冠者는 聚其羽以爲冠也라 詩는 曹風 侯人之篇 己는 詩作其記 語辭

○公父文伯(甫)이 退朝(하)여 朝其母새할 其母ㅣ 方績이러니 文伯이 曰以

●歜（혼）昌六反

之家而主ᅵ猶績乎ᅵ잇가其母ᅵ嘆曰魯其亡乎저使僮

子ᅵ備官而未之聞耶여온

●공보문백이 임금에게 조회하고 물러와서 그 어머니를 뵈올새 그의 어머니가 마침 베를 짜거늘 문백이 말하기를 歜(문백의 이름)의 집 주장으로서 베를 짜십니까 한대 그의 어머니가 탄식하며 말하기를 노나라가 그 망할찌로다 종의 자식으로 하여금 벼슬을 갖춤을 듣지 못하였노라

(集說)陳氏曰其母ᅵ即敬姜也ᅵ라 績緝麻也ᅵ오 歜文伯名이오 主主母也ᅵ라 僮子目文伯이니 國將亡則任非人이라 文伯이 富貴而驕故로 敬姜이 深嘆之也ᅵ라

居라하吾ᅵ語女호리라民이勞則思하나니思則善心이生하고逸則淫하나니

滛則忘善하고忘善則惡心이生하나니沃土之民이不材는滛也오瘠

土之民이莫不嚮義는勞也ᅵ라

앉으라 내가 너희에게 말을 하리라 백성이 괴로우면 생각을 하나니 생각을 하면 착한 마음이 나고 편안하면 음탕하나니 음탕하면 착함을 잊어 버리고 착함을 잊어 버리면 악한 마음이 나느니라 살찐 농토에 사는 백성이 재목이 못됨은 음탕함이요 파리한 농토에 백성이 의리에 행하지 아니하는 사람이 없음은 수고로운 때문이니라

(集說)吳氏曰居語女者는止而與之語也ᅵ니라 勞勤勞也ᅵ오 逸安逸也ᅵ라 沃肥饒也ᅵ오 瘠瘦薄也ᅵ라

是故로王后ᅵ親織玄紞（담）丁坎反하시고公侯之夫人이如以紘綖宏綖

卿之內子ᅵ爲大帶하고命婦ᅵ成祭服하고列士之妻ᅵ加之以

朝服하고自庶士以下ᅵ皆衣其夫하나니社而賦事하며烝而獻功하여

男女效績이어든愆則有辟關이하니古之制也ᅵ라

이런고로 왕후가 친히 검은 갓 끈을 짜고 공후의 부인이 갓의 싸개를 짜고 사대부의 아내가 제복을 짜고 서민의 아내가 조복을 써 짜고 공경대부의 아내가 그 배정해 맡은 일 공적을 들여서 남녀가 공적을 비교해서 이기면 벌이 없는것이 예전의 제도이니라

吾ㅣ冀而朝夕修我曰必無廢先人이라하더니爾今日胡不自安

내가 바라기를 네가 아침 저녁으로 나를 경계함 말하기를 반드시 선인을 폐함이 없느니라 하더니 네가 이제 말하기를 스스로 편케 아니하는고 하니

(集解)玄은黑色이오紞은冠之垂於前後者오古者앤王后ㅣ親織以奉于王絃綖하고比옌王后ㅣ又加此二者焉하니라

比王后ㅣ又加此二者焉하며縞帶也오卿之妻는大夫之妻也며緁帶也오自大夫以下則自織也니라親織以奉于王紞綖하며增是帶焉하니라命婦大夫之妻는不獨成其祭며大夫之妻ㅣ祭

服玄衣하고又加以朝服焉하고蓋大夫之妻는庶士下士也라自卿至於庶人之妻則莫不紡織績紞以供其夫所衣之服焉이라

者는紞之上覆者오諸侯夫人은緌綖之無者며列士元士也오元士之妻는不獨成其祭며至若春日烝祭之時則各獻其穀粟布帛之功績이라功은事也며慇은過也오辟은罪也며男女

以是로承君之官이면予懼穆伯之絶嗣也라하노

이로써 임금의 벼슬을 받들면 내가 목백의 사손 끊어짐을 두려워 하노라

(集說)吳氏曰冀는欲也오修는猶飾也며廢는猶墜也며先人은謂穆伯文伯之父也며君은魯君也며敬姜은以爲居位而苟求安逸은敗亡之道也라故로歷陳古制하야以告其子하고而復言此以責之하니其警之也深矣

●孔子ㅣ曰賢哉라回也여ㅣ一簞食와一瓢飮으로在陋巷을人不堪其憂를回也不改其樂하니賢哉라回也여ㅣ

공자 말하기를 어지다 회여 한 소구리의 밥과 한 표주박의 마심으로 좁은 시골에 있음을 다른 사람은 그 근심을 감당하지 못하거늘 회는 그 즐거움을 고치지 아니하니 어지다 회여 회의 가난함이 이같이 하되 처하기를 태연히 하여 써 그 즐거움을 해하지

(集說)朱子曰回는姓顏이오字子淵이니孔子弟子라簞은竹器라食는飯也오瓢는瓠也라顏子之貧이如此而處之泰然하야不以害其樂故로夫子再言賢哉回也하야以深嘆美之

右는 敬身이라

오른쪽은 몸을 공경함이라

● 衛莊公이 娶于齊東宮得臣之妹하니 曰莊姜이라 美而無子니러 其

(按左傳戴嬀是陳女 厲嬀之妹 此有關文)

● 위장공이 제나라 동궁 득신의 여동생에게 장가가니 말하기를 장강이라 아름답고 자식이 없었더

娣戴-嬀-生桓公을

니 그여형 대귀가 환공을 낳았거늘 장강이 써 아들을 하였느니라

(集說)陳氏曰莊公 衛君 名揚 諡曰莊 東宮 太子宮 得臣 太子名 姜 齊姓 嬀 陳姓 莊 戴 皆諡也니 娣

女弟之從法嫁者 桓公 名完

● 公子州吁는 嬖人之子也-라 有寵以好聲兵-어늘 公이 弗禁니하 莊姜

● 공자 주우는 사랑하는 첩의 자식이라 사랑함이 있어서 써 싸우기를 좋아 하거늘 공이 금하지 아

이 惡(去聲)之라하더

니하니 장강이 미워 하더라

(集說)陳氏曰莊公 幸妾也라

● 石碏(鵲)이 諫曰臣은 聞愛子되 敎之以義方하여 弗納於邪니 驕奢

● 석작이 간해 말하기를 신하는 들으니 자식을 사랑하되 가르치기를 옳은

淫迭(逸)이 所自邪也-라 四者謹來는 寵祿이 過也-니다

방향으로써 해서 부정한데 들어가지 아니하게 하는 것이니 교만하고 사치하고 음탕하고 평안함이 부정함으로 부터 하는

(集解)石碏 衛大夫 義方 爲義之方也 納入也 邪者 惡逆之謂

바라네 가지를 삼가히 지내면 사랑과 복록이 많으니라

夫寵而不驕하며 驕而能降(강)하며 降而不憾하며 憾而能胗(軫)者-鮮

上聲

●矢니이다

(集說)吳氏曰寵 愛也 憸 恨也 睥 重也 鮮 少也 言 得君寵 要而不驕 矜己驕而能自降其心 強降其心 而不憸恨 有憸恨之心而能自重其身 能如是者 少矣

대저 사랑을 해서도 교만 하지 아니하며 교만 해서도 능히 낮추며 낮추어서도 원한 하지 아니하며 원한 해서도 진중 하는 자가 드무니라

且夫賤妨貴하며少陵長하며遠閒親하며新閒舊하며小加大하며淫破

義는所謂六逆也오君義臣行하며父慈子孝하며兄愛弟敬은所謂

또 대저 천한 이가 귀한 이를 방해하며 젊은 이가 어른을 업신 여기며 먼이가 친한 이를 이간하며 새것이 옛것을 이간하며 적은 이가 큰데 더하며 음탕한 이가 정의를 깨운 이르는 바 여섯 가지 거스리는 것이요 임금은 의리로 하며 신하는 실행하며 아비는 자애하고 자식은 효도하며 형은 우애하고 아우는 공경함은 이르는 바여섯 가지 순함이니라

六順也ㅣ니다

(集說)吳氏曰妨害也陵犯也閒離也破壞也

去順效逆이所以速禍也ㅣ니君人者ㅣ將禍를是務去ㅣ어而速

之하시니無乃不可乎가잇

●순함을 버리고 거스림을 본 받는 것이 써 재앙을 부르게 하는 바니 남의 임금 된 자가 장차 재앙을 버릴 것이늘 도로 부로게 하니 이에 옳지 아니함이 없는가

(集說)吳氏曰順 即六順 逆 即六逆 速召也 莊公溺愛嬖人之子 使恃寵弄兵而弗之禁 是 去順而效逆也 豈非速禍之明驗乎

○劉康公成肅公會晉侯伐秦하니러成子ㅣ受脤于社되不

敬늘이어劉子ㅣ曰吾ㅣ聞之하니民이受天地之中여하以生니하所謂命

유강공과 성숙공이 진후로 더불어 진을 치러 성자ㅣ脤을 社에 받되 敬 하지 아니하늘 유자ㅣ가로대 내ㅣ 들으니 백성이 천지의 중을 받아 써 나니 이른 바 命

●是以로 有動作禮儀威儀之則(칙)하니 以定命也ㅣ라 能者는 養
之以福하고 不能者는 敗以取禍하나니라

也ㅣ라

유강공과 성숙공이 진(晋)후와 모여서 진(秦)나라를 치더니 성자가 사직 제사에 음복을 받으며 공경하지 아니 하거늘 유자가 말하기를 내가 들으니 백성이 하늘과 땅 가운데의 기운을 받아서 사니 이른바 명이라 이로 써 동작과 예의와 위의의 법칙이 써 있으니 정한 명이라 능한 자는 기르기를 써 복으로 하고 능하지 못한 자는 패해서 써 재화를 취하느니라

(集說)吳氏曰劉成 皆邑名 康蕭 皆諡 晋屬公 晋侯 名州蒲脈 祭祀之肉 盛以派 器姑 曰脈 凡出兵則宜祭名

(集解)眞氏曰劉子所言之中 卽成湯降衷之衷 是謂天命之性也 人之動作禮儀威儀 非可以強爲也 天地有自然之 而人得之以生 故 動作禮儀威儀 皆有自然之則 過之 非中也 不及 亦非中也 動作以身言 禮儀 以理言 威儀 以著於外者言 能循其則者 順其天地之命也 故 曰養之以福 不能循其則者 逆天地之命者也 故 曰敗以取禍然 所謂能不能者 亦曰敬與不敬而已矣 (增註)天地之理 人得之以生 所謂在天爲命 在人爲性者也 動作禮儀威儀 各有當然之則 聖人 所以定其性 而使弗失也

●是故로 君子는 勤禮하고 小人은 盡力하나니 勤禮는 莫如敦敬이오 盡力은
莫如敦篤이니 敬在養神오이 篤在守業이라하니 國之大事ㅣ在祀與戎
니 祀有執膰(번)하며 戎有受脤이 神之大節也ㅣ어늘 今成子ㅣ惰하니
棄其命矣라 其不反乎ㅣ저

이런고로 군자는 예에 부지런 한 것은 소인은 힘을 다하나니 예에 부지런 한 것은 돈독히 공경하는 것만 같음이 없고 힘을 다하는 것은 돈독한 것만 같음이 없느니라 공경은 귀신 봉양하는데 있고 돈독은 지키는데 있나니 나라의 큰 일이 제사와 다못 군사에 있는 것이니 제사에 음복이 있으며 군사에 음복을 받음이 있는 것이 귀신의 큰 절차거늘 이제 성자가 게으르니 그 돌아오지 못할 진저 그 복숨을 버림이라

(集說)陳氏曰君子 小人 以位言之 敦篤 亦敬也 膰 祭肉 執膰 受脤 皆交神之大節 惰 謂受脤不敬 君

子勤禮以奉祀 小人 盡力以務農 皆養之以福者也 成子 以君子而受 不敬 有取禍之道 故劉子 逆知其

不反 其後 果卒于瑕 (集解)眞氏曰夫敬之一言 堯舜禹湯 文武以來 傳心之要法 春秋之世 去聖人未

遠 名卿賢大夫猶有聞焉 故 呂成公曰劉子之言 乃三代 老師宿儒傳道之淵源 信矣夫

○衛侯ㅣ在楚ㅣ러니 北宮文子ㅣ見令尹圍之威儀ᄒᆞ고 言於衛侯

曰令尹이 其將不免이러라 詩云敬愼威儀ㅣ라 維民之則(측)이라ᄒᆞ니 令

尹이無威儀ᄒᆞ니 民無則焉이라 民所不則이오 以在民上ᄒᆞ니 不可以

終이니

●위후가 초나라에 있더니 북궁 문자가 영윤위의 위의를 보고 위후에게 말하기를 영윤이 장차 면하지 못할찌로다 시에 이르기를 공경하고 삼가고 위의 함이 오직 백성의 법이라 하니 영윤이 위의 가 업스니 백성이 법받을 수 업느니라 백성이 법받을 수 업고 써 백성의 위에 있으니 가히 써 마치지 못할 것이니라

(集說)吳氏曰衛侯 襄公 名惡 文子 衛大夫 名佗 北宮 其性也 令尹 楚上卿 執政者 名圍 謂免於禍 詩 大雅抑之篇 則 法也 不可以終 言不可以善保其終也

公曰善哉라 何謂威儀오 對曰有威而可畏를 謂之威오 有儀

而可象을 謂之儀니 君이 有君之威儀면ᄒᆞ야 其臣이 畏而愛之ᄒᆞ며 則

而象之故로 能有其國家ᄒᆞ야 令聞이 長世ᄒᆞ고 臣이 有臣之威儀면ᄒᆞ야

其下ㅣ 畏而愛之故로 能守其官職ᄒᆞ야 保族宜家ᄒᆞ나니 順是以

下ㅣ 皆如是라 是以로 上下ㅣ 能相固也ㅣ니라

●공이 말하기를 착하다 무엇을 위의라고 이르는고 대답해 말하기를 위풍이 있어서 가히 두려운 것

을 위엄이라 이르고 거동이 있어서 가히 법받을 만 함을 이르기를 거동이니 임금이 임금의 위의 가 있으면 그 신하가 두려워 해서 사랑하며 법해서 법받는 고로 능히 그 국가를 두어서 어진 소문이 세상에 들리고 신하가 신하의 위의가 있으면 그 아래가 두려워서 사랑하는 고로 능히 그 관직을 지켜서 종족을 보전 하고 가정을 마땅하게 하나니 이를 순하게 해서 써 아래가 다 이같은지라 이로 써 상가 능하 서로 군어 지나니다

(集說)吳氏曰此 衛侯問而文子答也 令聞長世 謂善名 久垂於世也 是 指君臣而言 皆如是 謂皆有威儀 也固 安固也 此 言君臣之有威儀而其効 如此

衛詩에 威儀棣棣라 不可選也ㅣ니라 言君臣上下父子兄弟內

● 위나라 시에 말하기를 위의가 체체한 지라 가히 가리지 못한다 하니 임금과 신하와 위와 아래와 아버지와 자식과 형과 아우와 안과 밖과 크고 작은 것이 다 위의가 있음을 말함이니라

外大小ㅣ皆有威儀也ㅣ니다

(集解)詩 風 柏舟之篇 棣棣 富而閑習之貌 選 簡擇也 言威儀無一不善 不可得而簡擇取舍也 (增註)此 蓋借引 以爲人皆不可無威儀耳

周詩에 曰朋友攸攝을 攝以威儀니라 言朋友之道ㅣ必相教訓

주나라 시에 말하기를 벗과 벗은 간섭하는 것이니 간섭 하기를 위의로써 한다 하니라 벗과 벗의 도리가 반드시 서로 가르치고 훈계 하기를 위의로써 함을 말한 것이니라

以威儀也ㅣ니

(集解)詩 大雅 既醉之篇 攝 檢也

● 故로 君子는 在位可畏며 施舍可愛며 進退可度며 周旋可則(칙)

容止可觀며 作事可法며 德行(去聲)可象며 聲氣可樂(洛)며 動作有

文며 言語有章여 以臨其下ㅣ라 謂之有威儀也ㅣ니다

하며 용지가 가히 볼만하며 일하기를 가히 법하며 덕행이 가히 형상하며 성기가 가히 즐거우며 동작이 문이 있으며 언어가 장이 있어 써 그 아래에 임한지라 이를 일러 위의가 있다 하나니라

●이런고로 군자는 직위에 있음에 가히 두려우며 일하고 놀때 가히 사랑스러우며 나아들고 물러감

에 가히 법도가 되며 주선함에 가히 법칙이 되며 용모동지가 가히 볼만하며 일하는 것이 가히 법

이 되며 덕행이 가히 형상 할만 하며 소리기운이 가히 즐거우며 동작이 예문이 있으며 말과 말이

문체가 있어서 써 그 아래 찌느는지라 이르기를 위의가 있다고 하느니라

(集解)施用也라 舍不用也 度法度也 眞氏曰自古之論威儀者 未有若文子之備也 蓋威 非徒事嚴猛而已

正衣冠尊瞻視儼然人望而畏之 夫是之威儀也儀 非徒事容飾而已 動容周旋 無不中禮 夫是之謂儀也

當是時 令尹圍專楚國之政 有簒奪之心 形諸威儀 必有償偪于上者 故 文子見而知其不終 未幾 果以簒

奪得國 是爲靈王 其後 亦復被弑而不能終也

●右는 通論이라

●오른쪽은 통해서 의논한 것이라

原本小學集註卷之四 終

原本小學集証

下

原本小學集註卷之五

詩曰天生蒸民하시 有物有則이로다(칙) 民之秉彝라 好是懿德이라여늘 시에 말하기를 하늘이 모든 백성을 낳으시니 일이 있음에 법이 있는것이 떳떳함이라 백성의 잡은 떳떳함이라 이런고로 착한 행실을 들어 기록하여

孔子ㅣ 曰爲此詩者ㅣ 其知道乎뎌 故로 有物必有則이니 民之秉 彝也라 故로 好是懿德이라여 이 아름다운 덕을 좋아 한다 하였거늘 공자 말하기를 이 시를 지은 자가 그 도를 알진저 이런고로 일이 있으면 반드시 법칙이 있었으니 백성의 잡은 떳떳함이라 이런고로 이 아름다운 덕을 좋아한다 하시니 전기에 상고하며 보고 들은 것을 대여서 아름다운 말씀을 짓고

善行여하 爲小學外篇하노라 소학의 편을 지었노라

(集說)朱子曰詩 大雅 蒸民之篇 蒸 衆也物 事也 則 法也 彝 常也 懿 美也 有物 必有法 如有耳目則有聰明之德 有父子則有慈孝之心 是 民所秉執之常性也 故 人之情 無不好此懿德者 吳氏曰歷考前代之傳 記 承接近代之見聞 凡言之善者則述之 行之善者則紀之 而爲小學之外篇也

嘉言第五ㅣ라 아름다운 말씀에다섯째라

(集說)吳氏曰嘉言 善言也 此篇 述漢以來 賢者所言之善言 以廣立教 明倫敬身也 凡九十一章

外篇

橫渠張先生이 曰教小兒되하 先要安詳恭敬이여 今世에 學不講 이여하 男女ㅣ 從幼便(변) 驕惰壞了여하 到長益凶狠니하 只爲未嘗 爲子弟之事라ㅣ 則於其親에 己有物我여 不肯屈下여하 病根常

在여하 ●又隨所居而長하여至死只依舊ㄴ니

횡거장선생이 말하기를 어린 아회를 가르치를 먼저 안정하고 자세하고 공손하고 공경하는 것이 필요하니 지금 세상에 학문을 강습하지 아니하고 남여가 어릴때에 문득 교만하고 게으르고 무너트려 망처서 커서는 더욱 흉악하고 한악하나니 다뭇 부형을 위해서 일찍이 자식과 아우된 일을 즐기지 아니하지 아니할 뿐 아니라 곧 그 어버이에게도 이미 남이라 하여서 굴복하고 아래되기를 즐기지 아니해서 병통뿌리가 항상 있어서 또 사는데 따라서 죽음에 이르도록 예전을 의지 하느니라

(集說)吳氏曰橫渠 地名 在鳳翔郿縣 先生 名載 字子厚 安 謂安靜 詳 謂詳審 恭 謂恭莊 敬 謂敬畏 此四者 教童幼之所當先也 驕惰者 矜傲怠慢之謂 凶狠者 暴惡很戾之謂 親 謂父母也 物我 猶言彼此也 病根 即驕惰也

●爲子弟則不能安灑掃應對하고 接朋友則不能下朋友하고 有官長則不能下官長하고 爲宰相則不能下天下之賢이니

자식과 아우가 된즉 능히 물 뿌리고 쓸고 심부름하고 대답하기를 편히 여기지 아니하고 벗에 접촉한즉 능히 벗에게 아래 되지 아니하고 관장이 어른인즉 능히 관장에 아래되지 아니하고 재상이 된즉 능히 천하에 어진이에 아래 되지 아니 하느니라

(增註)安 謂安意爲之 下 謂屈己下之 此 冒病根 隨所居而長也

●甚則至於循私意하여義理都喪也니하나只爲병病根이不去여하

심하면 자기 뜻을 따라서 의지를 모두 잃어 버리는데 이르나니 다만 병뿌리가 버려지지 아니함을 위해서 살고

●隨所居接而長라이니

접촉하는 바를 따라서 길어지느니라

(集解)徇 以身從物之謂 (集成)葉氏曰後世 小學 既廢 父母 愛踰 於禮 恣之驕惰而莫爲禁止 病根既立 隨寓隨長 卒至盡失其良心 蓋有自來 學者 所當察其病源 力加克治 則舊習 日消 而道心 日長矣

○楊文公家訓에曰童稚之學은不止記誦이라養其良知良能하여

二

당以先入言으로 爲主ㅣ니

니이 當以先入言으로 爲主ㅣ니

能入也
幼也ㅣ 知思 未有所主 則當以格言至論 日陳於前 使盈耳充腹 久久安習 若固有之者 後雖有讒說搖惑 不

(集說)吳氏曰文公 名億 字大年 浦城人 良知者 本然之知 良能者 本然之能 愛親敬長 是也 程子曰人之

양문공 집 훈계에 말하기를 어린이의 학문은 긔록하고 외우는데 그칠것이 아니라 그의 타고난지

혜와 타고난 기능을 기를것이니 마땅히 먼저 들어 온 말로써 주장을 하느니라 程子ㅣ 曰人之

日記故事ㅣ여하 不拘今古하되 必先以孝弟忠信禮義廉恥等事ㅣ니

如黃香의 扇枕과 陸績의 懷橘과 叔敖의 陰德과 子路의 負米之

類를 只如俗說이면 便曉此道理니 久久成熟하면 德性이 若自然矣

라리

●날로 지난 일을 긔록해셔 이제와·녯 것을 구애치 아니하되 반드시 효도와 공경과 충성과 신의와 례문과 의리와 쳥렴과 부끄러히 하는 일로써 먼저 할 것이니 황향의

의 귤을 품는 것과 숙오의 숨은 덕과 자로의 쌀을 지는 종류 같은 것을 다만 풍속 말과 같이 하면

문득이 도리를 깨달을 것이니 오래고 오래되고 익어지면 덕 성품이 자연한것같으리라

●황향의 자는 문강이라 마음을 다하여 어버이를 봉양하되 더우면 벼개와 자리에 부채질하고 겨울이면 이부자리를 따스하도록 하였느니라 육적의 자는 공기니 나이 여섯 살때에 원술을 뵈온대 술이

굴을 내놓았거늘 육적이 세개를 품고 원술에게 절을 하다가 귤이 땅에 떨어지거늘 원술이 말

하기를 육낭이 손님이 되어서 귤을 품는가 하니 육적이 꿇어 앉아 대답하여 말하기를 돌아가

서 어머니에게 드리고저 한 것입니다 한대 원술이 크게 기뻐하더라 숙오는 초위ㅣ라 이름은 애니

어릴때에 나가서 놀다가 머리가 둘인 배암을 보고 죽이고 땅에 묻고 돌아와서 울거늘

그 우는 연고를 물으니 대답하기를 머리가 둘인 배암을 본자는 죽는다 하기에 내가 이제 봤으

니 어머니를 버리고 죽을까 두려워 합니다 한대 어머니가 말하기를 지금 어느 곳에 있는가 한대

숙오가 말하기를 다른 사람이 또 다시 볼까 두려워서 죽여서 땅에 묻었노라 한대 어머니가 말하기

를 내가 들으니 숨은 덕이 있는 자는 하늘이 복으로써 갚는다 하니 네가 죽지 아니할 것이다 하더니 커서 초나라 정승이 되었느니라 자로가 일찍 말하기를 옛적에 두 어버이를 섬김에 항상 나물죽을 먹고 어버이를 위하여 백리 밖에서 쌀을 지고 왔더니 어머니가 돌아가신 뒤에 초나라 대부가 되어서 따른 수레가 백승이요 쌓은 곡식이 일만종이요 돗자리를 여러겹 해서 앉고 솥을 진열하고 밥

(集說)吳氏曰故事 已往之事也 善事父母 爲孝 善事兄長 爲弟 盡己之謂忠 以實之謂信 禮者 天理之節文義者人心之裁制廉 卽辭讓之心 禮之發也 恥 卽羞惡之心 義之發也 黃香扇枕之類 卽孝弟等事也 德性謂仁義禮智之性 而爲本心之德者也 講說之熟 則德性 自然而成矣 ○德性雖得於天而成熟則在若自然矣 ○黃香 字文强 盡

心養親 暑則以身溫被 陸績 字公紀 年六歲見袁術 術出橘 績懷三枚 拜辭墮地 術曰陸郎作賓客懷橘乎 績跪答曰欲歸遺母 術大奇之 叔敖 薦委氏 名艾 爲兒時 出遊 見兩頭蛇 殺而埋之母問其故 對曰聞見兩頭蛇者死 嚮者見之 恐去母而死也 母曰蛇今安在 曰恐他人又見 殺而埋之矣 母曰吾聞 有陰德者 天報以福 汝不死也 及長 爲楚相 子路 嘗曰昔事二親 常食藜藿 爲親負米百里之外 親沒之後 爲楚大夫 從車百乘 積粟萬鍾 累茵而坐 列鼎而食 雖欲食藜藿 爲親負米 何可得也

○明道程先生이曰憂子弟之輕俊者는只教以經學念書오
不得令作文字라니子弟凡百玩好去聲ㅣ皆奪志하나니至於書札
於儒者事에最近然마는一向好著(착)下同(참)反直略이면則亦自喪去聲志라

안하 명도정선생이 말하기를 자제가 부경하고 준수함을 근심하는 자는 다만 가르치기를 써 글을 배우고 글을 생각하고 언어 문자를 짓지 못하게 할 것이니라 자제들이 범백가지에 구경하고 좋아하는 것이 모두 뜻을 빼앗느니라 글과 편지에 이르러서는 선비 일에 가장 가깝지마는 그러나 일향 저술하기만 좋아하면 또한 스스로 뜻을 잃어 버리느니라

(集說)陳氏曰明道先生 名顥 字伯淳 河南人 文潞公 題其墓曰明道先生 蓋少年之輕浮俊秀者 惟教以學經讀書 則可以收其放心 而於道 知所向 若使作文字 則心愈放而離道遠矣 奪志 謂奪其求道之志 書 習字簡札 固儒者之一事 荐專攻手此 亦喪其求道之志也

○伊川程先生이曰教人되未見意趣면必不樂(요)五教反學니이且

하되 이천정선생이 말하기를 사람을 가르치되 의취를 보지 못하면 반드시 즐기지 아니하니 또

教之歌舞ㅣ니 如古詩三百篇은 皆古人이 作之ㅣ하니 如關雎之類

는 正家之始라 故로 用之鄉人하며 用之邦國하여 日使人聞之하니 此

等詩ㅣ 其言이 簡奧하여 今人이 未易曉ㅣ니 別欲作詩하여 略言教童

子掃灑應對事長之節하여 令朝夕歌之하노니 似當有助ㅣ라

視必下等語ㅣ 皆古人教小兒之語也ㅣ라

●이천정선생이 말하기를 사람을 가르치되 의미와 취미를 보지 못하면 반드시 학문을 즐기지 아니하나니 또 노래와 춤을 가르칠 것이니라 옛시 삼백편은 다 예전 사람이 지은 것이니 관저(시편이름)의 종류 같은 것은 집을 바루는 처음이라 그런고로 시골 사람도 쓰며 나라 조정에도 써서 날로 사람으로 하여금 듣게 하니 이런시에 그같이 간략하고 지금 사람이 쉽게 깨닫지 못하면 별달리 이 시를 지어서 대략 어린 아이를 물뿌리고 쓸고 심부름하고 대답하고 어른 섬기는 절차를 말해서 하여금 아침과 저녁으로 노래 하도록 하는 것이 마땅히 도움이 있을 것 같으니라

○陳忠肅公이 曰幼學之士ㅣ 先要分別人品之上下ㅣ니 何者

ㅣ 是聖賢所爲之事ㅣ며 何者ㅣ 是下愚所爲之事여하야 向善背

惡여하 去彼取此ㅣ면 此ㅣ 幼學所當先也ㅣ니라

(集說)陳氏曰伊川은 地名이오 先生은 名頤오 字正叔이라 明道先生之弟ㅣ라 指趣는 指趣也ㅣ라 樂喜好也ㅣ라 關雎는 周南 國風 詩之首篇이라 關雎等詩를 爲教於閨門之內하여 乃正家之始라 故로 當時예 上下通用之하니 簡奧者는 辭簡約而意深奧也ㅣ라 以灑掃等事로 編爲韻語하여 令朝夕詠歌之하여 庶見意趣而好學矣라 朱子曰嘗疑曲禮예 衣母撥하며 足母蹶하며 將上堂에 聲必揚하며 將入戶에

진충숙공이 말하기를 어려서 배우는 선비가 먼저 사람의 품위가 위 되고 아래 됨을 분별하는 것이 중요함이 되니 어떤자가 성현이 하는 일이며 어떤자가 아래등의 어리석은 이의 하는 일인고 해서 착한대를 향하고 악한대는 등저서 저것을 버리고 이것을 취하는 것이 이것이 어려서 배우는 마땅히 먼저 할 바이니라

(集說)吳氏曰公 名瓘貫 字瑩中 號了翁 忠肅 諡也 延平人 言 所當向而者上品 聖賢也 所當背而去者
下品 下愚也

顏子孟子는 亞聖也라 學之雖未至나 亦可爲賢人이니 今學者ㅣ

●안자와 맹자는 다음가는 성인이라 배워서 비록 이르지 못하나 또한 가히 어진 사람은 될 것이니 이제 배우는 자가 만약 능히 이와 같은 줄 알면 안자와 맹자의 일을 나도 또한 가히 배우리라 하리라

若能知此則顏孟之事를 我亦可學이니

(增註)此下 言聖賢之事 當向而取也 亞次也 學之謂學顏孟

言溫而氣和則顏子之不遷을 漸可學矣오 過而能悔며 又不

●말이 온순해서 기운이 화하면 안자의 옳기지 아니함을 점차로 가히 배울 것이요 허물이 있음에 또한 가히 배울 것

憚改則顏子之不貳를 漸可學矣라

●능히 뉘우치며 또 고치기를 꺼리지 아니하면 안자의 두번 허물 짓지 아니함을 점차로 가히 배울 것이니라

(集說)朱子曰遷 移也 復 重也 貳 復也 怒於甲者 不移於乙 過於前者 不復於後

知埋甍之戲ㅣ 不如俎豆코 念慈母之愛ㅣ 至於三遷여하 自幼

●무덤 묻는 것과 장사군 파는 희롱이 조두(학궁에서 하는일)만 같지 못한줄 알고 자모의 사랑함 이 세번 이사 옮기는데 까지 이름을 생각해서 어릴때 부터 늙은데 이르기 까지 싫어 하지아 니하고 고치지 아니해서 마침과 처음이 한생각이면 나의 마음이 움직이지 아니함이 또한 가히 써

至老히 不厭不改여하 終始一憶則我之不動心이 亦可以如孟

子矣라리

(增註)埋 墓間之事 甍 市中之事 俎豆 學宮之事 此則三遷之敎也 不厭 謂學不倦 不改 謂守不變

若夫立志不高則其學이 皆常人之事라 語及顏孟則不敢
當也하여 其心에 必曰我爲孩童이어 豈敢學顏孟哉리오하니 此人은
不可以語上矣라니 先生長者니 見其卑下 豈肯與之語哉오리
先生長者-ㄴ 不肯與之語則其所與語-ㄴ 皆下等人也-라 言不
忠信이 下等人也오 行이 不篤敬이 下等人也오 過而不悔-ㄴ言
下等人也오 悔而不知改-ㄴ 下等人也니 過而不知悔하고 爲下
等之事-며 譬如坐於房舍之中하여 四面이 皆牆壁也니 雖欲開
明이나 不可得矣라니

만약 뜻을 세우기를 높이 아니하면 그 학식이 다 사람의 일이라 말이 안자와 맹자에 이르면 감히
당하지 못한다 해서 그 마음에 반드시 생각하기를 내가 어린 아회가 되었으니 어찌 감히 안자와 맹
자를 배우리니 이 사람은 위를 말하지 못할 것이라 선생님과 어른이 그 낮고 아래 됨을 보고
어찌 즐겨 더부러 말하리요 선생님과 어른이 더부러 말하려 즐겨하지 아니하면 그와 더부러 말
하는 바가 모두 아랫등 사람이라 말이 충성하고 신실하지 아니함이 아랫등 사람이요 행실이 돈독
하고 공경하지 아니함이 아랫등 사람이요 과실이 있어서도 후회 알지 못함이 아랫등 사람이요 후회 할줄 사람이
요후회하고서도 고칠줄 알지 못함이 아랫등 사람이니 아랫등 일을 하면 비
유하건데 방과 집 가운데 앉아서 빗면이다 담과 벽이니 비록 열어 밝히고저 하나 가히
얻지 못할것이니라

(增註) 此 言下愚之事 當昔而去也 下等之事 皆蔽塞人心之牆壁也 開而明之 在等志 以學聖
賢而已 (集解) 言僞而行薄 恥過而遂 非 所聞 所行 無一不歸於下愚之習 耳目壅塞 中心昏蔽 一物無所
見 一步不可行 欲求開明 何可得哉

○馬援의兄子嚴敦이並喜譏議而通輕俠俠客이러니 援이 在交
마원의 형의 아들 엄돈이 즐겨 희롱하고 의론 하기를 즐겨 경박하고 협객(호협한사람)까지

趾여還書誡之曰吾欲汝曹ㅣ 聞人過失고 如聞父母之名여
능통하더니 마원이 교지에 있어서 편지를 보내 경계해 말하기를 내가 너의 무리들이 사람의 허물을 듣고 부모의 이름 듣는 것 같이 하여 귀로 가히 얻어 들을찌 언정 입으로는 가히 얻어 말하지 아

耳可得聞이어 口不可得言也ㅣ라노
니하고저 하노라

(集說)吳氏曰馬援 字文淵 茂陵人 嚴 敦 援兄二子名 譏 諷 議 論 俠 謂以權力 俠輔人

好議論人長短며 妄是非政法이 此吾所大惡(오)聲去也ㅣ니 寧死
사람의 장단을 의론하기를 좋아 하며 망녕되이 정치 법령을 옳고 그르다 함이 이것을 내가 크게 미워하는 바니 차라리 죽을 지언정

언不願聞子孫이有此行也ㅣ라노
자손이 이같은 행실 있음을 듣기를 원하지 아니 하노라

(集解)好議論人長短 則招怨惡矣 妄是非政法 則犯憲章矣 寧死不欲聞此者 甚戒之之辭也

龍伯高는敦厚周愼하여口無擇言하며謙約節儉며廉公有威니吾
용백고는 독실 하고 주변 하고 삼가서 입에 가릴 말이 없으며 겸손하고 공약하고 절약하고 검 소하며 청염하고 공평되고 위엄하니 내가 사랑하고 소중히 여겨서

愛之重之여願汝曹效之라노
너희들이 본 받기를 원하노라

(集解)伯高 京兆人 敦厚 敦篤而重厚 也 周愼 周密而謹愼也 口無擇言 則口言無過矣 謙約節儉

杜季良은豪俠好義여憂人之憂며樂同人之樂여淸濁에無所
두계량은 호협하고 의를 좋아하여 사람의 근심을 근심하며 사람의 즐거움을 즐거워하여 청탁에

失여하야 父喪致客에 數郡이 畢至니 吾ㅣ 愛之重之어니와 不願汝曹效也하노라

두계량은 호협하고 의협을 좋아해서 남의 근심을 근심하며 남의 즐거움을 즐거워 해서 맑고 탁한 데에 실수함이 없어서 아버지의 초상에 오는 손님이 두어 군이 모두 이르니 내가 사랑해 여기고 소중히 여기거니와 너희들이 본받기를 원하지 아니하노라

(集說)吳氏曰季良 名保 人有憂 己亦爲之憂 人有樂 己亦爲之樂 不辨淸濁 待之皆所所失 故 父喪致客 而數郡畢至 此正通輕俠客之事 故 不欲其效之也

效伯高不得이라도 猶爲謹勅之士니 所謂刻鵠不成이라도 尙類鶩者也와어니와 效季良不得이면 陷爲天下輕薄子니 所謂畫虎不成이면 反類狗者也니라

백고를 본받아서 얻지 못하더라도 오히려 삼가고 신칙한 선비는 되니 이른바 따오새를 새기다가 이루지 못하여도 오히려 집오리의 종류 같은 것은 되거니와 계량을 본 받아 얻지 못하면 도리어 개 종류가 되느니라

(集解)謹 謂能檢 輕薄 謂不厚重 鵠鶩 皆烏而略相似 虎狗 皆獸而大不同 故 刻鵠類鶩 人猶不以爲非 畫虎類狗 則人爭笑而招辱矣 終篇 以此設喩 所以深警之也

○漢昭烈이 將終에 勅後主曰勿以惡小而爲之며 勿以善小而不爲라하니라

한나라 소열이 장차 죽음에 뒷 임금에게 경계해 말하기를 악한 것은 적다고 써 아니하지 말찌니라 착한 것은 적다고 써 아니하지 말며 착한

(集解)昭烈 漢帝 名備 字玄德 勅 戒也 後主 昭烈之子 名禪 勿以惡小而爲之 謂禍之所生 由於小 朱子曰善必積而後成 惡雖小而可懼 亦此意也

○諸葛武侯戒子書에 曰君子之行[去은聲]은 靜以修身이오 儉以養

德이니 非澹泊이면 無以明志오 非寧靜이면 無以致遠이니라

제갈무후가 자식을 경계하는 글에 말하기를 군자의 행실은 안정함으로써 몸을 닦을 것이요 검소

함으로써 덕을 기를 것이니 담박 함이 아니면 써 뜻을 밝힐수 없고 평안하고 고요함이 아니면 써

먼 것을 이룸이 없느니라

(集說)吳氏曰 武侯 名亮 字孔明 諸葛 其姓也 躬耕南陽 昭烈 三顧而後 起爲丞相 諡忠武 子 名瞻字

思遠 泊靜 謂安靜 儉 謂儉約 澹泊 卽儉也 寧靜 卽靜也 言靜心不逐於物 而何以修身 儉則心不汩於

欲 而可以德養 非澹泊則必昏昧而無以明其志也 非寧靜則必躁動而無以其遠也

夫學은 須靜也[오]오 才는 須學也ㅣ니 非學이면 無以廣才오 非靜이면 無以

成學이니 慆[滔]慢則不能研精이오 險躁則不能理性이니 年與時馳

● 意與歲去하여 遂成枯落하여 悲歎窮廬ㄴ들 將復[扶又反]何及也ㅣ리오

대저 학문은 반드시 안정한 것이요 재주는 반드시 배울 것이니 배우지 아니하면 써 재주를 넓히

지 못하고 안정함이 아니면 써 학문을 이룰수 없는 것이니 게으르면 능히 정밀함을 다루지 못하고

부족하면 능히 성품을 다스리지 못할 것이라 나이 시간을 더부러 달리며 의지가 세월로 더부러 가

서 드디어 고라멀어짐을 이루어 사슴이 궁한 집에서 탄식 한들 장차 다시 어찌 미치리오

(集說)吳氏曰須 猶欲也 泊慢 猶云怠慢也 知 究也 險繰 猶云躁妄也 理 治也 枯落 猶物之枯橋搖落也

言學須欲靜而才須欲學也 才 非學 則拘於氣質而才無以廣 學 非靜 則逐於物欲而學無以成怠慢則理之精

微不能研究 躁妄己之德性 不能理治 年與時俱馳 意與歲而俱性 遂與草木同枯落 而學無所成矣

雖悲歎 將復何及哉 眞氏曰孔明此書 眞格言也

○柳玭[변蒲眠이反] 嘗著書하여 戒其子弟曰 壞名災己며 辱先喪家

其失尤大者ㅣ 五니 宜深誌之라니[喪去聲]

●유변이가 일찍 글을 지어서 그 자제들에게 경계해 말하기를 이름을 무너트리며 자신을 재앙되게 하나니 선내를 욕보이며 자기를 망치는것이 그 더욱 큰 자가 다섯가지니 마땅히 깊이 기록할 것이니라

(集說)陳氏曰珖字直清 唐柳公綽之孫 仲郢之子 壞 敗也 誌 記也

其一은 自求安逸하며 靡甘澹泊하야 苟利於己든 不恤人言이라이니

그 첫째는 스스로 편하고 편하기를 구하며 담담하고 고요하기를 즐기지 아니하면 남의 말을 분별하지 말찌니라

(增註)此言不勤儉之失 靡 不也 恤 憂也

其二는 不知儒術하며 不悅古道하야 懵(몽 母總反)前經面不恥하고 論當世而解頤하야 身既寡知오 惡(去聲)人有學이라이니

그 둘째는 선비의 일을 알지 못하며 예전 도덕을 즐기지 아니해서 당세를 의논해서 입만 깨여서 자신은 이미 아는 것이 적고 남의 배움 있음을 미워하야 아니하고 부끄러하야

(增註)此言不好學之失 懵 無知貌 口旁也頤 人笑則口旁解 言其於前聖之經 無所知而不恥 於當世之事 妄議之為笑也

其三은 勝己者를 厭之하고 佞己者를 悅之하야 唯樂(去聲요)戲談하고 莫思古道하며 聞人之善嫉之하며 聞人之惡揚之하야 浸漬(칙)頗僻하야 銷刻德義하면 簪裾徒在인들 廁(사)何殊리오

그 셋째는 자기보다 나은 자를 싫어하고 자기에게 아첨하는 자를 즐겨서 오직 희롱하는 말을 즐기고 옛 도덕을 생각하지 아니 해서 남의 착함을 듣고 투기하며 남의 잘못을 듣고 파양해서 점점 짝지고 짝저서 독덕과 의리를 노려없애면 점잖은 갓과 점잖은 옷이 한갓 있은들 종과 종에 무엇이 다르리

(集說)陳氏曰 此言不好善之失 嫉妬也 頗僻 謂偏飽邪僻之行 浸漬 頗僻 漸尖染於惡也 銷刻德義

喪其善也

簪裾는 猶言衣冠이라 斯養은 謂奴僕이니 徒는 空也오 殊異也라

其四는 崇(去聲)好優游하며 耽嗜麴蘗(魚列反)하야 以啣盃로 爲高致하고 以勤事로 爲俗流하나니 習之易荒이라 覺已難悔라 하니라

●그 넷째는 즐겁게 놀기를 숭상하고 좋아 하며 술을 탐내고 즐겨서 술잔이 마심으로써 높은 풍치라 하고 집 일에 부지런함으로써 시속 하류라 하나니 경솔하고 거친데 습관이 됐는지라 생각이 이미 뉘우치기가 어려우니라

(增註) 此는 言好宴樂之失이라 崇은 尙也니 (集解) 優游는 閑逸自如之謂오 麴蘗은 酒也니 高致는 謂高尙之風致오 勤事는 勤於事業也니라 言好逸嗜酒하야 自以爲高하고 反鄙勤事者를 爲流俗이라 此心旣荒하야 雖知而不能悔也라

其五는 急於名宦하야 匿近權要하야 一資半級을 雖或得之도 衆怒羣猜하야 鮮有存者니라

●그 다섯째는 명예와 벼슬에 급해서 권력자와 요인들과 가까이 하고 붙치어서 한 자격과 반 등급을 비록 혹 얻더라도 모두가 성내고 모두가 시기해서 보존하는 자가 드물게 있느니라

(集說) 陳氏曰 此는 言好奔競之失이라 名宦은 顯仕也오 匿近은 陰附也라 權要는 有權而當要路者오 溪는 猶品也오 猜는 恨也라 鮮少也니 言雖或得官이라도 終必失之也라

余見名門右族이 莫不由祖先의 忠孝勤儉하야 以成立之하고 莫不由子孫의 頑率奢傲하야 以覆墜之하니 其成立之難은 如升天하고 其覆墜之易는 如燎毛라 言之痛心이니 爾宜刻骨이니라

●내가 이름난 문중 우족(귀족)을 보니 조상 선대에 충신하고 효도 하고 부지런 하고 검소 함을 말미암지 아니하고 써 성립하는 이가 없고 자손이 완악하고 탄솔하고 사치하고 거만 함을 말미암아 써 몸을 떨어 뜨리는 이가 없나니 성립하기가 어려움은 하늘에 오르는 것 같고 탕진과 떨어 뜨리기의 쉬움은 털을 불사르는 젓 같으니라 말을 함에 심장이 아프니 너희는 마땅히 뼈에 새길지니라

(集解) 右族 族之貴者 蓋古人 以右 爲尊也 夫忠孝勤儉者 先世成家之本 頑率奢傲者 後人敗家之由

天喩至難 燎毛喩至易 刻骨 欲其記之不忘也 (增註) 刻骨 猶言銘心

마땅히 뼈에 새겨 명심하라

○范魯公質이 爲宰相이러니 從(去聲)子杲를 嘗求奏遷秩이어늘 質이 作(稿ㅣ)

범노공 질이 정승이 되었더니 조카 호가 일찍이 편지를 내서 벼슬자리를 옮기기를 요구하거늘 질

詩曉之하니

이 시를 지어서 깨닫게 하였느니라

(集解) 質 字文素 大名人 周 平章事 事宋 封魯國公 從子 兄之子 杲 名也 遷秩 陞品也

其略曰戒爾學立身이하노 莫若先孝悌라 怡怡奉親長여하 不敢

그 대략 말하기를 너희 몸 세우는 학술을 경계 하노니 먼저 효도 하고 공경 하는 것만 같음이 없으니라 다시 공공(조심)해서 잠시라도 이것에 기필 할찌니라

(增註)孝悌者 立身 之本 是 指孝悌也

生驕易라 戰戰復兢兢하여 造(操)次必於是라하

교만과 만홀함을 내지 말아라 전전(조심)

(集解)怡怡 和悅也 驕 驕傲 易 慢易 戰戰 恐懼 兢兢 戒謹 造次 急遽苟且之時

戒爾學干祿이하노 莫若勤道藝라 嘗聞諸格言호니 學而優則仕

너희 관록 구하는 학술을 경계하노니 도리와 재주에 부지런한 것만 같음이 없느니라 자기를 알지 못한다고 근심하지 말것이요

不患人不知오 惟患學不至라하니라

(集解)道 謂當行之理 藝 則禮樂射御書數之法也 格言 至言 優 有餘力也 戒以當勤道藝 而不患人之不

知也

戒爾遠(去聲)恥辱니하노 恭則近乎禮라 自卑而尊人며하 先彼而後己

너희 부끄러움과 모욕 될을 멀리 하기를 경계하노니 공손하면 예의에 가까우니라 자신은 낮추고 남을 높이며 저사람을 먼저 하고 자신은 뒤에 할것이니 상서(시이름)와 다뭇 모저(시이름)에 마땅히 시하는 사람이 기동 함을 살필 것이니라

(集說)朱子曰恭은 致敬也오 禮는 節文也니 致恭而中其節 則能遠恥辱矣 陳氏曰自卑尊人 先彼後已 皆致恭之事也 相鼠 詩篇名 其辭曰相鼠有體 人而無禮 人而無禮 胡不遄死 茅鴟 逸詩也 二詩 皆刺無禮也 鑑 照也 刺 譏諷也

●相鼠與茅鴟(聲去)에 宜鑑詩人刺니라

戒爾勿放曠하노니 放曠이 非端士라 周孔이 垂名教시늘 齊梁이 尚

너희 방탕하고 허풍 시러움을 경계 하노니 방탕하고 허풍 시러움이 단정한 선비가 아니니라 주공과 공자가 명예와 교훈을 들였거늘 제나라와 양나라가 청허한 의논을 숭상 하더니 남조가 여덟 통달한 사람이라 하고 일컬어서 천년 토록 푸른 역사를 더럽혔느니라

(集說)陳氏曰放은 放蕩 曠은 踈曠 端士는 正士也 周孔 謂周公 孔子也 齊梁 皆都江南 故 又稱南朝 清議 謂清虛之談也 八達 謂晉胡母輔之 謝鯤 阮放 畢卓 羊曼 桓彝 阮孚 光逸 八人 終日 司談酣飲 而爲達也 得罪名教 其姓名 久汚史册 亦可賤矣 古史以竹 故曰青史 (增註)名教 謂人 論之教 當時雖稱之 而無禮無法 論之 有實 有名也

清議니하 南朝 稱八達여하 千載穢青史라하니

戒爾勿嗜酒니하 狂藥非佳味라 能移謹厚性여하 化爲凶險類나하

너희 술을 즐기지 않기를 경계하노니 미치는 약이요 아름다운 맛이 아니라 능히 삼가고 근후 한 성품을 옮겨서 흉악하고 험악한 부류로 화하게 되나니 옛과 오늘에 가산을 기우리고도 패 하는 자

●古今傾敗者를 歷歷皆可記라

●戒爾勿嗜酒니하 狂藥非佳味라 能移謹厚性여하 化爲凶險類나하

原本小學集卷註之五

戒爾勿多言하노니 多言이 衆所忌라 苟不愼樞機면 災厄危(一作厄)이 從

를 역역히 기록 할것이니라
(集說)陳氏曰酒能亂性 是狂藥也 古今 以之而傾覆喪敗者 多矣

● 너희 말이(言)많지 않도록 경계 하노니 말은 많은 것이 모두가 싫어 하는 바라 진실로 어지러운 기 族히 몸의 더러움이 되느니라
(增註)戶之開闔은 由於樞 弩之張弛는 由於機 人之禍福榮辱은 由於言 故 比言於樞機 以言而是非毁譽人 皆取禍召辱 秖足自累而已

此始是非毁譽間에 適足爲身累라하니

●이 시비 하고 헐뜯고 기리는 사이에 마침
(集解)毁者 稱人之惡 而損其眞 譽者 揚人之善 而過其實

擧世重交游하야 擬結金蘭契하나니 忿怨이 容易生여하여 風波를 當時聲去

起라 所以君子心이 汪汪淡如水라ㅣ니

●온 세상이 교제하여 놀기를 좋아 해서 얽히어 금난계를 맺나니 분함과 원망이 용이(쉽게)히 생겨 서 풍파가 당시에 일어 나는지라 군자의 마음은 넓고 깊어서 맑기가 물 같은지라
(集說)吳氏曰 二人同心 其利斷金 同心之言 其臭如蘭 契 合也 風波 比忿怨 言 世人結交 多以金 蘭自比 不知一言不合則忿怨之生 速如風波之起矣 汪汪 深廣貌 記 曰君子之交 如水 小人之交 如醴

擧世好承奉하나 昂昂增意氣하나니 不知承奉者ㅣ 以爾爲玩
承 平聲去

戲라하니 所以古人疾이 遽篨與戚施이라
渠與 (이)叶去 聲라

●온 세상이 위로받드는 것을 좋아해서 앙앙히 의기를 더하나니 알지 못하거라 위받드는 자가 이 로써 구경 거리와 회롱 거리로 하느니라
(集說)吳氏曰疾 憎惡也 遽篨 不能俯 疾之醜者也 戚施 不能仰 亦醜疾也 世人 好承奉 自以爲得 不知

擧世重游俠俗呼爲氣義 爲人赴急難 往往陷囚繫

人之玩弄嬉戲 不出中心之敬也 以邊餘戚施二者 爲比 蓋深惡之也

係하나

●온 세상이 노는 협사를 소중히 여겨서 시속에 부르기를 의기라 하나니 남을 위해 급하고 어려운 데 달려가서 왕왕에 가두고 얽매이는데 빠지나니 고로 마원의 글이 은근히 모두 자식을 경계 하였느니라

所以馬援書 殷勤戒諸子니라

(增註) 游俠之徒 輕身以徇人 似乎有氣有義 而非正故 馬援之書 曰寧死 不顧子孫 有此行也

擧世賤清素 奉身好華侈 肥馬衣 輕裘 揚揚過閭里

●온 세상이 맑고 검소 함을 천하게 여겨서 몸 가짐을 화려하고 사치함을 좋아 하는 지라 살찐 말과 가벼운 털옷을 입고 양양히 거리와 마을을 지나니 비록 지자(市) 아이들은 흠앙하나 도리여

雖得市童憐 還爲識者鄙니라

아는 자의 더럽게 여김이 되느니라

(增註) 揚揚 自得之意 憐 猶愛也 鄙 猶賤也

我本旅臣 遭逢堯舜理 位重才不充 戚戚懷憂畏 深

●내가 본래 나그네 신하로 요순의 다스림을 만나서 직위는 무겁고 재주는 없는지라 척척히 근심과 겁냄을 품어서 깊은 못과 다못 엷은 얼음을 밟아서 오직 떨어질까 두려워 하나니

淵與薄氷 蹈之唯恐墜 爾曹 當閔我 勿使增罪戾니어다

너희들이 마땅히 나를 어엿비 여겨서 나로 하여금 죄와 어김을 더하지 말것이어다 문을 닫고 종적을 거두어

閉門斂蹤跡 縮首避名勢 勢位難久居 畢意何足恃오리

서 머리를 쭈그리고 명예와 세도를 피하라 세도와 직위가 오래 가기가 어려우니 마침내는 무엇을 족히 믿으리요

（集說）陳氏曰羈 寄也 旅寓也 理 治也 質 既相周 復之宋 故 自謂羈旅之臣 戚戚 憂畏意 若蹈淵氷 言憂畏之 甚也 戾 亦罪也 戒其勿遷秩 以增罪戾

物盛則必衰오 有隆還有替니 速成不堅牢하야 亟走多顚躓니라至하니라

灼灼園中花는 早發還先萎오 遲遲澗畔松은 鬱鬱含晚翠라

賦命有疾徐니 青雲難力致라 寄語謝諸郎하나니 躁進徒爲耳라니라

（集說）陳氏曰隆 興也 替 廢也 亟 急也 顚躓 蹉跌也 萎 枯也 疾 速也 徐 遲也 青雲 比名位之高顯也 躁 急也 徒 空也

물건이 성하면 반드시 쇠하고 높음이 있으면 도리어 바꾸어 짐이 있나니 속히 이루면 굳지 못하고 빨리 달아나면 엎어지기 쉬우며 붉고 붉은 원듸 가운데 꽃은 일찍 피어서 도리어 시들어 늦도록 푸름을 먹음느니라 천명으로 더딤이 있으니 청운은 힘으로 이루기 어려우니라 말(言)을 부쳐서 모든 젊은 이를 사례하노니 빨리 나아감이 한갓 헛됨이 될 것이니라

●康節邵先生이 誠子孫曰 上品之人은 不教而善하고 中品之人은 教而後善하고 下品之人은 教亦不善이니 不教而善이 非聖而何며 教而後善이 非賢而何며 教亦不善이 非愚而何오

（集解）先生 名雍 字堯夫 康節 諡也 河南人 熊氏曰 不教而善 生而知之者也 教而後善 學而知之者也 教亦不善 因而不學者也

강절소 선생이 자손을 경계하여 말하기를 상품의 사람은 가르치지 아니하여도 착하고 중품의 사람은 가르친 뒤에 착해지고 하품의 사람은 가르쳐도 또한 착해지지 아니하나니 가르치지 아니하여도 착함이 성인이 아니고 무엇이며 가르친 뒤에 착해짐이 어진이가 아니고 무엇이며 가르쳐도 또한 착해지지 아니함이 어리석은 사람이 아니고 무엇인가

是知善也者는 吉之謂也오 不善也者는 凶之謂也ㅣ니

●(增註)爲善者爲吉人이오 爲惡者爲凶人

이것이 착하다고 하는자는 좋다고 이를것이오 착하지 못하다고 하는자는 흉하다고 이를것이니라

●吉也者는 目不觀非禮之色하며 耳不聽非禮之聲하며 口不道非禮之言하며 足不踐非禮之地하며 人非善不交하며 物非義不取하며 親賢如就芝蘭하며 避惡如畏蛇蝎(갈)이면 或曰不謂之吉人이라도 則吾不信也ㅣ라

(增註)此一節은 言爲善者爲古人

좋다고 하는 자는 눈으로 예 아닌 빛을 보지 아니하며 귀로 예 아닌 소리를 듣지 아니하며 입으로 예 아닌 말을 말하지 아니하며 발로 예 아닌 땅을 밟지 아니하며 사람이 착하지 아니하면 사귀지를 아니하며 물건이 의리에 맞지 아니하면 취하지 아니하며 어진이를 친하기를 지초와 난초에 나아가는 것 같이 하며 악함을 피하기를 뱀앞 같이 두려워 하면 혹 말하기를 좋은 사람이라 이르지 아니하더라도 나는 믿지를 아니 하리라

●凶也者는 語言이 詭譎하며 動止ㅣ 陰險하며 好利飾非하며 貪淫樂(洛)禍하며 疾良善如讎隙하며 犯刑憲如飲食하야 小則隕身滅性하고 大則覆福宗絶嗣하나니 或曰不謂之凶人이라도 則吾不信也ㅣ라

흉하다고 하는 자는 말과 말이 속이고 간사하며 움직이고 그침이 음흉하고 험악하게 하며 이를 좋아하고 그릇된 것을 옳도록 꾸미며 탐욕하고 음탕해서 재앙을 즐겨서 어질고 착한이를 미워하기를 원수 같이 하며 형벌과 법에 범하기를 음식과 같이 여겨서 적으면 자신을 떨어뜨리고 천성을 멸망시키고 크면 종족을 엎어서 후손을 끊나니 혹 말하기를 흉한 사람이라 이르지 아니하더라도 나는 믿지 아니 하더라

傳에 有之니 曰吉人은 爲善되 惟日不足이어 凶人은 爲不善되 亦

(增註) 此一節은 言爲惡者 爲出人
도곤 나는 밋지 아니 하노라

●聲去 惟曰不足이라하니 汝等은 欲爲吉人乎아 欲爲凶人乎아

전에 있으니 말하기를 좋은 사람은 착한 일을 하되 또한 오히려 날이 족하지 못하나니 너희들은 착한 사람이 되고저 하는가 몹쓸 사람이 되고저 하는가

(集解) 吉人爲善以下四句는 今見書泰誓篇 惟日不足 言終日爲之 而猶以爲不足也 上旣歷陳善惡吉凶禍福之明驗 終篇則使其自擇而取舍之 其警之也 深矣

○節孝徐先生이 訓學者曰 諸君이 欲爲君子而使勞己之

力하며 費己之財댄인 則如此而不爲君子는 猶可也니와 不勞己之力

不費己之財를 諸君은 何不爲君子오 鄕人이 賤之하고 父母ㅣ惡

之런인 如此而不爲君子는 猶可也니와 父母ㅣ欲之고 鄕人이 榮

之를 諸君은 何不爲君子오

절효 서선생이 배우는 자를 훈계하며 말하기를 모든 그대들이 군자가 되고저 해서 자기의 힘을 수고로히 하며 자기의 재산을 허비 할진댄 이같이 해서 군자가 되지 못함은 오히려 가하거니와 자기의 힘을 수고로히 아니하며 자기의 재산을 허비 아니 하거늘 모든 그대들은 어찌 군자가 되지 아니 하는고 마을 사람이 천하게 여기고 부모가 미워 할진댄 이같이 군자가 되지 아니함은 오히려 가하거니와 부모가 하고져 하고 마을 사람이 영광스럽게 여기거늘 그대들은 어찌 하여 군자가 되지 아니 하는고

(集解) 先生 名積 字仲車 節孝 諡也 山陽人

又曰言其所善하며行其所善하며思其所善이면如此而不爲君子
未之有也오言其不善하며行其不善하며思其不善이면如此而不
爲小人의未之有也니라

●또 말하기를 그 착한 바를 말하며 그 착한 바를 행하며 그 착한 바를 생각하면 이같이 해서 군자가 되지 아니함이 있지 아니하고 착하지 아니함을 말하며 그 착하지 아니함을 행하며 그 착하지 아니함을 생각하면 이같이 해서 소인이 되지 아니함이 있지 아니하니라

(集解)君子 小人之分 在乎口之所言 身之所行 心之所思而已 言行 見乎外 心思 在乎中 三者 皆善 則爲君子也 必矣 三者 皆不善 則豈不爲小人哉

○胡文定公이與子書曰立志를以明道希文으로自期待하
니라

●호문정공이 아들 주는 글에 말하기를 뜻을 세우기를 명도희문으로써 스스로 기약해 기다릴 것이니라

(集解)公 名安國 字康侯 文定 諡也 建安人 三子 寅 字明仲 寧 字和仲 宏 字仁仲 明道 程純公也 朱子 稱其十四五歲 使學聖人 鄒文忠公浩 稱其得志 能使萬物 各得其所 藍田呂氏 稱其自任之重 寧學聖人而未至 不欲以一物不被澤 爲己病 不欲以一時之利 爲己功 此 明道之志 希文 范文正公也 朱子 稱其自做秀才時 其志 便以天下 爲己任 歐陽文忠公 稱其少有大節 於富貴 貧賤 毀譽 歡戚 無一動其心 嘗曰士 當先天下之憂而憂 後天下之樂而樂 此 文正公之志也 宜乎胡公 敎子立志以二公自期待焉

●立心을以忠信不欺로爲主하며

●마음 세우기를 충성하고 신실해서 속이지 아니함으로써 주장을 본 받을 것이니라

(集說)陳氏曰心者 身之主也 不欺 卽忠信之謂 人不忠信 則事皆無實 爲惡則易 爲善則難 故 立心必

行己를以端莊淸愼로見操執하며

●몸 가지기를 단정하고 씩씩하고 맑고 삼감으로써 잡음을 볼 것이니라

以是 爲主本焉

二〇

●臨事에 以明敏果斷으로 辨是非하며

(增註)몸 행하기를 단정하고 썩썩하고 청백하고 삼가 함으로 잡음을 보며

操執이 皆守也오 端正肅莊清白謹慎惟有守者ㅣ能之

●又謹三尺하여 考求立法之意而操聲平縱之하면 斯可爲政이 不在

人後矣라

(集說)熊氏曰事有是非를 밝고 민첩하고 과감하고 결단함으로써 옳은 것과 그른 것을 분별하며

惟明敏可以立見惟果斷可以早決

일에 다다름에 밝고 민첩하고 과감하고 결단함으로써 옳은 것과 그른 것을 분별하며

또 삼척(책)을 삼가서 법세 뜻을 상고하여 구해서 조종하면 이 가히 정사를 함이 남의 뒤에 있

지 아니하니라

(增註)此言爲政之方 操縱 謂本法意 原人情 而適寬嚴之宜也

(集解)三尺 古者 以三尺竹簡 書法律

故稱法律 爲三尺

●自這裏做工夫하시니 其可忽乎아

汝ㅣ勉之哉어다 治心修身을 以飲食男女로 爲切要니 從古聖賢

이 自這裏做工夫하시니 其可忽乎아

너가 힘을 쓸지어다 마음을 다스리고 몸을

닦음을 음식과 남녀로 간절하고 요긴함을

할 것이니 옛 부터 성인이 저속으로 부터 공부를 하시니 가히 만홀히 할것인가

(增註)飲食 男女 人之大欲 存焉 一念之偏 不能自克 則陷其身於惡 而不可振矣 故治心修身 必以是爲切要 古之聖賢 如禹之菲飲食 湯之不邇聲色 皆從此 做工夫者也

○古靈陳先生이 爲仙居令하여 教其民曰爲吾民者는 父義母

慈하며 兄友弟恭하며 子孝하며 夫婦ㅣ有恩하며 男女ㅣ有別하며 子弟ㅣ有

學하며 鄉閭ㅣ有禮하며 貧窮患難에 親戚이 相救하며 婚姻死喪에 隣

保ᅵ相助ᄒ며 無墮農業ᄒ며 無作盜賊ᄒ며 無學賭博ᄒ며 無好去聲爭訟ᄒ며

無以惡陵善ᄒ며 無以富呑貧ᄒ며 行者ᅵ讓路ᄒ며 耕者ᅵ讓畔ᄒ며 斑

●白者ᅵ不負戴於道路ᄒ면 則爲禮義之俗矣리라

고령 진선생이 션거 고을 령(군슈)이 되어서 그 ᄇᆡ셩을 ᄀᆞᄅᆞ쳐 말ᄒ기를 나의 ᄇᆡᄉᆡᆼ이 되ᄂᆞᆫ 자는
아버지ᄂᆞᆫ 의리로 ᄒᆞ며 어머니ᄂᆞᆫ 자애ᄒᆞ며 형은 공경ᄒᆞ며 아ᄋᆞᄂᆞᆫ 효도ᄒᆞ며 부부
ᄂᆞᆫ 은혜가 잇ᄋᆞ며 남녀가 분별이 잇ᄋᆞ며 마을과 거리에 예의가 잇ᄋᆞ며
ᄂᆞᆫ ᄒᆞ고 궁곤ᄒ고 근심ᄒ고 어려움에 친쳑이 서로 구졔ᄒᆞ며 혼인과 초상에 이웃과 마을이 서로
우며 농ᄉᆞ 직업에 게으름이 업ᄋᆞ며 도젹을 일으킴이 업ᄋᆞ며 도박을 ᄇᆡ움이 업ᄋᆞ며 다투고 소송ᄒᆞ
기를 됴아ᄒᆞᆷ이 업ᄋᆞ며 악ᄋᆞ로써 착ᄒᆞᆫ 이를 업슈여김이 업ᄋᆞ며 부자로써 가난ᄒᆞᆷ을 업눌림이 업ᄋᆞ며 길에 이
가ᄂᆞᆫ 자ᄂᆞᆫ 길을 양보ᄒᆞ며 밧 가ᄂᆞᆫ 자ᄂᆞᆫ 밧 이랑을 양보ᄒᆞ며 반ᄇᆡᆨ늙은 자가 길에서 짐지고 머리에 이
지 아니ᄒᆞ면 곧 예의의 풍속이 되ᄂᆞ니라

(集說) 陳氏曰古靈地名 在福州 先生 名襄 字述古 仙居 台州屬邑 義 謂能正其家 有恩 謂貧窮相守
有禮 謂歲時相往來 及燕飲叙齒之類 患雖 謂水火盜賊之類 墮 廢墜也
若棄妻不養 夫亡改嫁 是無恩也 呑 典幷也 讓路 謂少避長 經避重之類 讓畔 謂地有界畔
賭博 局戲也 陵 侵欺也 不相侵奪也
朱子曰古靈 諭俗一文 平正簡易 許多事 都說盡 可見他一箇大胸襟 包得許多也

右ᄂᆞᆫ 廣立敎ᅵ라

오른쪽은 가르침을 넓힌 것이라

●

司馬溫公이曰凡諸卑幼ᅵ事無大小히 毋得專行ᄒ고 必咨稟

於家長이니라

사마온공이 말ᄒ기를 모든 낫고 어린이ᄂᆞᆫ 크고 작은 것이라도 내 마음대로 ᄒ지말고 반드시 집어
(集說) 陳氏曰公 姓司馬 名光 字君實 陝州 夏縣人 贈溫國公 謚文公 咨 謀也
른에게 물어서 ᄒᆡᆼ하ᄂᆞ니라

○凡子ㅣ受父母之命에 必籍記而佩之여하 時省而速行之고하

보통 자식이 부모의 명령을 받음에 반드시 문서에 기록해 해서 때때로 살펴서 속히 실행하고 일

●事畢則返命焉이니라

이마치면 명령을 돌리느니라

(增註)籍簿也 佩謂服於身 省察也 (集解)返命 復命也

或所命이 有不可行者則和色柔聲具是非利害而白之여하 待父母之許然後에 改之고하 若不許ㅣ라도 苟於事에 無大害者ㅣ어든 亦當曲從이니 若以父母之命으로 爲非而直行己志면하 雖所執이 皆是도라 猶爲不順之子ㅣ니 況未必是乎아

혹 명령 하시는 바가 가히 행하지 못할바가 있으면 얼굴을 화하게 하고 소리를 부드럽게 해서 옳으며
고 그르고 이하고 해함을 갖추어서 부모의 허락을 기다린 뒤에 고치고 만약 허락을 아니 하더라도
진실로 일에 해로울 것이 없거든 또한 마땅히 굽혀 쫓을 것이니 만약 부모의 명령으로써 그러다 해
서 바로 자기의 뜻을 행하면 비록 고집한 바가 옳더라도 오히려 불순한 자식이 될것이니 하물며
다고 기필하지 못할것이냐

(增註)備陳是非利害之兩端 而禀白之 欲父母 自喻也

○橫渠先生이曰舜之事親에 有不悅者는(去聲) 爲父頑母嚚여하 不 近人情니이 若中人之性이 其愛惡ㅣ若無害理든어 必姑順之라니

횡거 선생이 말하기를 순임금의 어버이 섬김을 즐기지 아니함이 있는 것은 아비는 완악하고 어
미는 포악해서 인정에 가깝지 아니함을 위함이니 만약 보통 사람의 성품이 그 사랑하고 미워함이
만약 도리에 해함이 없거든 반드시 아직 순하게 할것이니라

（集解）舜 盡事親之道 宜得親之悅矣 而親猶不悅者 爲其頑嚚 不近人情也 然 舜 克諧以孝 終至嚚腹

若親之故舊所喜를 當極力招致하며 賓客之奉을 當極力營辨

務以悅親爲事ㅣ오 不可計家之有無ㅣ니 然이나 又須使之不知

其勉強勞苦니 苟使見其爲而不易則亦安矣리라

● 만약 어버이의 친구 가운데 즐겨한 바를 마땅히 힘을 다해 불러 뫼시며 손님의 봉양을 마땅히 힘을 다해 장만해서 힘써서 어버이를 즐겁으로써 일삼고 가히 집의 있고 없는 것을 계교 하지 아니할 것이니라 그러나 또 반드시 하여금 억지로 힘써서 괴롭고 수고로움을 알지 못하게 할것이니 진실로 어버이로 하여금 그 함이 쉽지 아니하면 어버이가 편치 아니할 것이니라

（集解）故舊所喜 賓客之奉 謂酒殽之類

○ 羅仲素ㅣ論瞽瞍ㅣ底豫而天下之爲父子者ㅣ定여하云只

爲天下에 無不是底父母여늘

● 고수가 즐겨홈을 이루어서 천하에 부자 된자가 정해지고 이르되 다만 천하에 옳지 아니한 부모가 없음을 위함이라 하였거늘

（集說）陳氏曰仲素 名從彦 豫章人 底 致也 豫 悅樂也 定者 子孝 父慈 各止其所 而無不安其位之意也 孟子嘗曰舜 盡事親之道 而瞽瞍底豫 瞽瞍底豫而天下之爲父子者 定 羅氏讀之而謂 云只爲天下 無不是

底父母 蓋孝子之心 與親爲一 凡親之過 皆己之過 自不見父母 有不是處

了翁이 聞而善之曰唯如此而後야에 天下之爲父子者ㅣ定니이

● 요옹이 듣고 옳게 여겨 말하기를 오직 이같이 한 뒤에야 천하에 부자 된 자가 정할것이니 저 신하

彼臣弒其君하며 子弒其父는 常始於見其有不是處耳라니

● 저 신하가 그 님금을 죽이며 아들이 그 아비를 죽임은 항상 그 옳지 아니한 곳이 있음을 봄으로부터 비롯할 따름이니라

가 그 임금을 죽이며 자식이 그아비를 죽이는 것은 항상 옳지 아니한 곳을 보는데 시작된 것이니라

(集說)陳氏曰翁 忠肅公也 了翁 聞羅氏之言 又推其極而言之 盖臣子弑逆 常起於一念之差 以君父

爲 不是也 若知天下 無不是底君父 惡有弑逆之事哉 眞氏曰罪己而 不非其親者 仁人孝子之心也 怨親而

不反諸己者 亂臣賊子之心也

○伊川先生이 曰病臥於床여하 委之庸醫를 比之不慈不孝니

이천선생이 말하기를 병들어 평상에 누워서 용열한 의원에 맡김을 비유컨대 자애하지 아니하고

효도하지 아니할 것이니

(集說)陳氏曰委 猶付託也 夫病 死生所係 而委之庸醫 未有不致害者也 故 子有疾而委之庸醫 比之不

慈 有疾而委之庸醫 則可以養親 故 曰事親者 亦不可不知醫

事親者ㅣ 亦不可不知醫라니

어버이를 섬기는 자가 또한 가히 의술을 알지 아니하지 못할 것이니라

○橫渠先生이 嘗曰事親奉祭를 豈可使人爲之오리

횡거선생이 말하기를 어버이를 섬기고 제사를 받들기를 어찌 가히 사람을 시켜서 하리요

(集說)陳氏曰事父母 奉祭祀 皆當親爲之 葉氏曰使人代爲 孝敬之心 安在哉

○伊川先生이 曰冠昏喪祭는 禮之大者ㅣ어늘 今人이 都不理

이천선생이 말하기를 관혼상제는 예절의 큰 것이거늘 이제 사람이 도무지 이해를 못하나니 시달

(集說)陳氏曰冠以責成人 昏以承宗事 喪以慎終 祭以追遠 理會 謂講而行之 孟春 獺祭魚 季秋 豺祭獸

曾子ㅣ 曰豺獺이 皆知報本늘이어 今士大夫家ㅣ 多忽此여하 厚於奉

(물개)이 다 근본을 갚을줄을 알거늘 이제 사대부 집안이 많이 이것을 소홀히 해서 봉양에는 후하게

養而薄於先祖하니 甚不可也라

하고 선조에게는 박하게 하니 심히 옳지 아니하니라

(集說)陳氏曰冠以責成人 昏以承宗事 喪以慎終 祭以追遠 理會 謂講而行之 皆有報本之意 可以人而如獸乎 此字 指報本言 奉養 謂奉養其親

某ㅣ嘗修六禮大略되家必有廟하고廟必有主하여月朔에必薦新

時祭를用仲月하며冬至에祭始祖하며立春에祭先祖하며季秋에祭

禰(녜)하며忌日에遷主하여祭於正寢하니凡事死之禮를當厚於奉生

者ㅣ니

내가 일찍 육례(관혼상제 향음주사상견) 대략을 닦으되 집에는 반드시 사당이 있고 사당에는 반드시 신주가 있어서 그달 초하루에 반드시 새 음식을 천하며 사시제사를 중간달을 쓰며 동지에 시조에게 제사하며 입춘에 선조에게 제사하며 기일에 신주를 옮겨서 사당에서 제사를 지내는 것이니 모든 죽은이 섬기는 예를 마땅히 산사람 받드는 것보다 후하게 할 것이니라

者ㅣ라

(集說)陳氏曰六禮는冠婚喪祭鄕飲酒士相見之禮也라主는木主所以依神也오新은謂新物也오禰는父廟也오還

徒也라正寢은猶正堂也라月朔은一月之始四時天道之變多至陽生之始立春物生之始季秋物成之始忌

日은親之死日君子於此必有悽愴怵惕之心故因而行追遠之禮此言祭禮之大略司馬溫公曰國家

時祭用孟月私家不敢用故當仲月朱子曰始祖之祭似國家之禘先祖之祭似祫古無此伊川以義起

人家ㅣ能存得此等事數件하면雖幼者도라可使漸知禮義니라

●사람의 집에 능히 이런 일은 등속을 두어건 얻어 보존하면 비록 어린자라도 가히 하여금 점점 예의를

알 것이니라

(增註)存은謂行之久而不廢也라

○司馬溫公이曰冠下去聲同者는成人之道也니成人者는將責爲

人子며爲人弟며爲人臣며爲人少者之行去聲也니將責四者之

●行去聲於人이어 其禮를可不重與아平聲

사마온공이 말하기를 관례라 하는 것은 사람을 이루는 도니 사람을 이루는 것은 장차 남의 자식이 되며 남의 아우가 되며 남의 신하가 되며 남의 젊은이 된 도니 장차 남의 자식

(集解)所謂成人者는 非謂裑革革 異於童稺也 將責以孝悌忠順之行也 豈不重乎哉

가지의 사람의 행동을 책임 지우는 것이니 그 예를 가히 소중히 여기지 아니 할까

冠禮之廢ㅣ久矣니近世以來로 人情이尤爲輕薄여하 生子猶飮
乳에己加巾帽고하 有官者는或爲去聲之製公服而弄之라 過十歲
猶總角者ㅣ蓋鮮矣니彼ㅣ責以四者之行들인 豈能知之오리故로
徃徃에自幼至長히 愚駿反五駭如一니由不知成人之道故也ㅣ라

관례의 폐한지가 오래니 근세 이래로 인정이 더욱 가볍고 박하게 되어서 자식을 낳아서 오히려 젖을 먹음에 이미 수건과 모자를 더하고 벼슬이 있는 자는 혹 위해서 공복을 지어 입혀서 희롱하는지라 열살이 지나도록 오히려 머리 땋은 자가 드무니 저것이 네가지 행동으로써 꾸짖은들 어찌 능히 알리요 이런고로 왕왕(드문드문) 어릴때에 부터 어른에 이르기 까지 어리석고 잘난 것이 한결같으니 성인(成人)의 도를 알지 못하는 연고이니라

(集解)巾帽 土庶所服者 有官 謂宋世 因父祖任朝官 成郊祀覃恩 或遺表恩 澤子孫 雖在襁褓 得授以官 故 製公服而戲而弄之也 鮮少也 駭癡也

●古禮에雖稱二十而冠나하然나이世俗之弊를不可猝變니이若敦厚
好去聲古之君子ㅣ俟其子年十五以上이能通孝經論語여하粗
知禮義之方然後에冠之면斯其美矣라리

옛 예절에 비록 이십이 되어서 갓을 쓴다고 하나 그러나 세속의 폐단을 가히 창졸에 변하지 못

할 것이니 만약 돈독하고 후하고 옛을 좋아 하는 군자가 그 아들이 나이 열다섯살 이상을 기다

려서 능히 효경과 논어를 배워서 대강 예와 의리의 방향을 안 연후에 갓쓰면 이것이 그 아름다우

니라

(集解) 狷 急也 溫公 以古禮 急難盡復 若子弟 年十五以上 能通孝經 論語 略知禮義然後 冠之 可也

○古者에 父母之喪에 旣殯하고 食水며 齋衰崔에 疏跦下同 食同 水飲

옛 자에 부모의 초상엔 이미 빈소하고 죽을 먹으며 자최(복친)에는 반찬 없는 밥과 물을 마시고

不食菜果하며

나물과 과실을 먹지 아니하며

(集解) 際曰齋衰 言父母之喪 旣殯 始食粥 若齋衰之喪 旣殯 得疏食水飲 異於父母之喪也

母之喪也 疏食 謂不食漿酪也

(增註) 哀 喪服也 緝其旁及下 際曰齋衰 水飲 謂不食漿酪也

父母之喪에 旣虞卒哭는 하여 疏食水飲하고 不食菜果하며 期而小祥

부모의 초상에 이미 우제와 졸곡을 맞쳐서는 반찬 없는 밥과 물을 마시며 또 나물과 과실을 먹으며

(集說) 吳氏曰虞 祭名 葬之日 日中而虞 再虞 遇剛日 三虞 虞之爲言 安也 以魂氣無所不之故

三祭以安之 三虞後 遇剛日 日卒哭 自是 哀至不哭 猶朝夕哭也 期 周年也 祥 吉也 自喪至此 凡十三

月 爲初忌日也 又期而大祥 自喪至此 凡二十五月 爲第二忌日也 禫 醰也

食菜果하며 又期而大祥에 食醢醬하고

이주년에 대상을 지내고 식해와 간장을 먹으며

中月而禫反하고 禫而飲醴酒하나니 始飲酒者ㅣ 先飲醴酒하고 始食

한달 지나서 담제 지내고 술을 마시나니 술 처음 마시는 자는 먼저 단술을 마시고 처음 고기를

肉者ㅣ 先食乾肉이니 古人이 居喪에 無敢公然食肉飲酒者라

먹는 자는 먼저 마른 고기를 먹고 술을 마시는 이가 없느니라

감히 공연히 고기를 먹고 술을 마시는 자는 먼저 단술을 마시고 처음 고기를 먹고 술을 마

초상중에 거함에 감히 공연히 고기를 먹고 술을

（集說）陳氏曰中月 間去聲 一月也 禫 祭名 大祥之後 間一月以禫 禫者 澹澹然平安之意 自喪至此 凡二十七月 酒一宿熟曰醴 醴酒 味薄 乾肉 味澁也 始飲酒食肉而先飲醴酒 食乾肉者 以人子之心 哀情未盡不忍遽御醇厚之味也

漢昌邑王이 奔昭帝之喪새할여 居道上하여 不素食늘이어늘 霍光이 數其罪而廢之하니라

한나라 창읍왕이 소제의 초상에 문상을 갈새 길위에 있어서 소식(반찬없는밥)을 아니하거늘 곽광이 이 그 죄를 헤아려서 폐하였느니라

（集說）吳氏曰昌邑王 名賀 霍光 字子孟 昭帝崩 無子 賀嗣位 滛昏無度 光 時爲大將軍 奏太后 廢賀爲海昏侯

●晋阮籍이 負才放誕하여 居喪無禮늘어늘 何曾이 面質籍於文帝坐曰卿은 敗俗之人이라不可長也하고라因言於帝曰公이 方以孝治天下而聽阮籍이 以重哀飲酒食肉於公座니하 宜擯四裔여하야無令汚染華夏니라하니라

진나라 완적이 재주를 믿고 방탕해서 초상중에 거하기를 예가 없거늘 하증이 문제 앉은 자리에서 낮대어 질의해 말하기를 자네는 풍속을 패하게 하는 사람이라 가히 기물수가 없다 하고 인해서 문제에게 말하기를 공이 방향으로 효도로써 천하를 다스리거늘 들으니 완적이 서써 공중 좌석에서 술을 마시고 고기를 먹으니 마땅히 네 오랑캐에 내쳐서 하여금 중화를 더럽히고 물들이지 말게 하라 하니라

（集說）吳氏曰阮籍 字嗣宗 何曾 字穎考 質 謂正言之 文帝 司馬昭也 時家晋公 後其子武帝 立 始上尊號 卿 指籍也 聽 猶許也 重哀 謂親喪 擯斥也 四裔 四夷 華夏 中國也

●宋廬陵王義眞이 居武帝憂여하여 使左右로 買魚肉珍羞여하여 於齋

內에別立廚帳이러니會長史劉湛<同沈下이>入이어늘因命臛<暖>酒炙<적>車

螯<오>이甚寒<한>湛이正色曰公이當今에不宜有此設이니義眞이曰且
<찬>대한　　대　　　라이니라하노

―甚寒<한>長史는事同一家―니望不爲異라하고酒至<어>湛이起曰既
니하　　　　　　　　　니　　　　　　라하노

不能以禮自處<聲上고>又不能以禮處人이라하
聲上下　　　　　　　　　니라

●송나라여능왕의진이무제초상에거해서좌우로하여금고기(생선)와육과맛좋은반찬을사서
집안에별도로포주를세웠는데마침장사유침이들어오거늘인해서술과적을꾸으라한대침
이낮빛을바루어말하기를이제마땅히이런설비가있을수없는것이니라의진이말하기를아침이
심히차우니장사는일이한집같으니이런게여기지말것이니라술이오거늘침이일어
나말하기를이미능히예로써스스로처하지못하고또능히예로써사람을대접아니한다하니라

(集說)陳氏曰義眞은宋武帝裕之子居憂即居喪珍羞美食湛字弘仁吳氏曰臛當作㸦古暖子炙燒
也車螯海蛤也

隋煬帝<樣로>―爲太子에居文獻皇后喪새할每朝에令進二溢<逸>米
而私今外<로>取肥肉脯鮓<자>하여置竹筒中여하以蠟閉口고하衣襆

●수양제가태자됨에문헌황후초상에거할새매일아침에두흡쌀을나아들게하고
스스로밖으로하여금살전고기와포와식해를갖어서대롱가운데넣어서밀로써대롱입을닫고
옷보자기로싸서드렸느니라

(集解)煬帝名廣文獻皇后文帝后獨孤氏也溢謂二十四分升之一也衣襆即今之袱也(增註)溢一手
所握也裏而納之라하더

●湖南楚王馬希聲이葬其父武穆王之日에猶食雞䐹<학이어>郝이어
僕으로裏而納之라하더

其官屬潘起ㅣ譏之曰昔에 阮籍이居喪에 食蒸肫(돈)하더니 何代

無賢이리오하더라

●호남초왕 마회성이 그의 아버지 무목왕의 장례 날에 오히려 닭국을 먹거늘 그의 관속 번기가 회
롱하여 말하기를 예전에 완적이 초 상중에 거함에 찐 돼지고기를 먹더니 어느 시대에 어진이가 없으
리요 하더라

(集說)吳氏曰五代 馬殷 據湖南長沙之地 武穆王 卽殷也 雞䐗 雞肉羹也 蒸豚 蒸熟猪也 何代無賢 反
辭以譏之也

然則五代之時에 居喪食肉者를 人이 猶以爲異事ㅣ하니 是流俗
之弊ㅣ其來甚近也ㅣ니 今之士大夫ㅣ居喪에 食肉飮酒를 無
異平日하고 又相從宴集호되 (전)他典反 然無愧든어 人亦恬不爲恠니하나
禮俗之壞ㅣ習以爲常이니하 悲夫ㅣ라

그런즉 오대(양나라 당나라 진나라 한나라 주나라)의 시대에 상중에 거해서 고기 먹는 자를 사람이
오히려 써 이상한 일이라 하더니 이 유행의 폐단이 그 유래가 심히 가까운 것이라 오늘 이 사대부
가 상중에 고기 먹고 술 마시기를 보통 날과 다름이 없고 또 서로 따라 잔치하고 모여서 전
연 부끄러움이 없거든 남도 또한 엄연히 괴이히 여기지 아니하나니 예의 풍속의 문어짐이 습관으
로써 항상하니 슬프도다

(集說)陳氏曰承上文潘起之譏而言 五代 梁唐晉漢周也 覷 面見人之貌 恬 安也 恠 異也

乃至鄙野之人은 或初喪未歛에 親賓이 則齊酒饌往勞(去聲)之
든어 主人이 亦自備酒饌하여 相與飮啜하여 醉飽連日하고 及葬하여 亦如

之며하甚者는 初喪에 作樂以娛尸 及殯葬하여하 則以樂導轜而車

而號平聲泣隨之하며하 亦有乘喪即嫁娶者니하 噫라 習俗之難變과 愚

夫之難曉ㅣ乃至此乎아여ㅣ

● 이에 야비한 사람에 이르러서는 혹 초상에 염도 아니한데에 친한 손님이 곧 술 반찬을 가지고 가
서 위로하더니 주인이 또한 스스로 술과 반찬을 준비 해서 서로 머부러 마셔서 취하고 배부르기를
날을 잇달여고 미쳐 장예함에 또한 이같이 하며 심한 자는 초상에 풍악을 즐겁
게 한다 하고 빈소하고 장례 할때에 미쳐서는 곧 풍악을 써 상여 수레를 인도하고 부르짓어 울고
따르며 또 상중을 타서 곧 시집가고 장가 가는 자가 있으니 슬프다 습관 풍속의
어리석은 자의 깨닫기 어려움이 이에 이같은데 이를 것이여
(集說)轜車 喪車也

● 麻나崔其實은不行喪也라니

其滋味정언不可恣食珍羞盛饌及與人燕樂洛이니是則雖被衰

久而羸(리)나憊여하든恐成疾者는可以肉汁及脯醢或肉少許로助

暫須食飲되하疾止든어亦當復初라니니必若素食이不能下咽(烟)하여

凡居父母之喪者는大祥之前에皆未可飲酒食肉니이若有疾

肉扶養者則不必然耳라니

唯五十以上에血氣既衰여하必資酒

● 보통 부모의 초상에 거하는 자는 대상 이전에는 다 가히 술을 마시고 고기를 먹지 아니 하는 것
이니 만약 병이 있거든 고기도 먹고 술을 마시되 병이 낫거든 또한 마땅히 처음대로 회복할 것이니라
반드시 만약 기름진 반찬 없는 밥이 목으로 내려 가지 아니해서 오래 파리해져서 병이 날까 두려워 하

는 자는 가히 고기집과 및 포와 식해와 혹 약간의 고기로 그 입맛을 도울지언정 가히 기름진 반찬과 많은 반찬과 및 사람으로 더부러 잔치하고 즐기지 아니할 것이니 이러면 비록 췌마(상복)를 입었으나 그 실상은 상례를 실행하지 못하는 것이니라 오직 오십 이상에 혈기가 이미 쇠해서 반드시 시술과 고기를 하여서 봉양을 부지하는 자는 반드시 그렇지 아니할 것이니라

(集解) 羸는 瘦也ㅣ오 憊는 疲也ㅣ라 有病瘦憊하면 恐致傷生故로 權食肉汁과 及乾脯肉醬으로 以助滋補ㅣ니 若肆意饗食珍美하면 殺饌

其居喪에 聽樂及嫁娶者는 國有正法이니 此不復論하노라

그 상중에 거해서 음악을 듣고 시집가고 장가 가는 자는 나라에 바른 법이 있음이라 이에 다시 의논하지 아니하노라

(增註) 謂法律

及預宴席하며 則與無喪之人이 何異哉아

○父母之喪에 門中外一擇樸陋之室여하 爲丈夫喪次코하 斬衰

부모의 초상에 중문 밖에 순순하고 조그만한 방을 가려서 장부의 초상 자리를 하고 참쵀(아비의 초상)으로 대자리에 자며 흙덩이를 벼개 하며 수질(머리에 쓰는 것)과 대며(허리띠)를 벗지 아니하며 사람으로 더부러 앉지 아니하고 부인은 가운데 문의 안에 별실에 자리 해서 장막과 이불과 요와 빛나고 고운 물건을 걷어 버리느니라

寢苦枕塊不脫絰帶不與人坐焉고하 婦人은 次於中
門之內別室여하 撤去帷帳衾褥華麗之物이니

(集解) 樸은 樸素ㅣ오 陋는 隘陋ㅣ라 斬衰以極麤麻布로 爲之하니 下邊을 不緝也ㅣ라 苦藁鷹이오 塊는 土塹이라

(增註) 麻在首曰絰이오 在

男子ㅣ無故ㅣ어든 不入中門하며 婦人이 不得輒至男子喪次ㅣ니

남자가 연고가 없거든 중문에 들어가지 아니하며 부인이 문득 남자의 초상 자리에 이르지 아니

腰曰帶니 撤은 撤去也ㅣ오 交去也ㅣ라 皆哀痛之至니 有所不安而然

(增註) 居喪에 內外之辨을 當然也ㅣ라

晋陳壽ㅣ遭父喪여야 有疾늘이어 使婢丸藥니하더니 客이 往見하고 鄕黨이 以
진나라 진수가 아버지의 초상을 만나서 병이 낫거늘 여종으로 하여금 환약을 짓었더니 손님이
爲貶議니하니 坐是沈滯여하야 坎坷終身하니 嫌疑之際는 不可不愼라이니
마치니 혐의 스러운 지음은 가히 삼가지 아니하지 못할 것이니라

（集解）陳壽ㅣ 字承祚ㅣ 巴西人ㅣ 貶議 謂貶抑而論議也ㅣ 沈滯 淹滯也ㅣ 坎坷 不遇也ㅣ

○父母之喪에 不當出니이 若爲喪事及有故여하야 不得己而出
부모의 초상에 마땅히 나가지 말것이니 만약 초상 일과 및 연고 있음을 위해서 얻어 마지못해
則乘樸馬고하 布裹鞍轡라니
나가면 박마를 타고 베로 안장과 말고삐를 싸느니라

（集解）樸馬 樸素之馬

○世俗이 信浮屠誑誘여하야 凡有喪事에 無不供佛飯僧여하고 云
세속이 浮屠의 誑誘여 凡有喪事에 無不供佛飯僧
爲死者여하야 滅罪資福여하야 使生天堂여하야 受諸快樂니하고 不爲者는 必
入地獄여하야 剉（좌）燒舂磨여하야 受諸苦楚ㅣ니라하야 殊不知死者ㅣ 形
旣朽滅고하 神亦飄散니하나니 雖有剉燒舂磨라도 且無所施라니 又況佛
法이 未入中國之前에 人固有死而復生者니하 何故로 都無一
人이 誤入地獄여하야 見所謂十王者耶오 此其無有而不足信也ㅣ

●明矣라니

세속이 부도(불교)에 유혹되고 믿어서 보통 초상일이 있음에 부처를 대접하고 중은 먹이지 아니하는 이가 없어서 죽은 자에 일러 말하기를 죄를 멸하고 복을 받게 해서 하여금 천당에 살아서 모든 쾌락을 받는다 하니 하지 아니하는 자는 반드시 지옥에 들어가서 살고 불사르고 찧고 갈아서 모든 고초를 받는다 하니 반드시 알지 못한다 죽은자가 형체가 곧 썩어 멸하고 귀신이 또한 날아 흩어졌으니 비록 쌈고 불사르고 찧고 가는 것이 있더라도 또 베풀 곳이 없느니라 어떤 또 하물며 불법(佛法)이 중국에 들어 오지 아니함에 사람이 진실로 죽어서 다시 산자가 있으니 어떤 연고로 도무지 한사람이 그릇 지옥에 들어가서 이르는바 열왕이란 자를 본이가 없는고 이제 그 있음이 없어서 족히 믿지 못함이 그릇 밝은 것이니라

○顔氏家訓에 曰吾家ㅣ巫覡[刑欲反]符章을 絕於言議는 汝曹所見이니 勿爲妖妄라하라

(集解)浮屠는 釋氏也ㅣ라 刀割 火燒 碓舂 磑磨는 極言其苦之甚也ㅣ라 (增註)形體神魂 佛法 入中國이 始於漢明帝ㅣ니 前此之時옌 人死而復生者ㅣ 固有矣언마는 未嘗聞有入地獄 見十王者는 以未有佛法惑人이라 本無天堂地獄故也ㅣ라

後世예 有死而復生者ㅣ 云入地獄하야 見十王者는 乃佛法所惑耳니라

(集說)陳氏曰顔氏는 名之推ㅣ니 北朝人이라 作家訓하니 巫는 女巫며 覡은 男巫ㅣ라 符章은 卽書符拜章之術이니 皆妖恠妄誕之事也ㅣ라

안씨 가훈에 말하기를 내 집이 무당 부작을 말과 의논에 끊음은 너희들이 본 바니 요괴하고 망영됨을 하지 말라

○伊川先生이 曰人無父母ㅣ면 生日에 當倍悲痛이니 更安忍置酒張樂하야 以爲樂이리오 若具慶者는 可矣라하니

이천선생이 말하기를 사람이 부모가 없으면 생일에 마땅히 두배나 슬프고 슬플것이니 다시 어찌 술을 두고 풍악을 벌려서 써 즐김을 하리요 만약 구경(양친생존)한 자는 옳을 것이니라

(集解)人子ㅣ 生日엔 思念父母鞠育之劬勞하야 益增悲痛이어든 又安忍宴樂哉아 具慶은 謂二親俱存也ㅣ라

참아 술을 두고 풍악을 벌려서 써 즐김을 하리요 만약 구경한 자는 옳을 것이니라

○呂氏童蒙訓에曰事君如事親하며事官長如事兄하며與同僚如家人하며待羣吏如奴僕하며愛百姓如妻子하며處(上聲)官事如家事然後에야能盡吾之心이니如有毫末不至면皆吾心이有所未盡也ㅣ니라

●여씨동몽(어린이)훈계에 말하기를 임금을 섬기기를 어버이 섬기는 것 같이 하며 상관 섬기기를 형 섬기는 것 같이 하며 동료와 사귀기를 자기 가족과 같이 하며 아전을 대접 하기를 종과 같이하며 백성을 사랑하기를 처자 같이 하며 관에 일 처사 하기를 자기 집일 같이 한 연후에 능히 나의 마음을 다 할것이니 만약 조금이라도 그러하지 아니하면 내 마음이 다하지 못한 바가 있는 것이니라

(集說)陳氏曰呂氏 名本中 字居仁 宋正獻公之曾孫 作童蒙訓 盡吾之心 致其誠而已

○或이問簿는佐(去聲)令者也ㅣ니簿所欲爲를令이或不從이어든奈何오伊川先生이曰當以誠意로動之니今에令與簿ㅣ不和는只是爭私意니라

●혹이 묻기를 부(벼슬이름)는 령(군수)을 돕는 자니 부가 하고저 하는 바를 령이 좇지 아니 하거든 어찌 하는고 이천선생이 말하기를 마땅히 성의로 써 감동되게 할것이니 이제는 령과 다뭇 부가 화하지 아니함은 다만 이 사사 의욕을 다툼이니라

(集解)簿者 縣之佐 令者 縣之長 誠意動之者 盡誠心以感之也

令은是邑之長이니若能以事父兄之道로事之하여過則歸己하고善則惟恐不歸於令하여積此誠意하면豈有不動得人이리오

● 령은 이 고을의 어른이니 만약 능히 부형 섬기는 도리로써 섬겨서 허물은 자기에게 돌리고 착한 것은 오직 령에게 돌아가지 아니할까 두려워해서 이 성의를 쌓으면 어찌 감동해서 사람을 얻지 못함이 있으리요

(集解)推事親事兄之道 以事之 又能引過於己 推功歸之 積誠之久 彼豈有不感動者乎 (集成)葉氏曰過

則歸己 善則歸令 非曰姑爲此以悅人 蓋事長之道 當如是也

●明道先生이曰一命之士ㅣ苟存心於愛物이면 於人에 必有

所濟라니

명도선생이 말하기를 일명(적은벼슬)의 선비가 남을 사랑 하는데 마음을 두면 남에게 반드시 구제 받는 바가 있으니라

(集解)熊氏曰周禮 一命受職 即今之第九品也 一命 雖小 誠能以愛物爲心 則惠利 亦有以及人矣 (增註)

一命 猶然 況居大位者乎

●劉安禮ㅣ問臨民한대 明道先生이 曰使民으로 各得輸其情이니

문어 백성 다스림을 물으니 명도선생이 말하기를 백성으로 하여금 각각 얻어 그의 정을 다하게 할 것이니라

(集說)陳氏曰安禮 字立之 明道 弟子 輸猶盡也 平易近民 使下情 各得上達 則所以處之者 自無不當

矣 御 治也 格 正也 范氏曰未有己不正 而能正人者

問御吏한대 曰正己以格物이니라

관리 부리는것을 물으니 말하기를 자기 자신을 바루고 써 남을 바룰 것이니라

●伊川先生이曰居是邦하여 不非其大夫ㅣ此理最好라하니

이천선생이 말하기를 이 나라에 살아서 그 대부를 그르게 여기지 아니 하는것이 이 도리가 가장 좋으

(集說)朱氏曰下訕上則無忠敬之心 不非之者 謂不譏其過惡也

●童蒙訓에曰當官之法이唯有三事니曰淸曰愼曰勤이니 知

●此三者則知所以持身矣니라

●동몽훈에 말하기를 벼슬에 당하여 하는법이 오직 세가지 있으니 청백한 것과 삼가하는 것과 부지런한 것이니 이 세가지를 알면 써 몸가질 바를 알것이니라

(集解)淸 謂淸廉不汚 愼 謂謹守禮法 勤 謂勤於職業 能是三者 則能修已而可以治人矣

●當官者ㅣ凡異色人을 皆不宜與之相接이니 巫祝尼媼之(襐)類를 尤宜疎絶이니要以淸心省事로 爲本이니라

●판직에 있는 자가 모든 색다른 사람을 다 마땅히 서로 접근을 아니 할것이니 무당과 보살 미류를 더욱 마땅히 소홀히 하고 끊을 것이니 요컨데 마음을 맑히고 일을 살피므로써 근본을 할것이니라

(集說)陳氏曰異色人 謂不務常業之人 巫祝 皆事鬼神者 尼 僧女 媼 牙婆也

(增註)此輩 一接之 内則伺意以納賄 外則誑人以行私 善敗事害政 故 當一切禁絕 淸心 謂不以物欲累心 省事 謂不作無益之事

●後生少年이乍(去聲)到官守여하 多爲猾(滑)吏所餌여하 不自省(醒)察여하 所得이毫末一任不之間에 不復(扶又反)敢擧動니하나 大抵作官嗜利所得이甚少而吏人所盜ㅣ賫(容)矣니 以此被重譴하 良可惜也ㅣ니라

●뒤에 나오는 젊은이가 잠간 벼슬 자리에 이르러서 많이 교활한 아전의 낚이(미끼)를 먹은 바가 되어서 스스로 살피고 살피지 못해서 얻은바가 조그만한 책임이 다시 감히 들어 움직이지 못하나니 대저 벼슬을 함에 재리를 즐거워서 엄은바가 심히 적고 아전의 도적질 하는 바는 헤아릴 수 없는 것이니 이로써 무거운 꾸짖임을 입을 것이니 참 가히 애석하니라

(集說)陳氏曰猾 狡猾 餌 釣餌 不敢擧動 爲吏所制也 不賫 不可量也 譴 罪責也

○當官者ᅵ先以暴怒爲戒ᄒ야 事有不可ᅵ어든 當詳處聲上之니 必無不中聲去ᄒ리라 若先暴怒ᄒ면 只能自害ᅵ니 豈能害人이오

● 벼슬을 한자가 먼저 써 크게 성냄으로 경계 해서 일이 옳지 못함이 있거든 마땅히 자세히 처리할 것이니 반드시 맞지 아니함이 없으리라 만약 먼저 크게 성내면 다만 능히 스스로 해될 것이니 어찌 능히 남을 해롭게 하리요

(增註) 暴怒 怒之暴也 中 中理也

○當官處聲上事에 但務着實ᄒ니 如塗擦(제)砌文字ᄒ야 追改日月 重聲平易押字ᅵ萬一敗露ᅵ면 得罪反重오ᅵ 亦非所以養誠心事 君不欺之道也ᅵ니라

● 벼슬을 당하여 일을 처리함에 다만 착실한데 힘쓸 것이니 만약 문자를 발라 긁으며 미루어 날과 달을 고치며 본 글자를 두번 바꾸어서 만일 실패하고 들어나면 죄 얻기가 도리혀 무겁고 또 그러므로 써 정성껏 마음을 길러서 임금을 섬기는 바 속이지 아니하는 도리가 아니니라

(集解) 着實 謂不作僞 挑取也 塗擦文字 謂塗擦舊字也 追改日月 謂去舊判而換之也 重易押字 謂去舊署而改之也 非惟得罪 實且欺心 豈事上之道哉

○王吉上疏에 曰夫婦는 人倫大綱이오 夭壽之萌也ᅵ니 世俗이 嫁娶太蚤ᄒ야 未知爲人父母之道而有子ᅵ라 是以로 敎化ᅵ不明而民多夭ᄒ니라

● 왕길의 상소에 달하기를 부부의 인륜은 큰 벼줄이요 일찍 죽고 수하는 맹동이니 세속이 시집가고 장가 가기를 과히 일찍 해서 남의 부모된 도리를 알지도 못해서 자식을 두는지라 이로써 가르치는 풍화가 밝지 아니해서 백성이 일찍 죽는이가 많으니라

(集說)陳氏曰吉 字子陽 瑯邪人 夭壽 命之短長也 萌 芽也 古者 二十而嫁 三十而娶 後世 反是 嫁娶太
蚤故 民多夭 未知爲人父母之道而有子 故 敎化不明

○文中子ㅣ曰婚娶而論財는 夷虜之道也ㅣ라 君子ㅣ 不入其
鄕이니라 古者에 男女之族이 各擇德焉이오 不以財爲禮러니

●문중자가 말하기를 시집가고 장가 가는데 재물을 의논하는 것은 오랑캐의 도리라 군자가 그
을에 들어가지 아니 하나니 옛자에 남녀 종족이 각각 덕을 의논 하는 것은 가릴 것이고 재물로써 예를 아니하느니라

(集說)陳氏曰文中子 姓王 名通 字仲淹 隨之大儒也 門人 私謚曰文中子 南方曰夷 北方曰虜 不入其鄕
不與之共處也 德 謂男女之性行 財 謂男之聘財 女之資裝

○早婚少聘은 敎人以偸ㅣ오 妾媵無數는 敎人以亂이니 且貴賤
有等하니 一夫一婦는 庶人之職也ㅣ라

●일찍 혼인 하고 젊어서 장가 가는 것은 사람을 써 투박함을 가르침이요 첩과 잉(따라서오는여자)
과 한 아내는 보통 사람의 직분이니라

(集說)陳氏曰偸 薄也 媵 從嫁者 亂 眞氏 謂內或陷子弟於惡 外或生僮僕之變 是也 等 謂妾媵之等數

○司馬溫公이 曰凡議婚姻에 當先察其婿與婦之性行
及家法何如오ㅣ勿苟慕其富貴니라

●사마온공이 말하기를 무릇 혼인을 의논하는데에 마땅히 먼저 그 사위와 다못 며느리의 성품과
및 가법이 어떠한가를 살필 것이요 구차히 부자와 귀함을 생각하지 말것이니라

(增註)婚家曰婚 家婿曰婦 苟 但也 (集解)婚姻之道 不但擇婿婦之德 尤須審其父祖以來之家法也

婿苟賢矣면 今雖貧賤이나 安知異時에 不富貴乎ㅣ오 苟爲不肖

면ㅣ이
●今雖富盛나이安知異時에不貧賤乎오리

(增註)此는言婿之性行을當察也ㅣ니苟誠也ㅣ라

婦者는家之所由盛衰也ㅣ니苟慕一時之富貴而娶之면彼ㅣ

挾其富貴하야鮮(上聲)有不輕其夫而傲其舅姑하야養成驕妬之性

니이異日爲患이庸有極乎ㅣ리오

●며ㅣ느리는

(增註)此言婦之性行을當察也ㅣ니婦賢則家道盛하고不賢則家道衰라故로曰所由盛衰

借使因婦財以致富하며依婦勢以取貴도라苟有丈夫之志氣

者ㅣ면能無愧乎아

(集說)陳氏曰富貴有命이라不可必遠며假使依於婦而得之인댄豈丈夫之所爲乎

○安定胡先生이曰嫁女를必須勝吾家者니勝吾家則女之

事人이必欽必戒라니娶婦를必須不若吾家者니不若吾家則

사위가 진실로 어질면 지금은 비록 가난하고 천하나 어찌 다른때에 부하고 귀하지 못할줄 알리요 진실로 어질지 못하면 지금은 비록 부하고 성하더라도 어찌 다른 때에 가난하고 천하지 아니할줄 알리

며느리는 집의 성하고 쇠함을 말미암으니 구차히 한때의 부하고 귀함을 생각해서 장가 가면 저것이 그 부하고 귀한 것을 의세해서 그 가장을 없신여기고 그 시부모를 만홀히 여기지 아니하는 이가 드물게 있어서 교만하고 투기하는 성질을 길러 이루는 것이니 다른 날에 근심됨이 더큼이 있으리요

가령 며느리의 재물로 인하여 써 부함을 이루며 며느리의 세도를 의거해서 써 귀함을 취할지라 진실로 대장부의 뜻과 기운이 있으면 능히 부끄러움이 없는가

婦之事舅姑ㅣ必執婦道ㅣ니

●안정호선생이 말하기를 딸을 반드시 모름지기 우티집 보다 나은데에 시집 보낼 것이니 내 집 보다 나으면 딸의 사람 섬김이 반드시 공경하고 반드시 경계할 것이니라 며느리는 반드시 우리집만 못한데에 장가 갈것이니 우리집만 못하면 며느리가 시부모의 섬김이 반드시 며느리의 도리를 바로 갑을 것이니라

(集說)陳氏曰安定 地名 先生 名瑗 字翼之 泰州人 欽 欽敬 戒戒謹 吳氏曰女婦之性 大率畏慕富盛 而厭薄貧賤

○或이問嫠霜駿을於理에似不可取下通作娶同니如何오伊川先生이

혹이 묻기를 상부(홀어미)를 이수에 가히 취하지 못할 것 같으니 어떠합니까 이천선생이 말하기

曰然하나凡取는以配身也니若取失節者여하以配身면是는己失節也ㅣ니라

를 그러나 무릇 취하는 것은 몸에 짝하는 것이니 만약 절개를 잃은자를 취해서 써 몸에 짝을 하면 이것은 자신도 절개를 잃은 것이니라

(集解)娶婦 共承宗廟 若娶失節者 爲配 則與己之失節 同矣

又問或有孤嫠이貧窮無託者든어可再嫁否아曰只是後世에

또 묻기를 혹 외로운 과부가 가난 하고 궁해서 의탁할곳 없는자거든 가히 두번 시집갑니까 대답

怕寒餓死故로有是説니하然나이餓死事는極小고하失節事는極大라하니

해 말하기를 만약 이 뒷 세상에 춥고 굶어죽는데 절박한 고로 이 말이 있으니 그러나 굶어 죽는 일은 극히 적고 절개를 잃은 일은 극히 많으니라

(集解)餓死極小 謂人誰不死 欲求守節 有甚於求生也 失節極大 謂失身再嫁 中心羞愧 無以自立於天地

之間 雖生 何益哉

○顏氏家訓에 曰婦는 主中饋라 唯事酒食似衣服之禮耳니 國
不可使預政이며 家不可使幹蠱니 如有聰明才智識達古今
도이라 正當輔佐君子여하 勸其不足니이 必無牝(빈)〔毗忍反〕晨鳴여하 以致
禍也ㅣ니

●안씨가훈에 말하기를 며느리는 중궤(음식 맡은 일)를 주로 하는 것이라 오직 술과 밥과 의복의 일
이니 나라에는 하여금 정사를 간예하지 아니하며 집에서는 하여금 주장을 하지아니할 것이니 마치
총명하고 재주 있고 지혜 있어서 고금을 통달하는 앎이 있더라도 바로 마땅히 군자(가장)를 도와
서 그 족하지 못한 것을 권할 것이니 반드시 암닭이 새벽에 울어서 써 재앙을 이룸이 없을 것을 도와
(增註) 進食曰饋 居中饋 婦人主之 幹猶主也 蠱事也 牝雞晨鳴 婦人預政 幹蠱之諭也 婦人預政幹
蠱 則有敗亡之禍矣

○江東婦女는 略無交遊여하 其婚姻之家ㅣ 或十數年間에 未
相識者오 唯以信命贈遺로 致慇懃焉니하

●강동부녀는 대략 외인과 사괴어 놀미 없어서 그 혼인한 집이 혹 수십년간에 서로 알지 못하고 오
직 서신과 명령과 주는 것과 보내는 것으로 써 은근함을 이루느니라
(增註) 略無交遊 絕不與外人往還也 信命以言 贈遺以物 皆所以通慇懃之意

鄴下風俗은 尊以婦待門戶여하 爭訟曲直하며 造請逢迎하며 代子
求官하며 爲去聲 夫訴屈하니 此ㅣ乃恒代遺風乎ㅣ며

●읍하 고을 풍속은 부녀로 써 문호를 가리기를 높혀서 곡직(시비)을 다투며 만나고 맞기를 청하
며 자식을 대신해서 벼슬을 구하며 가장을 위해서 어굴함을 소송하나니 이것이 이에 환공 시대의

끼친 풍속 일진저

(集說)陳氏曰鄴下 古之相州 造請謁人於外 逢迎謂延客於家 恒代 燕趙之間 地名 (集成)陳氏曰千里不同風 其氣有剛柔 百里不同俗 其習有善惡

○夫有人民而後에 有夫婦하고 有夫婦而後에 有父子하고 有父子而後에 有兄弟하니 一家之親은 此三者而已矣니 自玆以往으로 至于九族히 皆本於三親焉이니 故로 於人倫에 爲重也ㅣ니 不可不篤이니라

대저 사람과 백성이 있는 뒤에 부부가 있고 부부가 있은뒤에 부자가 있고 부자가 있은뒤에 형제가 있는 것이니 한집의 친함은 이 세가지 뿐이니 이로 부터 내려가서 구족(九代)에 이르기까지 다 삼친(부부부자형제)에 근본하니 연고로 인륜에 중함이 되니 가히 돈독하지 아니하지 못할것이니라

(集說)陳氏曰三親 夫婦 父子 兄弟也 九族 高曾祖 己身 子孫 曾玄九者 及旁親也 篤 厚也 三親 於人倫爲重 不厚則無所不薄矣

●兄弟者는 分形連氣之人也ㅣ니 方其幼也에 父母ㅣ 左提右挈하며 前襟後裾하여 食則同案하며 衣則傳服하며 學則連業하며 遊則共方하니 雖有悖亂之人이라도 不能不相愛也ㅣ니라

●형제는 형체를 나누었고 기운을 연했는 사람이니 그 어릴때에 부모가 업고 안고 앞세우고 뒤세워서 먹으며 밥상을 같이 하며 의복은 전해 입으며 배우면 학업을 연하며 놀면 방향을 같이 하니 비록 패리하고 난잡한 사람이 있더라도 능히 서로 사랑하지 아니하지 못할 것이니라

(集解)兄弟 同出於父母 故 形分而氣同

及其壯也하여 各妻其妻하며 各子其子ㅣ라 雖有篤人之厚ㅣ라도 不能

不少衰也ㅣ니라

●그 장성함에 미쳐서는 각각 그 안해를 안해로 하며 각각 그 아들을 아들로 하는지라 비록 돈독
하고 후한 사람이 있더라도 능히 조금 쇠하지 아니하지 못할 것이니라
(集說)吳氏曰及其有室家也 則各妻其妻 有嗣息也 則各子 其子物我相形 偏私漸起 雖有純篤謹厚之人
而親愛之情 不能不衰替也

娣姒之比兄弟則疎薄矣니 今使疎薄之人而節量親厚
弟姒似
之恩이면猶方底而圓蓋라 必不合矣니 唯友悌深至하야 不爲去聲傍
人之所移者여야 免夫저ㅣ

●맏동서와 아우동서를 형제에 비교하면 성글고 박한 것이니 이제 소박한 사람으로 하여금 친하고
두터운 은혜로 절도해서 헤아리면 밑은 모나고 덮개는 둥근 것과 같은지라 반드시 합하지 아니
할 것이니 오직 우애하고 공경함이 깊고 지극해서 옆에 사람의 이간한 바가 되지 아니한 자라야 면
할진저 (集說)吳氏曰娣姒 謂兄弟之妻 長婦曰姒 幼婦曰娣 節量 謂節制量度也 傍人 則娣姒也

○柳開仲塗ㅣ曰皇考ㅣ治家되 孝且嚴이러시니 朝望에 弟婦等이 拜
堂下畢하고 卽上聲手低面하야 聽我皇考訓誡하더니 曰人家兄弟ㅣ
無不義者마는 盡因娶婦入門하야 異性이 相聚하야 爭長競短하야 漸
漬(침)日聞하며 偏愛私藏하야 以致背(패)戾하야 分門割戶하야 患若賊
讎하나니 皆汝人所作이니 男子剛腸者幾人이 能不爲婦人言의
所惑고 吾見이 多矣니 若等은 寧有是耶여시든 退則慚慚하야 不敢

出一語爲不孝事하니 開輩ᅵ抵此賴之여하 得全其家云다이로

● 유개동이가 말하기를 황고(죽은아비)가 집을 다스리되 효도 하고 또 얼하시더니 초하루와 보름에 자제와 며느리들이 뜰 아래서 절해 마치고 손을 올리고 낯을 낮추어서 우리 황고의 훈계를 듣더니 말하기를 사람의 집 형제가 의리롭지 아니한 자가 없던만은 다 장가가서 안해를 맞이하여 들어옴으로 인해서 다른 성이 서로 모여서 한겻을 다투고 못한겻도 다투어서 점점 젖어서 날로 들으며 짜지게 사랑하고 사사재물을 감추어 둥지고 어김을 이루어서 문호를 나누고 활당해서 근심하기를 도적과 원수 같이 하나니 다 너희들의 지은 바라 남자의 간장이 강한자 능히 부인의 말에 혹하는고 내가 본것이 많으니 너희들 차라리 이런 것이 있으리요 하시거늘 물러서서 겁내서 감히 한말도 아니하는고 효도 아니된 일을 하지 아니하니 유개의 무리가 이때까지 힘입어서 얻어 그 집을 보전했다 이르니라

(集說) 陳氏曰開은 字仲塗ᅵ니 大名人이라 父沒에 稱皇考朝라 謂朔朝ᅵ니 上手는 擧手也ᅵ라 漸漬謂諧言이 如水之浸潤不驟也ᅵ라 抵此猶言至今云이니 語辭ᅵ라

○伊川先生이曰今人이 多不知兄弟之愛다로 且如閭閻小人이 得一食면하 必先以食父母似하나 夫何故오以父母之口ᅵ重於己之口也오ᅵ니 得一衣면하 必先以衣父母하나니 夫何故오以父母之體ᅵ重於己之體也ᅵ라 至於犬馬하여도 亦然하니 待父母之犬馬를 必異乎己之犬馬也ᅵ대로 獨愛父母之子를 却輕於己之子여하 甚者는 至若仇敵여하 擧世皆如比하니 惑之甚矣라니

偏愛各有所厚也ᅵ라 私藏各有所蓄也ᅵ라 若汝의 惴惴恐懼之貌ᅵ라

● 이천선생이 말하기를 이제 많은 사람이 형제의 사랑을 알지 못하는도다 또 거리에 소인 같은이 가 한 먹을 것을 얻으면 반드시 먼저 써 부모를 대접하나니 대저 어떤 연고인고 부모의 입이 자기의 입보다 소중한 것이요 웃하나를 얻으면 반드시 먼저 부모에게 입히나니 대저 무슨 연고인고 부

(增註) 夫愛父母之口體 犬馬 重於己之口體 犬馬者 天理之明也 愛父母之子 輕於己之子者 人欲之蔽也

모의 몸이 자기 몸 보다 소중 함이니라 소중 함이니라 개와 말을 먹이기를 반드시 자기의 개와 말 보다 달리하되 홀로 부모의 자식 사랑하는 것을 문득 자식 보다 가벼 이해서 심한 자는 원수 같이 해서 온 세상이 다 이같으니 의혹 됨이 심한지라 推其所明 而達之於其微 則盡道矣

●橫渠先生이曰斯干詩에言兄弟矣ㅣ式相好(去聲)矣오無相猶 矣니라하니 言兄弟ㅣ宜相好오不要相學이니猶는似也라人情이大抵 患在施之不見報則輟故로 恩不能終하나니 不要相學이오己 施之而己라하니

횡거선생이 말하기를 사간시(시평명)에 형제가 서로 좋고 서로 같이 할이 없을 것이라 하니 말하되 형제는 마땅히 서로 좋아할 것이오 서로 본받지 아니할 것이니 유는 같다 말이라 인정이 대략같으니 근심이 베풀어서 갚음을 보지 못하면 거두는데 있는지라 그런고로 은혜를 능히 마치지 못하나니 서로 본받지 말기를 요하는 것이오 자신만이 베풀 따름이니라

(集解) 斯干 小雅篇名也 斯此也 干水涯也 好愛也 和也 오止也 朱子曰此 築室旣成 宴飮以落之 因歌 其事也 不要相學 言 不要相學其不好處也 如兄能友其弟 弛却不恭其兄 兄豈可學弟之不恭 而遂忘其恭 但當盡其恭而已 弟能恭其兄 兄却不友其弟 弟豈可學兄之不友 而遂忘其友 但當盡其友而已 (增註)

式語辭

●伊川先生이曰近世淺薄하여 以相歡狎으로爲相與하며 以無圭 角으로爲相歡愛하나니 如此者ㅣ安能久ㅣ리오 若要久댄 須是恭敬이니 君臣朋友ㅣ皆當以敬爲主也ㅣ니라

이천선생이 말하기를 요사이 세속은 얇고 박해서 서로 즐기고 친압 함으로써 서로 사괴며 둥글

고 모남이 없으므로 써 서로 즐기고 사랑하나니 이같은 자가 어찌 능히 오래리요 만약 오래기를 요구할진댄 공순하고 공경할것이니 임금과 신하와 벗이 다 마땅히 써 공경을 주장 삼을 것이니라

(集說) 歡狎 謂歡好而藝狎也 無圭角 謂去聲方而爲圓也

○横渠先生이曰今之朋友ㅣ擇其善柔以相與하여拍肩執袂
하여以爲氣合하고一言不合이어든怒氣相加하나니朋友之際는欲其相
下不倦이라故로於朋友之間에主其敬者ㅣ日相效與하여得效ㅣ
最速하나니라

횡거선생이 말하기를 이제 벗과 벗은 착하고 부드러움을 가려서 어깨를 치고 소매를 잡으며 써 기분이 맞는다 하고 한마디의 말이 맞지 아니하거든 성낸 기분을 서로 더하나니 벗과 벗의 교제는 서로 아래 되기를 게으리 아니하고저 하는 것이라 그런고로 벗과 벗의 사이에 그 공경을 주장하는 자라야 날로 서로 가르침을 주어서 효력 얻기가 가장 속하느니라

●童蒙訓에曰同僚之契와交承之分이(增註 善柔 謂善為柔媚 氣合 謂意氣相合 相下 謂彼此相讓 效 即忠告善道之益也)有兄弟之義하니至其
子孫여하亦世講之니하前輩는專以此為務하더니今人은知之者ㅣ蓋
少矣라니又如舊舉將及嘗為舊任按察官者를後에己官이
雖在上나이前輩ㅣ皆辭避하여坐下坐니하風俗이如此ㅣ면安得不厚
乎오ㅣ리

●동몽훈에 말하기를 같은 동료의 합함과 사괴고 받드는 분의가 형제의 의분이 있으니 그의 자손

에 이르러서 또한 대대로 강론하니 전배(선배)는 전혀 이것으로써 힘씀을 하거늘 지금 사람은 아는 자가 대개 적으니라 또 만약 예전에 들어준 장수와 및 일찍이 구임(자기앞임관)되고 벼슬을 인 도한 자를 뒤에 자기의 벼슬이 비록 위에 있으나 천배들은 다 사양하고 피해서 아래 좌석에 앉더 니 풍속이 이같으면 어찌 얻어 후하지 아니 하리요

(集解) 契은 合也ㅣ오 交承은 新舊交代也ㅣ라 分은 際也ㅣ오 擧將은 擧主也ㅣ라

○范文正公이爲叅知政事時에告諸子曰吾ㅣ貧時에與汝
母로養吾親할새汝母ㅣ躬執爨호되[取亂反]而吾親甘旨ㅣ未嘗充也ㅣ러니吾
今而得厚祿하야欲以養親나親不在矣오汝母ㅣ亦已早世니하吾
所最恨者나忍令若曹로享富貴之樂也아[洛]

● 범문정공이 참지정사가 되었을때에 모든 아들들에게 고해 말하기를 내가 가난할때에 너희 어머니로 더부러 나의 어버이를 봉양할새 너희 어머니가 몸소 밥을 지어서 나의 어머님의 단맛을 일찍이 채우지 못하였더니 이제에는 후한 녹을 얻으니 어머님이 계시지 아니하고 너희 어머니가 또 일찍 죽었으니 내가 가장 한스러운 바라 참아 너희 무리로 하여금 귀한 즐거움을 안향 할까?

(集解) 陳氏曰公의 名仲淹이오 字希文이니 一州縣人이라 公이 二歲而孤하니 親은 謂母也ㅣ라 [炊也] [甘旨美味也] [早世早沒]

吾吳中宗族이甚衆하니於吾에固有親疎나어然吾祖宗이視之
則均是子孫이라固無親疎也니苟祖宗之意에無親疎則饑寒
者를吾ㅣ安得不恤也오리自祖宗來로積德百餘年而始發於
吾하여得至大官이어니하若獨享富貴而不恤宗族이면異日에何以見

祖宗於地下ㅣ며 今何顏入家廟乎ㅣ오리 於是에 恩倒俸賜를 常均

●於族人하고 幷置義田宅云하니

(增註)恩例異數也 俸賜常典也

●우리 오나라 가운데 종족(일족)이 심히 많으니 나에게는 실로 친하고 서먹서먹한이가 있거니와 그
러나 우리 조종(조상)으로 보면 고루 이 자손이라 진실로 친하고 서먹서먹한이가 없으니 진실로 조
종의 뜻에 친하고 서먹서먹한이가 없으면 배곯으고 추운자를 내가 어찌 얻어 구휼하지 아니하리요
조종으로 부터 음덕을 쌓은지 백년에 처음 나에게 발(발복)해서 얻어 큰 벼슬에 이르렀으니 만약
부와 귀를 안향하고 종족을 구휼치 아니하면 다른 날에 어찌 하여서 조종을 땅 아래에서 뵈오며
홀로 이제 무슨 낯으로 가묘(사당)에 들어가리요 이에 은(특별)으로 주는 것과 봉급으로 주는 것을
항상집안 사람에게 고루 나누어 주고 의(義)와 밭과 집을 두었다 하느니라

○司馬溫公이曰凡爲家長은 必謹守禮法하여以御羣子弟及
家衆하니이分之以職하며 授之以事而責其成功하며制財用之節하여
量入以爲出하며稱家之有無하여以給上下之衣食과 及吉凶
之費하되皆有品節而莫不均하며 裁省冗費하며 禁止奢華하여常
須稍存贏餘하여以備不虞ㅣ니라

(集解)范氏義莊 人日食米一升 歲衣縑一匹 嫁娶 喪葬 皆有給

●사마온공이 말하기를 보통 집의 어른이 됨은 반드시 삼가히 예법을 지켜서 모든 자제와 및 집무
리들을 통솔하는 것이니 직업을 나누며 일을 주어서 그 공을 이루기를 책임 지우며 재물 쓰기를 절
약해서 수입을 헤아려서 지출을 하며 집에 있고 없는 것을 마추어서 상하의 의복과 음식과 및
길사와 흉사의 경비를 주되 다 품위와 절도가 있어서 균일 하지 아니함이 없으며 잡비 용을 끊어 덜
며 사치하고 화려하려함을 금하고 그쳐서 항상 조금씩 두고 남겨서 써 상상치 못하던 근심을 방비하
느니라

(集說)陳氏曰禮 先王之禮 法 國家之法 御 統也 家衆 婢僕輩也 職 如主庖廩 掌田園之類 事 如治産業 給徵役之類 量入以出 入多則此員 入少則出少也 稱家以給 有則豐 無則儉也 吉凶 節言其當均一言其平 冗 雜也 羸 劇也 備防也 剩 不虞 謂不可虞度之事 如水火盜賊之類 此皆制財之節也

右는 廣明倫이라

●오른쪽은 인륜 밝힘을 넓힘이라

董仲舒ㅣ曰仁人者는正其誼義同不謀其利며明其道不計其功이니라

●동중서가 말하기를 어진 사람이라는 자는 그 의리를 바루고 그 재리를 계교 하지 아니하며 그 도리를 밝히고 그 공적은 계산하지 아니 하느니라

(集解)仲舒 廣川人 仁者 心之德 仁人者 心無私欲 而有其德者也 義者 心之制事之宜道者 事物當然之理也 (增註)朱子曰道是網說 義是就一事上說 正誼 未嘗不利 明道 豈必無功 但不先以功利為心耳

○孫思邈이曰膽欲大而心欲小하며智欲圓而行去聲欲方이니라

●손사막이 말하기를 쓸개는 크고저 하며 마음은 적고저 하며 지혜는 원만 하고저 하며 행검은 모나고저 하느니라

(集解)思邈 京兆人 朱子曰膽人 是千萬人 吾往之意心小 只是畏敬 蓋 志不大則卑陋 心不小則狂妄 圓而不方 則流於譎詐 方而不圓 則執而不通矣 葉氏曰膽大則敢於有爲 心小則密於察理 智圓則通而不滯

○古語에云從善은如登오이며復惡은如崩이라하

●옛말에 말하기를 착한 것을 따른 것은 높은데 올라 가는 것 같고 악한데 돌아가기는 문어지는 것 같으니라

(集說)陳氏曰古語 國語 升高曰登 墜下曰崩 朱子曰善者 天命所賦之本然 惡者 物欲所生之邪穢 眞曰氏從善如登 善難進也 從惡如崩 惡易陷也 進於善 則爲聖爲賢 而日趨於高明 陷於惡 則爲愚 爲下肖而日淪於汚下矣

○孝友先生朱仁軌ㅣ隱居養親ᄒᆞ더니 嘗誨子弟曰終身讓路
도ᄒᆞ여

不枉百步ᄒᆞ며 終身讓畔ᄒᆞ여 不失一段이니라

(集解) 仁軌 字德容 毫州人 路 行路畔 田界也 言 人終身讓路 而終無百步人枉 終身讓畔 而終無一段之失也 (集成) 李氏曰不枉 不失 盖引而進之之諭 非計功謀利之謂也

효우선생 주인궤가 숨어 살아서 어버이를 봉양하더니 일백 발자욱을 굽히지 아니하며 몸이 마치도록 밭 이랑을 사양 하여도 한 마지 기를 잃지 아니 하느니라

○濂溪周先生이 曰聖希天이오 賢希聖이오 士希賢이니라

(集說) 吳氏曰濂溪 地名 先生 名敦頤 字茂叔 道州人 朱子曰希 望也

염계 주선생이 말하기를 성인은 하늘을 바라고 현인은 성인을 바라고 선비는 현인을 바라나니라

○伊尹顔淵은 大賢也ㅣ라 伊尹은 恥其君不爲堯舜ᄒᆞ며 一夫ㅣ不得

其所 若撻于市ᄒᆞ고 顔淵은 不遷怒ᄒᆞ며 不貳過ᄒᆞ며 三月不違仁ᄒᆞ니라

(集解) 伊 姓尹 字也 名摯 相湯伐桀 若撻于市 言恥之甚也 朱子曰遷 移也 貳復也 三月 言其久 仁

이윤과 안연은 큰 어진이라 이윤은 그 임금이 요임금과 순임금이 되지 못함을 부끄러히 하며 한 사람이 그 곳을 얻지 못함을 저가 가운데 매 맞는것 같이 하고 안연은 성냄을 옮기지 아니하며 두 번 허물 짓지 아니하며 석달 동안을 어김(仁)에 어기지 아니하느니라

志伊尹之所志ᄒᆞ며 學顔淵之所學이면

(集解) 伊尹之德也 不違仁者 心之德也 無私欲而有其德也 此皆賢人之事也

이윤의 뜻한 바를 뜻하며 안연의 배운 바를 배우면

過則聖이오 及則賢이오 不及則亦不失於令名이니라

(集解) 朱子曰此言 壬 布賢也

지나면 성인이오 미치면 현이오 미치지 못하여도 또한 착한 이름에 잃지 아니 하리라

●넘어가면 성인이요 미치면 어진이요 미치지 못하면 또한 착한 이름에 잃지 아니하느니라

(集成)朱子曰三者 隨其用力之淺深 以爲所至之遠近 不失令名 以其有爲善之實也

●聖人之道는 入乎耳存乎心여하 蘊之爲德行 聲去오이 行之爲事
業니이 彼以文辭而已者는 陋矣라니

(集解)蘊 積也 聖人之道 入耳 存心 積於中 爲德行者 道之體也 發於外 爲事業者 道之用也 若夫 文
所以載道 苟徒騁葩藻 以爲文辭 則其卑陋 甚矣

●성인의 도논 귀에 들어오고 마음에 두어서 쌓아서 덕행이 되고 행동해서 사업이 되나니 저들의
글과 말 ᄯᆞᆫ인 자는 더러우니라

●仲由는 喜聞過라 令名無窮焉하더 今人은 有過ㅣ어든 不喜人規
하는

(集說)朱子曰喜其得聞而改之 陳氏曰規 規諫 悟 悔悟 噫 傷痛聲

●중유는 허믈 듣기를 좋아 하더라 병을 보호 해서 의원을 꺼리는 것과 같아서 차라리 그 몸을 멸망하여서
도 깨닫지 않으니 하나니 슬프니라
옛볼까 즐기지 아니 하나니

●如護疾而忌醫여하 寧滅其身而無悟也니라噫

●明道先生이曰聖賢千言萬語ㅣ只是欲人이 將己放之心
約之여하 使反復入身來니 自能向上去하여 下學而上達也ㅣ니라

(集說)陳氏曰約 猶收也 下學而上達 下學人事而上達天理也 朱子曰所謂 反復入身來 不是將己縱出底收
拾轉來 只是知求則心便在 便是反復入身來 又曰能求放心則志氣淸明 義理昭著 而可以上達 (集成)朱
子曰求放心 乃爲學根本田地 能如此向上 更做窮理工夫 方見所存之心 所具之理 不是兩事 隨應自然中
이니라

●명도선생이 말하기를 성인의 천언 만어가 오직 사람의 이미 내친 마음을 거두어서 하여금 도리
허 몸에 들어오게 할것이니 스스로 능히 위를 향해 가서 아래로 배워서 위로 통달 하게 하고저 함
이니라

節 方是儒者事業

○心은要在腔子裏라니

●마음은 요컨데 몸속에 있을것이라
(集說)朱子曰心之爲物 至虛 至靈 神妙不測 常爲一身之主 以提萬事之網 而不可有頃刻之不存者也 一自覽 而馳驚飛揚 以徇物欲於軀殼之外 則一身無主 萬事無網 雖其俯顧眄之間 盖己不目覺其身之所在 矢又曰敬 便在腔子裏

○伊川先生이曰只整齊嚴肅則心便一니이一則自無非辟僻

之干이니라
●이천선생이 말하기를 다뭇 정제하고 엄숙하면 마음이 문득 전일하나니 전일하면 스스로 그르고 짝짐의 간섭이 없느니라
(集解)整齊嚴肅 如正衣冠 尊瞻視之類 一專一也 (增註)盧氏曰外面 整齊嚴肅 則內面 便一 內面一則外面 便無非辟之干

○伊川先生이甚愛表記에君子ㅣ莊敬日疆고하安肆日偸之

語머니시盖常人之情이 緃放肆則日就曠蕩고하 自檢束則日就

規矩ㅣ니
●이천선생이 심히 표기(예기편명)에 군자가 썩썩하고 공경하면 날로 게을러 진다는 말을 사랑하드시 대개 보통 사람의 인정이 겨우 방탕하고 퍼면 날로 비어서 허탕한 대로 나아가고 스스로 검속하면 날로 법으로 나아가느니라
(集解)表記 禮記篇名 偸惰也 周氏曰莊敬 可以言君子 安肆 亦言君子者 盖謂 爲君子 果莊敬 則日入
於疆 或安肆 則日入於偸矣

○人於外物奉身者에事事要好되하只有自家一箇身與心을

却不要好하나 苟得外物好時면 却不知道自家身與心이己

自先不好了也ㅣ니라

● 사람이 바깥 물건으로 자신을 위하는 자에 일일이 좋은 것을 요구하되 다못 자기의 몸과 마음을
　자기 몸과 다못 마음이 이미 스스로 먼저 좋지 못해 마침을 알지 못하느니라

(集說)陳氏曰外物之奉身者 如飮衣服宮室之類 身不好 謂身不檢 心不好 謂心不收

○伊川先生이曰 顏淵이 問克己復禮之目한대 孔子ㅣ曰非禮
勿視하며 非禮勿聽하며 非禮勿言하며 非禮勿動이라하시니

● 이천선생이 말하기를 예가 아니거든 몸을 이기고 예에 회복하는 과목을 물은대 공자가 말하기를 예가 아
니거든 보지 말것이며 예가 아니거든 듣지도 말것이며 예가 아니거든 말하지 말것이며 예가 아니거
든 움직이지 말것이라 하시니라

(集說)朱子曰克 勝也 己 謂身之私欲也 復反也 禮者 天理之節文也 目 條件也 非禮者 己文私也 勿者
禁止之辭 是 人心之所以爲主 而勝私復禮之機也

四者는 身之用也ㅣ라 由乎中而應乎外ㅣ니하시 制乎外는 所以養其
中也ㅣ라 顏淵이 事斯語하니 所以進於聖人이니 後之學聖人者는 宜
服膺而勿失也ㅣ라 因箴以自警하노라

● 빗자는 몸의 쓰임이라 가운데로 부터 밖으로 응하나니 밖을 절제 함으로 그 가운데를 기르는
라 안연이 이 말씀을 일삼은지니 바로 써 성인에 나아드는 것이니 뒤에 성인을 배우는 자는 마땅히
심복하고 응증해서 잃지 말것이니라 인하며 참(경계하는글)을 지어서 써 스스로 경계 하노라

(增註)視聽言動 皆身之用 由心而出者也 非禮勿視聽言動 所以制外而養心也 事 從事也 服 著也 膺
胷也 奉持而著之心胷之間也 朱子曰由中應外 泛言其理 如此耳 制外養中 方是說做工夫處 (集解)進於聖

人進步幾聲及之意

其視箴에 曰心兮本虛하니 應物無迹이라(操平聲) 操之有要하니 視爲之則이(칙)라

蔽交於前하면 其中則遷하나니 制之於外하여 以安其內니라 克己復

禮久而誠矣라

●그 보는 잠에 말하기를 마음이여 본래 공허하고 신령하니 물건을 응하여도 자취가 없는지라 잡음

이 요지러움이 있으니 보는 것이 법이 되느니라 물욕의 폐단이 앞에 덮어이면 그 가운데 것이 옮기

나니 밖에 절제를 해서 써 그 안을 편안하게 하느니라 자신을 이기고 예에 회복하면 오래서 정성

하리라

(增註) 心之體 本自虛明 而其用則隨物而應 無有形迹 操而存之之要 以視爲則而已 盖物欲之蔽 交接於

前 則心隨之以遷 此 非禮之視 所以當制也 誠者 從容不勉者也 朱子曰人之視聽言動 視最在先 爲操心

之準則

其聽箴에 曰人有秉彝는 本乎天性이니 知誘物化하여 遂亡其正

卓彼先覺은 知止有定이라 閑邪存誠하여 非禮勿聽이니라

●그 듣는 잠에 말하기를 사람이 잠을 떳떳함이 있는지라 하늘 성품에 근본 하였으니 지혜가 물건

의 유인에 따라 화하여서 드디어 그 옳음을 잃어 버리나니 저 먼저 깨달은이는 그 칠줄을 알아

서 정함이 있으니 바르지 못한 것을 막고 정성을 두어서 예 아님을 듣지 말것이니라

(增註) 性 即理也 人之秉彝 乃得於天地正理也 聽非禮則心之知 爲物所引誘 與之俱化而正理遂亡矣 能防閑其邪妄於外 而存其實理於內 自然非禮勿聽也

其言箴에 曰人心之動이 因言以宣하나니 發禁躁妄이라 內斯靜

專하나니 矧是樞機라 興戎出好(好去聲)하나니 吉凶榮辱이 惟其所召라

傷易則誕이오傷煩則支며己肆物忤하고出悖來違하나니非法不道

●欽哉訓辭하라

하여

그 말하는 잠에 말하기를 사람 마음의 움직임이 말을 인하여서 써 선동하나니 말을 낼때에 번조하고 망영됨을 금하여서 내심이 이에 안정하리라 하물며 이것이 문 돌쩌구요 기틀이라 난리도 일으키고 좋은 일도 내나니 길하고 흉하고 영화롭고 욕됨이 오직 그의 부르는 바니라 경이한데 상하면 오는 것이 어기나니 법이 아니면 말하지 아니하며 훈계말에 공경하라

(增註)宣布也니人心有動於內因言以宣於外所謂言者心之聲也라發發言也言不煩躁則心妄靜言不妄誕則心專一短況也樞機喩言이오說見魯公詩戒兵也好善也謂言能與戒出好且召吉凶榮辱也傷於輕易則妄誕己放肆則忤於人出者逆則來者違四者言之病也

其動箴에曰哲人은知幾(平하)誠之於思하고志士는勵行(去聲라)守之하나니於爲하나順理則裕오徒欲惟危니造次克念하여戰兢自持라習與性成하면聖賢同歸하리라

그 움직이는 잠에 말하기를 철인(통철한사람)은 기틀을 알아서 생각을 정성껏 하고 뜻있는 선비는 행실을 가다듬는지라 하는데에 지키나니 이수를 따르면 녁녁하고 욕심을 쫓으면 오직 위태 하나니 조차(잠간)라도 힘써 생각해서 전궁(접내는모양)해서 스스로 가지라 습관이 성품으로 더부러 이루면 성현과 한가지 도라가리라

(增註)思者動於心也惟知幾之哲人能誠之爲者動於身也惟勵行之志士能守之二者雖不同然皆順理則安裕從欲則卵險也(集解)朱子曰程子之箴發明親切學者尤宜深玩

●伊川先生이言人有三不幸하니少年登高科ㅣ一不幸이오席父兄之勢하여爲美官이二不幸이오有高才能文章이三不幸也니

●이천선생이 말하기를 사람이 세가지 다행하지 못함이 있으니 젊은 나이에 높은 과거에 오르는 것이 한가지 다행하지 못함이요 부형의 세도를 자리해서 아름다운 벼슬을 하는 것이 둘째 다행하지 못함이요 높은 재주가 있어 문장이 능한 것이 셋째 다행하지 못함이니라

(增註) 幸 猶慶也 少年登高科者 學未優 藉勢爲美官者 人不稱譽有高才 能文章者 恒無德以將之 此三者 皆不足以致遠 故謂之不幸

○橫渠先生이 曰學者ㅣ 捨禮義則飽食終日하야 無所猷爲하야 與下民一致라 所事ㅣ 不踰衣食之間과 燕遊之樂洛耳라니

횡거선생이 말하기를 배우는 자가 예와 의리를 버리면 배부르게 먹고 날이 마쳐서 꾀하는 바가 없어서 아래 백성으로 더부러 한가지라 일하는 바가 입고 먹는 사이와 잔치하고 노는 즐거움에 넘지 아니 하느니라

(集註) 陳氏曰捨는 棄也 猷爲는 謀猷作爲也 一致는 猶言同歸 踰는 過也

○范忠宣公이 戒子弟曰人雖至愚ㅣ라도 責人則明하며 雖有聰明이라도 恕己則昏이니하나 爾曹는 但常以責人之心으로 責己하고 恕己之心으로 恕人이면 不患不到聖賢地位也ㅣ라

●범충선공이 자제를 경계하여 말하기를 사람이 비록 지극히 머저리라도 남을 꾸짖으면 밝은 것이니 비록 총명이 있더라도 자기를 용서하는 데는 어둡나니 너희 무리들은 다만 항상 남을 꾸짖는 마음으로 자기를 꾸짖고 자기를 용서하는 마음으로 남을 용서하면 성현의 지위에 이르지 못할까 근심하지 아니할 것이니라

(集說) 陳氏曰公 名純仁 字堯夫 忠宣 諡也 文正公之子 朱子曰恕 是推去的 於己 不當下恕字 若欲脩潤其語 當日以愛己之心 愛人 吳氏曰恕字之義 范公蓋以寬恕爲言也

○呂榮公이 嘗言後生初學이 且須理會氣象이니 氣象好時엔

百事ㅣ是當^{去聲}하니 氣象者는 辭令容止輕重疾徐에 足以見之矣

不惟君子小人이 於此焉分이라 亦貴賤壽夭之所由定也ㅣ니

●여영공이 일찍 말하기를 뒤에 나는 이가 처음 배우는 이가 또 모름지기 기운 형상을 이해 할것이니 기상이 좋을 때에는 백가지 일이 마땅하거니 기상이 가볍고 무거우며 빠르고 종용함에 족히 써 볼 것이니 오직 군자와 소인이 이에서 나누어질 뿐 아니라 또한 귀하고 고 오래 살고 일찍 죽는 것의 정하여지는 바니라

(增註)理會 謂省察矯揉之 辭令 出諸口 容止見諸身 乃德之符也 故 端重安徐者 爲君子 爲貴 爲壽輕
浮躁疾者 爲小人 爲賊 爲夭

○攻其惡이 無攻人之惡이니 蓋自攻其惡이면 日夜에 且自點檢
絲毫不盡이라 則慊^겸(苦簟反)호되 於心矣니 豈有工夫ㅣ 點檢他人耶ㅣ리오

그 약함을 공박하고 남의 악함을 공박함이 없을 것이니 대개 스스로 그 악함을 공박하면 낮과 밤에 또 스스로 점검해서 실과 털끝 같이라도 극진하지 못하더라도 곧 마음에 맞지 않음을 것이니 어 찌 공부가 다른 사람 점검하는데 있으리요

(集說)陳氏曰攻 專治也 攻其惡 無攻之惡 孔子之言也 蓋 發語辭 士之檢身 一念之惡 未盡去 卽有愧
於心矣 何暇責人哉

○大要前輩作事는 多周詳하고 後輩作事는 多闕略하니

대개 선배의 일짓는 것은 주변 자상한 것이 많고 후배의 일 짓는 것은 빠지고 간략함이 많으니라

(集解)大要 猶言大抵 (增註)周則無闕 詳則不略 用心勤密 則作事多周詳 用心踈怠 則作事多闕略

○恩讐分明此四字는 非有道者之言也오 無好人三字는 非

○有德者之言也니 後生은 戒之하라

●은혜와 원수를 분명히 할 것이라 하는 이네 글자는 도덕이 있는 사람의 말이 아니고 좋은 사람

○張思叔의 座右銘에 曰凡語를 必忠信하며 凡行聲去을 必篤敬하며 飮

食을 必愼節하며 字畫을 必楷正하며

容貌를 必端莊하며 衣冠을 必肅整하며 步履를 必安詳하며 居處聲上을 必

正靜하며

作事를 必謀始하며 出言聲上下을 必顧行聲上下며 常德을 必固持하며 然諾을 必

重應하며 見善如己出하며 見惡如己病이니

이 없다 하는 셋 글자는 덕 있는 자의 말이 아니니 후생들은 경계하라

(集解)孔子曰以德報德 以直報怨 若有怨 必思報復 豈有道者哉 孟子云 人性皆善 人皆可以爲堯舜 若

鄙薄當世 以爲無好人 豈有德者哉 此 後生小子 所當戒也

(集說)陳氏曰思叔 名繹 河南人 伊川弟子 銘者 自警之辭 愼 謂不苟食 節 謂不恣食 楷 謂不草率 正

謂不偏邪

●장사숙의 좌우명에 말하기를 모든 말은 반드시 충성 되고 미덥게 하며 모든 행실을 반드시 돈독

하고 공경하며 먹고 마시는 것을 반드시 절도를 삼가며 글자 획은 반드시 반듯하고 바르게 쓰며

●얼굴 모양을 반드시 단정하고 씩씩하게 하며 옷과 갓을 반드시 편안하고 정숙하게 하며 거처하

기를 반드시 바르고 요하게 하며

(集解)容貌 擧一身而言 端莊 端正莊嚴也 衣冠 所以正容儀 肅整者 嚴肅齊整也 足容重故 當貴乎安詳

居處恭故 必在乎正靜也

●일하기를 반드시 처음 부터 꾀하며 말을 내기를 반드시 실행 할 것을 돌아보며 항상 덕을 반드

시 군게 가지며 허락 함을 반드시 무겁게 응하며 착한 것을 보고 자기 한것 같이 하며 악한 것을

보고 자기 병 같이 할것이니라

(集說)陳氏曰 事謀於始 則無後悔 言顧其行 則非空言 常德 平常之德 持之固則不失 然諾 皆應辭 應之

重則思踐 如己出 冀己亦有是善也 如己病 恐己亦有是惡也

凡此十四者를 我ㅣ皆未深省이라 書此當坐隅여하 朝夕視爲警이라하노
라

무릇 이 열네가지를 내가 다 깊이 살피지 못한지라 써서이 앉은 구석에 붙쳐서 아침과 저녁으로 봐서 경계를 하노라

(集解)熊氏曰座右銘 凡十四言 不過卽其日用言動之間 出入起居之際 大要 以敬爲主 曰愼節 曰楷正曰 瑞莊曰肅整 曰安詳 曰正靜 曰固持 曰重應 非敬 其能然乎 作事謀始 一動不忘敬也 出言顧行 一語不 忘敬也 程門敎人 以敬爲先 思叔此銘 學者 所當佩服而深省也

●胡文定公이曰人이須是一切世味에 淡薄야이라 方好니이 不要 有富貴相이니 孟子ㅣ謂堂高數仞과 食前方丈과 侍妾數百人 我得志不爲시니라하 學者ㅣ須先除去此等이오 常自激昂야하여 便不 到墜墮라니

호문정공이 말름기를 사람이 모름지기 이 모든 세상 맛에 맑고 박해서 방향으로 좋을 것이니 부귀한 형상 있음을 요하지 아니하나라 맹자가 이르되 높은 마루 높이가 두어길 되는 것과 먹는 밥상이 사방 한발과 뫼시는 첩이 수백 사람을 내가 얻더라도 하지 아니하나니 배우는 자가 먼저 이런 등속을 버릴 것이요 항상 스스로 격양(격동해야양양한)을 해서 문득 떨어지는데 이르지 말것이 니라

(集解)世味 如飮食衣服居室之類 淡薄 謂食取充腹 衣取蔽形 居室取蔽風雨也 富貴相 卽所謂 堂高數 仞 食前方丈 侍妾數百人之類 八尺曰仞 方丈也 謂食饌列於前者 方一丈也 除去此等 卽富貴相也 (增註) 激昂 卽奮發也 墜 墮 皆落也 不以當貴爲事 常自激昂而爲善 則不淪於汚下矣

●嘗愛諸葛孔明이 當漢末여하 躬耕南陽여하 不求聞達니하며 後來에

雖應劉先主之聘니하 宰割山河여하 三分天下여하 身都將相여하 手

握重兵여하 亦何求不得면이 何欲不遂ᄆᆞ는 乃與後主言하 成都에

함을 사랑 했더니 뒤에 비록 유선주(유비)의 맞음을 응하니 산과 하수를 맡아 끊어서 천하를 셋으

有桑八百株와 薄田十五頃니하 子孫衣食이 自有餘饒오 臣身

로 나누어서 자신의 장수와 정승이 되어서 손수 중한 군사를 장악해서 또한 무엇을 얻지 못하며 무

在外여하 別無調去聲度去聲라 不別治生여하 以長尺寸니하노 若死之日에

엇을 하고져 한들 이루지 못하리요 마는 이에 후주(뒷임금)로 더부러 말하되 성도(지명)에 뽕나무 무

不使廩有餘粟며하 庫有餘人財여하 以負陛下니라하더니 及卒에 果如

팔백주와 토박한 밭 열다섯 두락이 있으니 자손의 입고 먹을 것이 스스로 남고 배부름이 있을 것

이요 신의 몸이 외지에 있어서 별로 탈이 없는지라 생계를 다스리지 아니해서도 써 척촌(조금큼)

를 더부러 늘이노니 만약 죽는날에 하여금 창고에 남은 곡식이 있으며 창고에 남은 재물이 있어서 써 폐하

를 등지지 아니할 것이라 하더니 죽음에 미침에 그 말과 같으니 이같은 사람은 참 가히 대장부라

고 이를로다

● 其言니하 如此輩人은 眞可謂丈夫矣로다

일찍이 제갈공명이 한나라 말년이 당해서 몸소 남양에 밭을 갈아서 소문과 통달함을 구하지 아니

(集說)陳氏曰南陽은 地名이오 先生은 漢昭烈也라 嘗三顧武侯於草廬之中하야 宰는 宰制오 割分割이오 三分天下는 謂昭烈居蜀하고

曹操居中原하고 孫權居江南하야 分天下爲三國也라 都는 猶居也오 握은 猶掌也오 成都는 郡名이오 百畝爲頃이오 饒도 亦餘也오 躬耕

南陽하야 若將終身하고 及爲將相하야 志惟興漢이라 孟子稱大丈夫에 貧賤不能移하며 富貴不能淫이라하니 武侯有之矣라 (集解)調度는 營

計也라

○范益謙의 座右戒에 曰一은 不言朝廷利害와 邊報差除오ㅣ二

는

不言州縣官員長短得失오이니 二은 不言衆人所作過惡오이니 四는
不言仕進官職趨時附勢오이니 五는
六은 不言淫媟屑戲慢評平論女色오이니 七은 不言求覓人物干索
酒食이라이

● 범익겸의 좌우명에 말하기를 첫째는 이로움과 해됨과 변방
소식과 차사와 제관을 말하지 아니하
는 것이요 두째는 주현(고을)의 관원의 길고 짧고 얻고 실수 됨을 말하지 아니하
러사람의 지은바 허물과 악함을 말하지 아니할 것이요 셋째는 여
에 따른 것과 세도에 부치는 것을 말하지 아니함이요 넷째는 벼슬에 나아드는 것과 관직과 시세
어하고 부함을 구하는 것을 말하지 아니함이요 다섯째는 재리가 많고 적은 것과 가난함을 싫
함을 말하지 아니함이요 여섯째는 음탕하고 희롱하고 만홀하고 여색을 평논
함을 말하지 아니함이요 일곱째는 인물을 구해 찾고 술과 먹을 것을 간섭해 찾는 것을 말하지 아니
함이니라

(集說)陳氏曰益謙 名冲 利害 謂 事有利有害也 邊報 邊境之報也 差 差使 除 除官 無心失理爲過 有
心悖理爲惡 媟 狎也 淫媟 戲慢 皆邪僻之事 覓 干索 皆求也

● 又曰 一은 人附書信든이어 不可開折沈滯며

또 말하기를 첫째는 다른 사람이 편지를 부치거든 가히 떼어보고 머물게 아니하며

(集解)熊氏曰發人私書 折人信物 甚者 至爲仇怨 凡人所附書物 當爲附至 及人託往 問訊 干求 若或悖
理 或己力不及 則當至誠辭之 苟己諾其言 則須與達之也 (增註)開折則干人之私 沈滯則誤人之託

● 二는 與人並坐에 不可窺人私書며

두째는 다른 사람과 더불어 같이 앉음에 가히 남의 편지를 엿보지 아니하며

(增註)窺 竊視也 (集解)熊氏曰凡見人得私書 切不往可觀 及注目竊視 若幷坐 目力可及 則移身以避
或置几案 亦不當取觀 若其人 今看 方可一視 書中之事 亦不可於他處 說也

三은 凡入人家에 不可看人文字ㅣ며

● 셋째는 무릇 남의 집에 들어가서 가히 남의 문자를 보지 아니하며

(集解) 熊氏曰文字 如書簡 及記事 錢穀 簿冊之類 凡入人家 切不可翻看也

四는 凡借人物에 不可損壞不還이며

● 넷째는 무릇 남의 물건을 빌려서 가히 파손하고 문어뜨려서 돌리지 아니하며

(集解) 陳氏曰凡借人書冊 器用 常須愛護 過於己物 畢卽歸還 切不可損壞 及沈沒也

五ㅣ凡喫飮食에 不可揀擇去取ㅣ며

● 다섯째는 무릇 음식을 먹을때에 가히 가리고 버리고 취하지 아니하며

(增註) 謂 揀擇以去其不可意者 而取其可意者 (集解) 熊氏曰凡飮食 若非生硬臭惡 與犯己宿疾之物 皆可食也 豈有不可食而揀擇哉

六은 與人同處에 不可自擇便利ㅣ며

● 여섯째는 남으로 더부러 같이 처함에 가히 자기가 편리한 것만 가리지 말며

(集解) 熊氏曰凡與人同處 夏則先擇凉處 多則先擇暖處 及共飮食 多取 先取 皆無德之一端也

七은 見人富貴하고 不可歎羨詆(저)毁니

● 일곱째는 남의 부하고 귀한것을 보고 가히 즐겨하고 부러워하고 시기하고 헐뜯지 아니하며

(集解) 見人富貴 若生歎羨 則有貪欲之心 若加詆毁 則有妬嫉之意 皆非君子之爲也

凡此數事를 有犯之者ㅣ면足以見用意之不肖니 於存心修身

에 大有所害라因書以自警하노라하니

● 무릇 이 여러가지 일을 범하는 자가 있으면 족히 써 마음 씀에 어질지 못함을 볼것이니 마음을

六四

(集說)吳氏曰以上數者 雖若細事 然 於存心修身 甚有所害 故書之以爲戒也

잡고 몸을 닦는데에 큰 해로운 바가 있으리라 인해 써서 스스로 경계 하노라

○胡子ㅣ曰今之儒者ㅣ 移學文藝干仕進之心여하야 以收其放

호자가 말하기를 지금의 선비들이 글과 재주를 배워 벼슬 하기를 구하는 마음을 옮겨서 써 그 방

心而美其身則何古人之不可及哉오리父兄이 以文藝로 令其

심을 거두어서 그의 몸을 아름답게 하면 어찌 옛사람에 가히 미치지 못하리요 부형이 글과 재주로

子弟고하며 朋友ㅣ 以仕進로 相招여하야 往而不返則心始荒而不治여하

그 자식과 아우를 명령하고 친구가 벼슬 함으로써 서로 불러서 가서 돌아 오지 아니하면 마음이

萬事之成이 咸不逮古先矣라니

비로서 거치러져서 다스리지 못하여 일만 일의 이루움이 다 옛 선배에 미치지 못하느니라

(集解)胡子 名宏 字仁中 (增註)言 今之儒者 學文藝而于仕進 其用心最勤 能移此心 以存心修身 雖古
人 亦可及也 往而不返 謂 心馳逐於文藝仕進 而不知之返也 心者 萬事之本 心既荒故 萬事之成 皆不

○顏氏家訓에曰夫所以讀書學問은本欲開心明目여하야 利於

안씨 집 훈계에 말하기를 대저 글을 읽고 배우고 묻는 바는 본래 마음을 열고 눈을 밝혀서 행실

行耳라니

에 이익이 되고져 함이니라

(集解)熊氏曰夫 學在乎知行 二者而已 能知而不能行 與不學 同然 欲行之 必先知之也 故必讀書學問
開心明目 而後 可利於行耳

未知養親者는 欲其觀古人之先(聲去) 意承顏며하 下氣怡聲하며 不

憚劬勞여하 以致甘腰고하 惕他歷反然慙懼여하 起而行之也라니

●어버이 봉양할 줄 알지 못하는 자는 옛 사람의 뜻을 먼저 하여 낮빛을 받드며 소리를 화하게 하며 기운을 낮추며 부지런 하고 괴로움을 꺼리지 말아서 써 달고 연한 반찬을 대접하고 척연(놀라는드)히 부끄러워 하며 두려워해서 일어서 행함을 그 보고저 하는 것이니라

(集解)人子 養親 先意而承順顏色 怡聲而低其氣 所謂養志也 不憚己之疾勞 以營奉甘軟之飲食 所謂養口體也 此皆古人之所行者 今因讀書學問而知之故必惕然惻懼 與起而欲行之也

未知事君者는 欲其觀古人守職無侵하며 見危援命하며 不忘誠諫以利社稷하고 惻然自念하여 思欲効之也라

임금 섬길 줄 알지 못하는 자는 옛 사람이 관직을 지켜서 침노함이 없으며 위태함을 보고 목숨을 주며 정성껏 간함을 잊지아니해서 써 사직(임금의 세업)에 이롭게 하고 척연(슬퍼한드)히 스스로 생각하여 본받고저 하는 것이니라

(增註)守職 有官守者 修其職 有言責者 盡其忠也 見危援命 知有君 而不知有身也

素驕奢者는 欲其觀古人之恭儉節用하며 卑以自牧하며 禮爲敎本하고 敬者身基하고 瞿然自失하며 歛容抑志也라

본래 교만하고 사치하는 자는 옛 사람의 공손하고 검소하고 절약히 쓰며 낮추어서 써 스스로 처하며 예를 가르치는 근본을 하며 공경을 몸의 기본을 하고 구연히 스스로 잃으며 얼굴을 거두우며 뜻지를 억눌음을 하고저 하는 것이니라

(增註)自牧 自處也 禮以律人 敬以立己 瞿然 自失貌 收歛其容 抑下其志 則不驕奢矣

素鄙悋者는 欲其觀古人之貴義輕財하며 少私寡慾하며 忌盈惡(오)烏故反 滿며하 瞤周恤고하 賙板乃(난)反 然悔恥하여 積而能散也라

본래 더럽고 인색한 자는 옛 사람의 의리를 귀히 여기고 재물을 가벼이 여기며 사사로움이 적고 욕심을 적게 하며 넘치는 것을 꺼리며 가득한 것을 미워하며 궁근한 사람을 구휼하고 없는 사람을 구제하고 난연(부끄러워하는 모양)히 뉘우치고 부끄러히 해서 쌓아서 능히 흩는 것을 그 보고저 하

는 것이니라

(集說) 陳氏曰盈則溢 故可忌 滿則覆 故可惡 匱 乏也 赧然 愧而面赤之貌 積財而能散施 則不鄙恪矣

素暴悍者는 欲其觀古人之小心黜己 齒弊舌存하며 含垢藏
疾하며 專賢容衆 藹(날)然沮喪 若不勝衣也라하니

●본래 포악하고 한악한 자는 (강한것은 죽고 약한것은 사는)넷 사람의 마음을 적게 하고 자기를 억누르며 이는 빠지고 혀는 있으
며 모든 사람을 용납하고 날연(몸이 풀리는듯)히 막히고 잃은 것 같이 해서 옷을 이기지 못하는

(集說) 陳氏曰暴 猛暴也 悍 强悍也 黜己 自退抑也 齒弊舌存 喻强死而弱生也 含垢謂包含人之垢穢藏
疾 謂藏隱人之過惡 恭然 沮喪貌 謂自沮喪其暴悍之氣也

素怯懦者는 欲其觀古人之達生委命 強毅正直하며 立言必
信하며 求福不回하고 勃然奮厲하야 不可恐懼也니

●본래 겁내고 나약한 자는 넷 사람의 죽고 사는 이치에 통달해서 하늘 명에 맡기며 강하고 군세
고 바르고 곤으며 말을 세우기를 반드시 미덥게 하며 복을 구하기를 회곡게 아니하고 발연(활발한
것)히 떨치고 가다듬어서 가히 두려워 하고 겁내지 아니하는 것을 그 보고저 함이니라

(集說) 陳氏曰怯 畏怯也 懦 懦弱也 達生 委命 謂通達生死之常理 而付之於命也 毅 强忍也 不回 不爲
回邪之行也 勃然 奮振厲 以去其怯懦也

歷茲以徃로 百行이 皆然하니 維不能淳나이 去泰去甚하면 學之所
知로 施無不達하리 世人이 讀書되 但能言之고 不能行之하나니
人俗吏의 所共嗤詆 良由是耳라니

●이것을 지나 써 감으로 백가지 행실이 다 그러하니 오직 능히 순전하든 못하나 과한 것도 버리

又有讀數十衍書고하여便自高大하여凌忽長者며하고輕慢同列人이
疾之如讎敵하며惡之如鴟梟니하나 如此면以學求益늘이어今反自
損이니하不如無學也라니

●또 수십권 글을 읽고 문득 스스로 높으고 크다 해서 어른을 능멸히 여기고 홀만히 여기며 동열
(동행)을 경솔히 여기고 만홀히 여겨서 사람들이 미워 하기를 원수와 대적 같이 여기며 미워 하기
를 소래기와 올뺴미 같이 하나니 이같으면 배움으로써 유익을 구하는 것이어늘 이제 도리혀 스스
로 손해 됨이 배움이 없는 것만 같지 못하느니라

(增註)玆는 指上文六者而言인댄 皆然 謂皆如此 取法古人也 人能勇於力行 雖或未能盡善 而氣習之偏駁泰甚
者 亦必克而去之 學之所知者 能力行之 自無不達也 達 卽周子所謂 行之利也

●이천선생이 말하기를 대학(책이름)은 공써(공자)의 남긴 글이니 처음 배우는 이의 덕에 들어가
는 글이니 이제에 가히 옛 사람의 학문하는 차례를 볼자가 홀로 이책의 있음을 의뢰했고 그 나머
지는 논어와 맹자(책이름)와 같은 것이 있지 아니하니 이런고로 배우는 자가 반드시 이를 말미암아

○伊川先生이曰大學은孔氏之遺書而初學入德之門也니
於今에可見古人의爲學次第者ㅣ獨賴此篇之存而其他則
未有如論孟者故로學者ㅣ必由是而學焉則庶乎其不差
矣라이

(集解)熊氏曰此言借讀書爲名 而矜己傲人者 夫不能使人親愛 而使人疾惡 是學本求益 今反自損也 鴟
梟惡鳥也

(集說)陳氏曰大學之書 古之大學 所以教人之法 孔子誦而傳之 以詔後世 而初學 入德之門也 爲學次第 謂格物 致知 誠意 正心 修身 齊家 治國 平天下 先後之序也 是 指大學而言 朱子曰先讀大學 去讀他

經方見得此是格物致知事 此是誠意正心事 此是修身事 此是齊家治國平天下事也

○凡看語孟에 且須熟讀玩味여하 將聖人之言語여 切己오 不
可只作一場話説이니 看得此二書하여 切己면 終身儘多也ㅣ리라

●보통 논어와 맹자를 볼때에 또 모름지기 익숙히 읽고 자세히 익혀서 성인의 말과 말씀을 가져 글을 보아 자기에게 간절히 할것이고 가히 다 못한 장면 이야기와 말을 짓지 아니 할것이니 이 두가지 글을 자기에게 간절히 하면 몸이 마치도록 남음이 있으리라

(集說)朱子曰論語一書 無所不包 而其示人者 莫非操存涵養之要 孟子七編 無所不究 而其示人者 類多 體驗擴充之端 須熟讀玩味 以身體之 方切實也 輔氏曰讀書者 能將聖賢言語 切己則不枉費工夫 而終

身行之有餘矣

○讀論語者ㅣ 但將弟子問處하며 便作己問하며 將聖人答處야하
便作今日耳聞면하 自然有得하리니 若能於論孟中에 深求玩味여하
將來涵養면하 成甚生氣質라하리

●논어를 읽는 자가 다만 제자의 묻는 곳을 가져서 자기의 물음을 지으며 성인이 대답하는 곳을 가져서 문득 오늘날 귀에 들으면 자연히 얻는 것이 있으리니 만약 능히 논어와 맹자 가운데에 깊이 구하고 자세히 익혀 드려서 장차 길이 함양하면 심상(비상)한 기질(성질)을 이루우리라

(集解)朱子曰孔門 問答 曾子聞得之言 顏子未必與聞 顏子聞得之語 子貢未必與聞 今都聚在論語 後世 學者 豈不大幸也 輔氏曰若能 將弟子聞處 作自己問 聖人答處 作己所聞則不徒誦其言 必將求其意 不 徒求於行 其進於聖賢也 猶非常也

○橫渠先生이 曰中庸文字輩는 直須句句理會過야하 使其言

로으
●互相發明이니

●횡거선생이 말하기를 중용(책 이름)에 글자들은 곧 모름지기 구구(한구절)이 이회(알아언는것)해
보아서 그 말로 하여금 서로 발명할 것이니라

(集解) 朱子曰張子此言 讀書之要法 不但可施於中庸也 熊氏曰一句 有一句之義 其初須是逐句理會
然이나 一書前後之言 皆互相發 又必參互考之 方見大指也

○六經을須循環理會니 儘無窮하待自家ㅣ長得一格則又
見得이別하리라

육경(주역 시전 서전 주례 예기 춘추)을 모름지기 따라 이회할 것이니 진실로 무궁(다함이 없다)
함이니 자가가 한가지 장점 언기를 기다리면 또 보아서 언는 것이 특별하리라

(集解)六經 易 詩 書 周禮 禮記 春秋也 循環 謂周而復始也 儘無窮 謂義理無窮無盡也 (增註)長一格
謂學有進也 學進則所見益高矣

○呂舍人이曰大抵한後生이爲學되하先須理會所以爲學者ㅣ
何事야오하 一行一住一語一嘿을須要盡合道理라니

여사인이 말하기를 대저 후생이 학문을하 먼저 모름지기 써 배우는 자가 무슨 일인고 이회해
서 한번 갈때와 한번 머무를때와 한번 말할때와 한번 잠잠 할때를 반드시 다 도리에 합당 하기를
요구 하는 것이니라

(集說)陳氏曰舍人 呂本中也 嘗爲中書舍人 理會者 猶言識得也 蓋學 所以爲道也 如下文行住語默須
要盡合道理 及求古聖賢用心 竭力從之 是 已非爲作文章 取官祿計也 後生爲學 先須識得此意然後 志
定而德業 可成矣

學業則須是嚴立課程오이니 不可一日放慢니이 每日에 須讀一般
經書一般子書되하 不須多오ㅣ 只要令精熟니이 須靜室危坐야하 讀

取二三百遍하야字字句句를須要分明이라니又每日에須運前三

五授야通讀五七十遍하야須令成誦이오不可一字放過也니라史

書는每日에須讀取一卷或半卷以上야아라始見功이니須是從人

授讀疑難[聲去]處를便質問야求古聖賢用心竭力從之라니

●배움에 있어서는 모름지기 엄숙히 과정을 세울 것이오 하루라도 방탕하고 게을리 아니할 것이니 매
일에 모름지기 일반경서(육경성인의 글)와 일반자서(현인의 글)를 읽기를 많이 말것이요 다만 하여
금 정성히 익히는 것이 요지러우니 고요한 방에 꿇어 앉아 서 이삼백번 읽어 얻어서 자자(글자)구
구(글귀)를 분명하게 하는 것이 요지러우니라 또 모름지기 매일 앞에 글을 세번 배워서 통하
게 오 칠십번을 읽어서 하여금 외우도록 할것이요 가히 한자라도 헛되게 지내지 말것이니라 사기글
은 모름지기 매일 한권 혹 반권 이상을 읽어 가져서 비로소 공효를 볼것이니 이 사람 따라 배워 읽
어서 의심나고 어려운 곳은 문득 질문을 해서 옛 성현의 마음 씀을 구해서 힘을 다해서 쫓을 것이
니라

(增註)經書 聖人之書 子書 賢人之書 史書 紀事之書 質 正也 經書 子書 必讀之精熟 反覆玩味 然後
文義可通 史書 必讀一卷半卷以上 然後 事之本末 可見 皆必從師友授而讀之 有疑難則取正審問 乃不
差之也 如是以求古聖賢所以用心而盡力 從之 道將爲我有矣

●夫指引者는師之功也오行有不至든從容規戒者는朋友之

任也니決意而徃은則須用已力이難仰他人矣라니

夫대저 가르치고 인도하는 스승의 공이요 행하다 이르지 못함이 있거든 조용히 배우고 경계하는
자는 벗의 책임이라 뜻을 결단해서 가는 것은 곧 모름지기 자기 힘을 쓸 것이나 다른 사람에게 우
러러보이기 어려우니라

(集解)仰 恃也 指 導 汲 引 則 在於師 切磋勸勉則在於友 若夫 勇住精進 自強不息 則於自己 而難倚
恃師友矣 (增註)高彦云 修學 須是出於本心 不待父母先生督 責迫次不忘 寢食在念 然後 可成功

○呂氏童蒙訓에曰今日에紀一事하고明日에紀一事면久則自
然貫穿(去聲)하며今日에辨一理하고明日에辨一理면久則自然浹洽하
며 (增註)久는謂日日如此無間斷也貫穿通透也理卽事中之理辨謂辨其是非浹洽則心與理相涵矣(集
解)此致知事也

● 여씨 동몽훈에 말하기를 금일에 한일을 기록하고 내일에 한이수를 분별하며 오래면 자연히 꿰어 뚫리며 금일에 한이수를 분별하며 오래면 자연히 협흡하며

今日에行一難事하고明日에行一難事면久則自然堅固하니
(增註)堅固則身與事相安矣(集解)此力行之事也

● 오늘에 한 어려운 일을 하고 내일에 한 어려운 일을 행하면 오래면 자연히 굳어 지느니라

渙然冰釋하며怡然理順은久自得之라非偶然也라니
(集說)陳氏曰渙消也林氏曰渙然解散如春氷之釋怡然喜悦而衆理皆順

● 환연(얼음풀어지는모양)히 얼음이 풀리며 이연(즐거운모양)히 이수가 순해짐은 오래면 자연히 얻어지는 것이라 우연이 아니니라

○前輩嘗說後生이才性過人者는不足畏오惟讀書尋思
推究者를爲可畏耳라고又云讀書는只怕尋思니라蓋義理精
深이라惟尋思用意야라爲可以得之니鹵莽(魯黨切)(모)厭煩者는決無
有成之理라니

● 선배가 일찍 말하기를 후생들이 재주와 성품이 남보다 지나친 자는 족히 두려울 것이 없고 오직 글 읽기를 찾고 생각하고 이루고 연구하는 자가 가히 두려움이 된다 하고 또 이르기를 글을 읽는 것은 다만 찾고 생각하는 것이 두렵다고 하니 대개 의와 이수가 정미롭고 깊은지라 오직 찾고 생각

하고 마음을 쓰사 그러므로 얻음이 될것이니 분주히 하고 싫어하고 번잡하는 자는 결코 성공함이 있
을 수가 없느니라

(集解) 鹵莽 輕脫苟且之謂 熊氏曰人有才 貴乎有學 非學 無以充其才 有學 貴乎有思 無以充其學
故後生可畏者 非以其才之難 既能學而又能思者 爲難也 夫義理 散在簡冊之中 聖賢之言 不可以粗看不
可以淺窺 若鹵莽厭煩 則何由知聖賢用心 而窮其義理乎

○顏氏家訓에 曰借人典籍을 皆須愛護하여 先有缺壞든 就爲(聲去)

補治니 此亦士大夫百行之一也(聲去)라니

●안써 가훈에 말하기를 남의 서적을 빌림에다 모름지기 아끼고 보호해서 먼저 찢어지고 떨어짐
이 있거든 곧고 다스림을 할것이니 이것이 또한 사대부 백가지 행실의 하나이니라

濟陽江祿이 讀書未竟에 雖有急速이라도 必待券(捲)束整齊然後

(集解) 濟陽 郡名 讀書 雖遇急事 必整束而起 此亦 可見其處事敬謹 宜乎人 不厭其求借也

●得起故로 無損敗니하 人不厭其求假焉하더라

●제양강록이 글을 읽다 마치지 아니함에 비록 급하고 속한 것이 있더라도 반드시 책을 덮고 묶어
서 정제한 뒤에 기다려서 언어 일어나는 고로 손해하고 패함이 없으니 남의 그 요구와 빌림을 싫
어이 아니 하더라

或有狼籍几案하며 分散部秩여하 多爲童幼婢妾의 所點汚(聲去)하며 風

雨虫鼠의 所毀傷니하 實爲累(聲去)德이吾ㅣ 每讀聖人書에 未嘗不

肅敬對之하며 其故紙有五經詞義와 及聖賢姓名든이어 不敢他

用也라하노

●혹 무릇 책상과 궤를 낭자(책을흩어두는모양)히 하며 책질을 나누어 흩어서 어린이와 종의 많이

더렵히는바 됨이 있으며 바람과 비와 벌레와 쥐의 헐고 상한 바가 있으니 실상 덕을 더럽히느니라 내

가 매양 성인의 글을 읽을 때에 일찍 엄숙하고 공경히 대하지 아니함이 없으며 그 옛 종이의 오경

사의와 및 성현의 성명이 있거든 감히 달리 쓰지 아니 하노라

(集解) 狼은 藉草而臥 去則穢亂 物之散亂을 曰狼藉이라 部秩은 書冊卷帙也니라 汚毀經書實累大德이라 故顏氏書以爲世

戒且云 舊紙有經書之文 聖賢之姓名을 皆不敢別用 所以廣敬也

○明道先生이曰君子ㅣ敎人有序ㅣ라先傳以小者近者而後

敎以大者遠者ㅣ니非是先傳以近小而後不敎以遠大也ㅣ니라

명도선생이 말하기를 군자가 사람 가르치기를 질서가 있으니 먼저 적은 것과 가까운 것을 가르치

고 뒤에 크고 먼 것을 가르치니 이것이 먼저 가깝고 적음으로써 가르치고 뒤에 멀고 큰 것으로써

가르치지 아니치 아니 하느니라

(增註) 小者 近者는 謂灑掃應對之節 大者 遠者 謂明德 新民之事

○明道先生이曰道之不明은異端이害之也ㅣ니昔之害는近而

易知러니今之害는深而難辨다昔之惑人也는乘其迷暗이러니今之害는

명도선생이 말하기를 도의 밝지 못함은 다른 도(양씨무씨노씨불씨의도)가 해침이니 예전의 해침

은 가까워서 알기 쉽더니 지금의 해침은 깊어서 분별하기가 어렵도다 예전의 사람은 그 어리석으

며 미련함을 타더니 이제의 사람이 들어감은(다른곳으로들어가는것) 그의 높고 밝음을 인하였도다

之入人也는因其高明다

(集解) 道者 聖人之道也 異端 非聖人之道 而別爲一端 如楊墨老佛 是也 葉氏曰昔之害 謂楊墨 今之害

謂佛氏 後近故迷暗者 爲所惑 深微故高明者 反陷其中

自謂之窮神知化而不足以開物成務며言爲無不周偏되하

實則外於倫理하며 窮深極微而不可以入堯舜之道니 天下
之學이 非淺陋固滯則必入於此라니

●스스로 이르기를 귀신을 통하고 조화를 안다고 해도 족히 써 사람이 열어 주고 일을 이루지 못하며 말하기는 주변하지 아니함이 없으되 실상은 사람의 윤리 밖에 하며 궁극하고 깊으고 극진하고 미묘하다 해도 가히 써 요순의 도에 들어가지 못하니 천하의 학문이 얕고 더럽고 학문이 막히지 아니하면 반드시 이에 (다른도)들어 가느니라

(集說)陳氏曰言爲 夏氏以爲 所言 所爲也 佛氏 自謂通神明之德 知變化之道語小微塵 或
陳說道德 指陳心性 皆朱子 所謂彌近理而大亂眞者也 開物 謂人所未知者 開發之 成務 謂人之欲爲者
成全之 如三皇五帝 造書契 教稼穡 制衣裳 宮室之類 是也 倫理 謂 父子 君臣 夫婦 長幼 朋友之論
有親義別序信 之理也 堯舜之道 即倫理也 淺陋固滯 如刑罰術數之說 記誦詞章之習 皆是道不明
故天下之學 不入於淺陋固滯 必入於佛氏之空寂

自道之不明也로

邪誕妖妄之說이 謂起여하 塗生民之耳目며하

도의 밝지 못함으로 부터 사특하고 허탄하고 요괴하고 망녕한 말이 야단으로 일어나서 생민(백성)의 귀와 눈을 막으며 천하를 더럽혀 탁한데 빠지게 하니 비록 높은 재주와 밝은 지혜라도 보고 든

溺天下於汚濁니하 雖高才明智라도 膠於見聞여하 醉生夢死여하 不

自覺也니라

는데에 붙치어서 취해 살고 꿈에 죽어서 스스로 깨닫지 못하느니라

是皆正路之蓁蕪며 聖門之蔽塞이라 闢之而後야에 可以入道라니

이것이 다 바른 길이 풀이 나서 거치며 성인의 문이 덮이고 막힌지라 열어진 뒤에라야 가히 써도 에 들어가리라

(增註)楊 墨老 佛 皆邪誕妖妄之說也 塗 猶塞也 膠猶泥去聲也 覺悟也 言其迷溺之深 如醉如夢 自生至死而不悟也

（集說）吳氏曰正路喩聖道 蓁
草盛貌 蕪 荒也 闢 開也 言 學者欲 由聖道 入聖門 必先除其蓁塞 則其大

道廓如 而人可得而行也

右는 廣敬身이라

● 오른쪽은 몸을 공경 함을 넓힌 것이라

原本小學集註卷之五 終

善行第六이라 外篇

(集說)此編은 紀漢以來로 賢者所行之善行을 以實立教니 明倫 敬身也라 凡八十一章이라

제육은 착한 행실 차례 여섯째라

呂榮公의 名은 希哲이오 字는 原明이니 申國正獻公之長子ㅣ라 正獻
公이 居家에 簡重寡默여하 不以事物로 經心고하 而申國夫人이 性
嚴有法度여하 雖甚愛公나하 然이나 教公되하 事事를 循蹈規矩라하더

여영공의 이름은 희철이요 자는 원명이니 신구정헌공의 맏아들이라 정헌공이 집에서 거처함에 간소하고 후중하고 자세해서 일과 물건으로써 마음에 경영하지 아니하고 신국부인이 성품이 엄격하고 법도가 있어서 비록 여영공을 심히 사랑하나 그러나 여영공을 가르치되 매사를 법도를 따르고 밝게 하더라

(集解)正獻公 名公著 字晦叔 相宋 封申國公 諡正 謂省事 黙 謂愼言也 不以事物經心者 謂凡世俗之事 皆不經營於心也 夫人 公著之妻 魯宗道之女 蹈 踐也 規矩 法度之器 所以爲方圓者也

甫十歲에 祈寒暑雨ㅣ라도 侍立終日여하 不命之坐ㅣ어든 不敢坐也더하
日必冠帶以見(현)여하 長者하며 平居에 雖甚熱나하 在父母長者之
側여하 不得去巾襪縛袴여하 衣服唯謹하더

겨우 열살때에 큰 폭우와 머위와 비가 내리더라도 날이 마치도록 뫼셔 서서 앉으라고 말씀 하지 아니 하거든 감히 앉지를 아니하더라 낮에 반드시 갓 쓰고 띠를 매어서 어른을 뵈오며 보통 거처할때에도 비록 심히 더우나 부모와 어른의 곁에 있어서는 언어 행전과 버선과 허리띠와 바지를 버리지 아니해서 옷을 오직 삼가 하더라

(集解) 甫는 始也ㅣ오 祈는 大也ㅣ오 縛은 繞也ㅣ오 縛袴는 即內則所謂偪이니 今人謂之行縢 束經至膝 纒繞袴管故 曰縛袴也

熊氏曰 大寒 大暑 若可以自便矣 然 猶執禮如常時 而不敢怠也

行步出入에 無得入茶肆酒肆하며 市井面巷之語와 鄭衛之音을 未嘗一經於耳하며 不正之書와 非禮之色을 未嘗一接於目이러라

(增註) 鄭衛는 二國名 其音淫 熊氏 曰足不妄行 耳不妄聽 目不妄視也

正獻公이 通判穎州에 歐陽公이 適知州事ㅣ러러 焦先生千之伯이 客文忠公所여 嚴毅方正이어 正獻公이 招延之하여 使教諸子하더니 諸生이 小有過差든 先生이 端坐하여 召與相對하여 終日竟夕하되 不與之語ㅣ라라 諸生이 恐懼畏伏이어 先生이 方略降(강)辭色하더라

(集說) 吳氏曰 歐陽公 名脩 字永叔 盧陵人 謚文忠 焦先生 名千之 字伯強 時寓歐陽公家 正獻 延之偉

걸어다니고 나가고 들어옴에 오차 가게와 술가게에 들어감이 없으며 시장 거리와 마을의 말과 정위(정나라와위나라)의 소리를 일찍 한번도 귀에 지내지 아니하며 바르지 아니한 글과 예 아닌 빛을 일찍 한번도 눈에 대이지 아니하더라

정헌공이 영주에 통판(벼슬)이 됨에 구양공이 마침 고을일을 알게 되었더니 초선생 천지백강이 문충공(구양공)의 곳에 손님이 되어서 엄하고 굳세고 모나고 바르거늘 정헌공이 불러 맞아서 하여 모든 자식을 가르치게 하더니 모든 학생들이 조그마한 허물과 어김이 있거든 선생이 단정히 앉아서 제자들을 불러 서로 대하여서 낮이 지나 저녁이 되어도 더부러 말하지 아니하다가 모든 학생들이 두려워 하고 겁을 내서 복종하여야 선생이 방향으로 대강사색(얼굴빛)을 낮추더라

時에公이 方十餘歲러니 內則正獻公與中國夫人敎訓이 如此

之嚴고하 外則焦先生化ㅣ導如此之篤이니故로公이 德器成就여하

大異衆人이라하니公이 嘗言人生이內無賢父兄하며外無嚴師友오ㅣ

而能成者ㅣ少矣더라

(集解) 人性本善而氣質不同 苟無父兄 敎訓於內 師友 導化於外 則安能有成也哉 程子曰天下英材 不爲

少矣 特以道學不明故 不得有所成就也

● 그때에 여영공이 방향으로 나히 열살이러니 안으로는 정헌공과 다못 신국부인의 가르침과 훈계가 이같이 엄하고 밖으로는 초선생의 교화와 지도가 이같이 독실하니 연고로 여영공이 덕기가 성취되 어서 크게 여러 사람보다 달랐느니라 여영공이 일찍 말하기를 사람들이 (人生) 안으로 어진 아버지 와 형이 없으며 밖으로 엄격한 스승과 벗이 없으ㄴ으로 능히 성취하는 자가 드무니라

○呂榮公의 張夫人은 待制諱昷(溫)之之幼女也ㅣ라最鍾愛나然

이居常에至微細事히敎之必有法度니하 如飮食之類도에飯羹이

許更益고하魚肉란이不更進也니하時에張公이已爲待制河北都轉

運使矣러라

● 여영공의 장부인은 대제(벼슬이름) 휘(죽은뒤에 이름을휘자함) 온지의 어린 딸이라 가장 사랑을 하 였으나 그러나 보통때 적은 일에 이르기까지 가르치기를 법도가 있더니 음식의 종류와 같은데도 밥 과 국은 다시 더하기를 허락하고 물고기와 고기는 다시나 드지 못하게 하니 그때에 장공이 이미 대제 하북도전운사가 되었느니라

(增註) 夫人 榮公之妻 韓 即名也 生日名 死日諱 鍾 娶也 張公已貴顯矣 而示女子以儉約 如此 非特敎

子者 所當法 亦守官者 所當法也

及夫人이嫁呂氏는하야夫人之母는中國夫人姊也ㅣ라一日에來

視女ㅣ하더니見舍後에有鍋釜之類고하大不樂여謂申國夫人曰

豈可使小兒輩로私作飲食하야壞家法耶ㅣ리오其嚴이如此하더

●부부인이 여씨에게 시집감에 미쳐서는 부인의 어머니는 신국부인의 맏누이라 어느날에 와서 딸을 보더니 집 뒤에 남비와 솥종류가 있음을 보고 크게 즐기지 아니하여 신국부인에게 일러 말하기를 어찌 가히 젊은 아이들로 하여금 사사로 음식을 지어서 가법을 무너트리요 하니 그 엄격함이 이같더라

(集說)張待制 呂正獻公 皆魯 恭道之婿 張女 嫁榮公 熊氏曰呂氏 家法固美矣 而張待制 魯恭政
家 其閨範 又嚴正如此 可見當時士大夫家 禮義成習 豈後世之可及乎

○唐陽城이為國子司業여하引諸生告之曰凡學者는所以學

為忠與孝也니諸生이有久不省親者乎아하明日에謁城還養

者二十輩니러有三年不歸侍者늘어斥之라하니

●당양성이 국자사업(벼슬이름)이 되어서 모든것을 끌고 고해 말하기를 보통 배움이라는 것은 써 충성과 다못 효도하는 바를 배우는 것이니 모든 학생들이 오랫동안 어버이를 살펴 보지아니 하였는이 하더니 당양성을 뵈옵고 돌아가 어버이를 봉양하는 자가 이십무리러니 삼년을 도 라가 모시지 아니 하는자가 있거늘 내처 보냈느니라

(集說)吳氏曰城 字元宗 定州人 謁 告也 斥 擯斥之也

○安定先生胡瑗의字는翼之니患來唐以來에仕進이尚文辭

而遺經業야하苟趨祿利니하더 及為蘇湖二州教授는하여嚴條約여하

以身先之(去聲)하여 雖大暑ㅣ라도 必公服終日하여 以見諸生하여 嚴師弟
之禮하며 解經에 至有要義하여 懇懇爲諸生言其所以治己而
後治人者하니 學徒ㅣ 千數는하여 日月刮廚(마)磨하야 爲文章되하 皆傅經(附)
義하여 必以理勝하며 信其師說하야 敦尙行(去聲)實하니 後爲太學는하여 四
方이歸之니庠序ㅣ不能容하더라

● 안정선생 호원의 자는 익지니 수나라 당나라 이래로 벼슬 자리에 나아가믄 문장과 글을 숭상하고 경륜과 사업은 버려서 구차히 관록 이익에 만으로 나아가는 것을 근심하더니 소주 호주(지명)두 고을 교수가 됨에 미쳐서는 조건과 언약을 엄숙히 해서 자신으로 솔선해서 비록 큰 더위라도 반드시 날이 마치도록 공복을 입고서 학생을 보아서 스승과 제자의 예를 엄숙회 하며 글을 해석 함에 요지러운 의미가 있는 곳에 이르러서는 간간(간절)히 모든 학생을 위해서 그 자기를 다스린 뒤에 남을 다스리는 바로 말하더라 배우는 무리가 천명을 헤아리더니 날로 달로 가다듬어서 문장을 히 행실과 실상을 숭상하더니 뒤에 태학(대학)에 스승이 이수가 이기도록 하며 그 스승의 말씀을 믿어서 돈독 되어서는 사방에서 모여오나 학교의 집이 능히 수용하지 못하더라

其在湖學에 置經義齋治事齋니하 經義齋者는 擇疏通 有器
局者여하 居之하고 治事齋者는 人各治 一事며하 又兼 一事니하 如治民
治兵水利算數之類라 其在太學에 亦然라하더

(集說) 陳氏曰 條 敎條 約 約束 以身先之 謂躬行以率之 要義 卽治己治人之道 懇懇
切到之意 治己而
後治人 明體 適用之學也 刮剗 刮垢剗光也 傅 依也 必以理勝 信 尊信也 安定 後爲國子直
講 四方學者 歸之 故庠序 不能容

●그 호주학교에 있을때에 경의재(집이틈)와 치사재(집이틈)를 두었으니 경의재라는 것은 소통하고 기국이 있는자를 가려서 거하게 하고 치사재라는 것은 사람이 각각 한일씩을 다스리며 또 한일을 겸하게 하니 백성을 다스리고 군사와 수리와 산수와 같은 종류니라 그 태학에 있을때에도 또한 러하더니라

(集解) 疏通은 謂氣質開明이니 有器局은 謂局量寬廣이라 朱子曰胡氏 開治事齋 亦非獨只理會此 如所謂頭容直 足容重 手容恭 許多說話 都是本原

其弟子ㅣ散在四方에 隨其人賢愚하야 皆循循雅飭하니 其言談
舉止ㅣ遇之에 不問可知爲先生弟子오 其學者ㅣ相語에 稱先
生든이어 不問可知爲胡公也ㅣ러라

(集解) 循循은 有次序而不越禮度也ㅣ라 雅飭은 雅素而謹飭也ㅣ라 辭氣異乎常人故로 不問知其爲先生弟子ㅣ四方從學者衆故로 稱先生이면 必知其安定也ㅣ라

○明道先生이 言於朝曰治天下되ㅣ以正風俗得賢才로 爲本이니

●명도선생이 조정에서 말을 하기를 천하를 다스리되 풍속을 바루고 어진 인재를 얻는 것으로써 그 근본을 할것이니라

(集說) 方氏曰君上所化를 謂之風이오 民下所習을 謂之俗이라 陳氏曰賢 有德者오 才 有能者라 吳氏曰治天下 固以是二者 爲本이라 然이나 得賢才則可以正風俗이라 是則得賢才ㅣ又爲正風俗之本也ㅣ라

宜先禮令近侍賢儒及百執事하야 悉心推訪하야 有德業充備

足爲師表者하며其次는有篤志好學材良行脩者든延聘

敦遣하야萃於京師하야俾朝夕에相與講明正學이니

마땅히 예를 먼저 해서 가까이 뫼신 어진 선비와 및 백사의 족히 스승의 표준이 될 만한 자를 잡은이를 명령하여서 마음을 다하여 예로 보내어서 서울에 모아서 하여금 아침과 저녁에 서로 같이 바른 학문을 강하여 밝힐 것이니라

(增註)延聘은謂迎之以禮오敦遣은謂送之以禮라京은大也오師는衆也니天下之都曰京師라

● 其道는必本於人倫하야明乎物理하고其教는 自小學灑掃應對

以徃로脩其孝悌忠信하며周旋禮樂하니其所以誘掖激勵漸摩

成就之道는皆有節序니하其要ㅣ在於擇善脩身하야 至於化成

天下며하自鄉人而可至於聖人之道ㅣ니라

소학(책이른)에 물 뿌리고 심부름 하고 대답함으로 부터 써 감으로 그 효도와 공경과 신실 함을 닦으며 예와 풍악에 주선케 할것이니 그 달래고 격려하고 가다듬고 점점 만저서 이루는 도는 다 절도와 차례가 있으니 그 요긴함은 착한 사람을 가려서 몸을 닦는데 있어서 천하를 화해 이루는데 이르러 마을 사람으로 부터서 가히 성인의 도에 이를것이니라

그도는 반드시 인륜에 근본 해서 물질의 이치를 밝히고 그 가르침은

(集說)吳氏曰物理는事物之理也라灑掃應對至於周旋禮樂은皆小學之教也라以言教引曰誘오以手扶持曰掖이오激謂激作勵謂勉勵漸如水之浸物磨如石之攻玉成就謂成其材器也擇善脩身至於化成天下皆大學之教也라鄉人鄉里之常人也라

其學行을皆中於是者ㅣ爲成德이니取材識明達可進於善

者야하使日受其業고하擇其學明德尊者야하爲太學之師고하次以

● 分敎天下之學이니

(增註)中於是謂 合於小學大學之敎者 以成德者 爲師取材職之明達者 受其敎 上者 使敎國學 其次 以
分敎州縣之學也

그 학문과 행실이 다 이것에 맞는자가 덕이 되리니 재주와 아는 것이 밝고 통달해서 가히 착한 데 나아갈 만한 자를 모아서 하여금 날로 학업을 받게 하고 그 학문이 밝고 덕이 높은 자를 가려 서 태학(대학)에 스승을 하여서 차례로 나누어 천하의 배우는이를 가르치느니라

● 擇士入學이되縣이升之州든州ㅣ賓興於太學든太學이聚而
敎之야歲論其賢者能者於朝ㅣ라

(增註)縣 謂縣學 州 謂州學 王制 曰論定然後 官之

선비를 가려서 학교에 들어가되 현(군)이 주(도)로 올리거든 주가 손님으로 태학에로 일으키거 든 태학이 모여서 가르쳐서 해마다 그 어진자와 능한 자를 조정에서 의논 하느니라

● 凡選士之法은學以性行去聲端潔야居家孝悌며有廉恥禮讓며
通明學業며曉達治道者ㅣ라

(集說)朱子曰明道 論學制 最爲本 讀之 未嘗之不慨然發嘆

무릇 선비를 가르치는 법은 다 써 성품과 행실이 단정하고 깨끗하고 집에 거해서 효도하고 공경 하며 청염하고 부끄러워 하고 사양하며 학업에 통하고 밝으며 다스리는 도를 깨닫고 통달하는 자니라

○ 伊川先生이 看詳學制하시니 大槪는 以爲學校는 禮義相先之
地를어而月使之爭이 殊非養之道니 請改試爲課야하 有所未至
則學官이 召而敎之고하 更不考定高下며하

이천선생이 학제(배우는제도)를 자세히 보시니 대개는 써 학교는 예절과 의리를 먼저 하는 곳이

거늘 달마다 하여금 듣게 함이 자못 기르는 도리가 아니니 청하건데 시험을 고쳐 과제를 해서 이르
지 못하는 바가 있으면 학관(선생)이 불러서 가르치고 다시 높으고 아래 됨을 고정(시험하여 정함)하
지아니 하느니라

(集說)陳氏曰伊川　嘗充崇政殿說書　同孫覺等　看詳國子監條制　月使之爭　以較其高下　是使
之爭競也

制尊賢堂하야以延天下道德之士며鑴解額하야以去(聲上)利誘하며省
繁文하야以專委任勵行檢(去聲)하야以厚風敎고及置待賓吏師齊
立觀光法니如是者ᅵ亦數十條ᅵ러

●존현당(집이틀)을 지어서 써 천하에 도가 밝고 덕이 높은 선비를 맞이하며 해석 글을 새겨서 써
재리에 유혹 됨을 버리게 하며 번거러운 글을 덜어서 써 닦긴 책임을 온전히 하며 행실과 명망을
가다듬어서 써 풍속과 교화를 후하게 하고 및 대빈이사재(손님과 관리의 스승 되는 이를 대접하는
집)를 두어서 관광법을 세우니 이같은 것이 또한 수십 가지러라

(集解)制造也　道明德立之士　制堂以延待之　使多士之有矜式也　鑴刻也　解額　謂秋闈鄕試之額也　宋元
豐中　國學解額　增至五百人　來者奔湊故　欲鑴減其額　均於外郡　使士人　各安鄕土絶奔競也　省繁文末節
以專委任之道　勵行誼名檢　以厚風化之源　復置齋舍　以待行能可賓敬　及通治道可爲吏之師法者　至於天
下之士　有來游學者　亦立觀光　以處之　凡是者　通數十條

○藍田呂氏鄕約에曰凡同約者는德業相勸하며

남전(지명)여씨 향약에 말하기를 무릇 언약을 한가지 하는 자는 덕과 업으로 서로 권하며 (향약
본주문에 덕이라 하는 것은 착한 것을 보고 반드시 실행하며 허물을 듣고 반드시 고치며 능히 그
몸을 다스리며 그 집을 다스리며 능히 그 아버지와 형을 섬기며 능히 자식과 아우를 가르치며 능히
종과 종을 인도하며 능히 어른과 위를 섬기며 능히 친구에 화목하며 능히 사교해 놀기를 가리며 능히
허 청염하고 경계함을 지키며 능히 베풀고 은혜 하기를 넓게 하며 능히 부치고 부탁함을 받으며 능히 근
심과 어려움을 구원하며 실수를 바루며 능히 남을 위하여 패하며 능히 여럿을 위하여
일하며 능히 싸우고 다툼을 해결하며 능히 옳고 그른 것을 결단하며 능히 이로움을 일으키고
허물을 제하며)

움을 덜며 능히 벼슬에 거하며 직책을 가짐을 이룸이요 업(業)이라는 것은 집에 거하면 아버지와
형을 섬기며 자식과 아우를 가르치며 안해와 첩을 대접하며 밖에 있어서는 어른과 위를 섬기며 벗
을 사괴며 후배를 가르치며 종을 지도하며 글을 읽고 밭을 다스리며 집을 경영하며 남을 구제하는
데 이르는 것을 말함이니 예(禮)와 악(樂)과 사(射)와 어(御)와 서(書)와 수(數)의 종류는 다 가히
할 것이나 이런 종류가 아니면 다 유익 없음이 되느니라

過失相規 하며

●허물과 실수를 서로 바루며

(集解) 藍田 縣名 在今西安府 呂氏 兄弟四人 長大忠 次大防 大臨 鄉約 與鄉人約誓也 勸 勉也
本註 德 謂見善必行 聞過必改 能治其身 能治其家 能事父兄 能教子弟 能御僮僕 能事長上 能睦親故
能擇交游 能守廉介 能廣施惠 能受寄託 能救患難 能規過失 能為人謀 能為眾集事 能解鬪爭 能決是非
能興利餘害 能居官舉職 業 謂居家則事父兄 教子弟 待妻妾 在外則事長上 接朋友 教後生 御僮僕 至於
讀書 治田 營家 濟物 如禮樂射御書數之類皆可為之 非此之類 皆為無益

(集解) 規 猶戒也 本註 犯義之過 六 一曰酗博鬪訟 二曰行止踰違 三曰行不恭遜 四曰言不忠臣 五曰造
言誣毀 六曰營私太甚 不脩之過 五 一曰交非其人 二曰遊戲怠惰 三曰動作無儀 四曰臨事不恪 五曰用度不節

禮俗相交 하며

(集解) 예의 풍속으로 서로 사괴며
本註 謂婚姻 喪葬 祭祀 往還 晝問 慶弔之類

患難相恤 이니

(集解) 근심과 어려운을 서로 구휼하느니라
本註 一曰水火 二曰盜賊 三曰疾病 四曰死喪 五曰弛弱 六曰誣枉 七曰貧乏

有善則書于籍하고 有過若違約者를 亦書之야하 三犯而行罰되하

●착함이 있으면 책에 쓰고 허물이 있고 만약 약속이 어김이 있는 자를 또 써서 세번 범하거든 벌을

不悛者 絕之라니

행하되 고치지 못할 자는 끊느니라

(集解)若 及也 悛 改也 絶之 使不與去聲約也

明明道先生이 教人하샤되 自致知로 至於知止하며 誠意로 至於平

天下하며 灑掃應對로 至於窮理盡性사하며 循循有序하더시니 誠意

●명도선생이 말하기를 사람을 가르치되 앎을 이루므로 부터 그칠줄 아는데 이르며 성의(뜻을 성실리하고 성품을 다하는데 이르사 순순히 차례 있게 하시더니

(集請)朱子曰致知는 推極吾之知識하야 欲其所知를 無不盡也오 知止云者는 物格而後에 於天下之事 皆有以知其至善之所在是則吾所當止之地也 誠意者는 實其心之所發하야 欲其必自慊而無自欺也니 意不自欺하며 身無不脩하야 則推之家國天下에 亦擧而措之耳니 此 大學之序也 吳氏曰灑掃應對는 小學之教也오 窮理盡性은 大學之教也니 窮理 即致知오 盡性은 即誠意라 大學之教 又自有其序也

性이니 至於平天下之謂라 循循은 有次序貌라 謂先習之於小學하야 而後進之於大學이니 而大學之教 所以輕自大

病世之學者는 捨近而趨遠하며 處下而闚窺高라 所以輕自大

而卒無得也니라

●세상의 학자가 가까운 것은 버리고 먼데로 나아가며 아래에 처해서 높은 데를 엿보는 것이니라

지라 써 가벼운 것이 큰 데로 부터서 마침내는 얻음이 없는 바이니라

(集解)病患也라

右는 實立教라

●오른쪽은 가르침을 실현케 하는 것이라

江革이 少失父하고 獨與母居러니 遭天下亂하야 盜賊이 並起어늘 革이 負母逃難할새 備經險阻하야 常採拾以爲養하더라 數朔遇賊하야 或劫

欲將去ᄒᆞ거든 革이 輒涕泣求哀ᄒᆞ야 言有老母ᄒᆞ니라 辭氣願款ᄒᆞ야 有

足感動人者ᄅᆞᆯ 賊이 以是不忍犯之ᄒᆞ며 或乃指避兵之方ᄒᆞ니 遂

得俱全於難ᄒᆞ니라

●강혁이 어려서 아비를 잃고 홀로 어머니와 더부러 살더니 천하
난리를 만나서 도적이 아울러 일거늘 혁이 어미를 업고 피란하여 험하고 막힌 것을 지나서 항상 나물캐서 써 봉양을 하더니 자주 도적을 만나서 혹 겁탈해서 데려가고져 하더니 혁이 문득 울며 슬피 요구해서 늙은 모친이 있다 하여 혹이 맡기운을 삼가고 관곡해서 조극하니 도적이 이로써 범접하지 아니하며 혹이 병난 피할 방위를 가르치니 드디어 얻어 난리에 피난ᄒᆞ였느니라

(集說)陳氏曰革 字次翁 臨人 備經險阻 謂徧歷道路之艱危 探拾 謂採取草木之可食者 數 頻也 刦欲

將去 欲脅革以去也 愿款 誠懇 俱全 母子皆保全也

●不畢給ᄒᆞ리라

轉客下邳ᄒᆞ야 貧窮裸跣ᄒᆞ야 行傭ᄒᆞ야 以供母ᄒᆞ되 便身之物이 莫

(集說)陳氏曰轉客 猶飄泊 下邳 郡名 今邳州 裸露身 跣露足 行傭 爲雇工也 便身之物 謂母身所便
安之物 畢 猶皆也 給 猶足也

옳겨 비땅에 손님이 되어서 가난하고 궁핍해서 발 벗고 나서 고용을 다녀서 써 어미를 봉양하되 몸에 편리한 물건이 다 넉넉하니 함이 없더라

○薛包ᅵ 好學篤行ᄒᆞ더니 父ᅵ 娶後妻而憎包ᄒᆞ야 分出之ᄒᆞᆫ대 包

日夜號泣不能去ᄒᆞ니 至被歐杖ᄒᆞ야 不得已ᄒᆞ야 廬于舍外ᄒᆞ야 且

入而灑掃ᄒᆞ거늘 父ᅵ 怒ᄒᆞ야 又逐之ᄒᆞᆫ대 乃廬於里門ᄒᆞ야 晨昏不廢ᄒᆞ더니

● 積歲餘에 父母ㅣ 慚而還之호대 한後에 服喪過哀호니라

설포가 배우기를 좋아 ㅎ며 행실을 돈독히 ㅎ더니 아비가 후쳐를 얻고 설포를 미워해서 쫓아 내거늘 설포가 밤낮 울고 부르짖어 능히 가지 아니ㅎ더니 아버지가 성내서는 얻어 맞지 못ㅎ여 이에 내어 쫓은대 이에 한해가 넘음에 집밖에 가게를 짓고 새벽에 와서 문안하고 밤에 이불 자리를 폐하지 아니ㅎ더니 또 동리밖에 가게를 짓고 아침에 들어 와서 물 뿌리고 쓸거늘 아버지가 성내서 또 내어 쫓은대 부모가 부끄러히 해서 도라 오라 하다 뒤에 초상을 거함에 과히 슬퍼 ㅎ더라

(集說)陳氏曰包눈 字孟嘗이니 汝南人이라 不能猶不忍也니 里門은 巷門也라 不廢눈 謂不廢定省之禮

既而弟子ㅣ求分財異居ㅣ어늘 包ㅣ乃中分其財할새 奴婢를 引其老者曰與我共事ㅣ久ㅣ라 若이不能使也ㅣ라ㅎ며 田廬를 取其荒頓者曰吾ㅣ少時所理라 意所戀也ㅣ라ㅎ며 器物을 取其朽敗者曰我ㅣ素所服食이라 身口所安也ㅣ러니 弟子ㅣ數朔破其産이어늘

오래 되어서 아우의 자식들이 재산을 나누어서 따로 살기를 요구 ㅎ거늘 설포가 능히 말리지 못해서 이에 그 재산을 반분할새 종을 그 늙은 자들을 이끌어 말하기를 나로 더부러 일을 같이 한지 오랜지라 너희들이 능히 시키지 못하리라 하며 밭과 집을 그 거치고 문어진것을 취하여 말하기를 내가 젊을때에 다스리든 바라 마음에 연연한 바라 하며 그릇과 물건을 그 썩고 헤여진자 취하며 말하기를 내가 본래 입고 먹든 바라 몸과 입에 편안한 바라 하더니 아우의 자식들이 자주 그 살림

● 輒復(去聲)賑給이라ㅎ며

(集說)陳氏曰若은 汝也니 荒謂田畝荒蕪 頓謂廬舍傾頓 服用也라

살이를 깨었거늘 문득 다시 풍부히 주었느니라

○ 王祥이 性孝ㅎ니 蚤喪親ㅎ고 繼母朱氏ㅣ 不慈ㅎ야 數(朔)譖之ㅎ니 由

是失愛於父야하야每使掃除牛下ㅣ어든祥이愈恭謹하며父母ㅣ有疾

衣不解帶하며湯藥必親嘗이러라母ㅣ嘗欲生魚ㅣ러니時에天寒冰

凍늘이어祥이解衣고하將剖氷求之니러氷忽自解야하雙鯉躍出늘이어持

之而歸라하니母ㅣ又思黃雀炙니러復有雀數十이어飛入其幕늘이어

復以供母니하鄉里驚嘆以爲孝感所致ㅣ라하有丹柰結實이어

母ㅣ命守之되하每風雨에祥이輒抱樹而泣야하더라其篤孝純至ㅣ如

此라하더

●왕상의 성품이 효도 하더니 일찍 어버이를 잃고 계모 주씨가 자애하지 못해서 자주 거짓말 하더니 이로 말미암아서 아버지에게서 사랑을 잃어서 매양 소똥 쓰는 더러운 소제를 시키거든 왕상이 더욱 공순하고 삼가며 부모가 병이 있거든 옷의 띠를 풀지 아니하며 약을 끄려서 반드시 몸소 맛 보더라 어머니가 일찍 날고기를 먹고저 하거늘 때마침에 하늘이 차고 얼음이 얼거늘 왕상이 옷을 벗고 장차 얼음을 깨고 구할라 하더니 얼음이 홀연히 스스로 풀이여 녹아서 쌍잉어가 뛰어 나오거늘 가지고서 돌아 오니라 어머니가 누른 새 지짐을 생각하거늘 다시 새 수십마리가 날아와서 그의 장막에 들어서 오거늘 다시 써 어머님을 공양하니 고을과 마을 사람들이 놀라고 탄식 하여서 어머니가 명령해서 지키자 한대 매양 바람이 불고 비가 옴에 왕상이 문득 나무를 안고 우니 그의 독실한 효도가 순진하고 지극 하기가 이와 같더라

(集說)陳氏曰祥字休徵琅琊人親母也失愛於父不得父之愛也牛下牛糞奈果名每風雨抱樹而泣者恐傷奈實有俳親之心也

○王裒 蒲候反 字는偉元이니父儀ㅣ爲魏安東將軍司馬昭의司馬

斬之하다

東關之敗에 昭ㅣ 問於衆曰近日之事를 誰任其咎오 儀ㅣ 對
曰責在元帥니이다 昭ㅣ 怒曰司馬ㅣ 欲委罪於孤耶아하고 遂引出

왕표의 자는 위원이니 아비 의가 위나라 안동장군 사마소의 사마가 되었더니 동관 싸움에 패함에
소(이름)가 여럿에게 말하기를 요사이의 일의 누구가 그 허물을 지는고 하니 의(이름)가 대답하여
말하기를 책임이 원수(元帥)에게 있읍니다 하니 소가 성을 내여서 말하기를 사마가 죄를 고(소가 겸
사로하는말)에게 맡기고저 하는가 하고 드디어 끌어내 목을 베이다

(集說)陳氏曰上司馬覆姓下司馬官名 東關之敗 魏嘉平四年 吳諸葛恪 敗魏師于東興 是也 元帥謂
昭孤 昭 自稱也

哀ㅣ 痛父非命於是에 隱居敎授야하 三徵七辟璧에 皆不就고하 廬
于墓側야하 旦夕에 常至墓所여하 拜跪고하 攀栢悲號聲하여 涕淚着直路反
樹니하 樹爲聲去之枯라하니 讀詩에 至哀哀父母生我劬勞는하여 未嘗不
三復福流涕니하 門人受業者ㅣ 並廢蓼六莪莪之篇이라하니

표가 아비의 비명을 원통히 여겨서 이에 숨어 살아서 세번 중(중은 임금이 부르는 것)과
일곱번 벽(고을에서 부르는 것)하는 데에 다 나아가지 아니하고 아버지 묘 옆에 집을 지어서 아침
과 저녁에 항상 묘를 잡고 절하고 잣 나무를 부르짖어서 콧물과 눈물이 나무에 대이
니 나무가 위하여 말랐느니라 시를 읽음에 슬프다 아버지와 어머니여 나를 낳음에 수고롭
고 괴로우셨도다 이르러서 일찍 세번 읽어서 눈물 흘리지 아니함이 없으니 문인들이 학업을
받는 자가 모두 육아(시이름)시편을 폐하니라

(集說)陳氏曰朝廷召曰徵 郡國擧曰辟 哀哀父母生我劬勞 蓼莪詩之辭 三復 謂再三反覆誦之 廢蓼莪
者 恐其師哀感故 舍之而不誦也

家貧躬耕야하야 計口而田며하며 度(鐸)身而蠶니하더니 或有密助之者든 袞

皆不聽라하더 及司馬氏篡(初患反)魏하야 袞 終身未嘗西向而坐하여

以示不臣于晉라하더

(增註)逆而奮取之曰篡 衣食을 不求豐裕요 而坐不面闕며 皆痛父非命하여 不忍故爾

집이 가난하여서 몸소 밭 갈아서 식구를 헤아려서 밭을 갈고 몸을 헤아려서 누에를 치더니 혹가 마니 도와 주는 이가 있거든 표가 다 들어주지 아니하더니 사마소가 위나라를 찬역함에 미쳐서는 표가 몸이 마치도록 일찍 서쪽을 향하여 앉지 아니하여서 써 진(晉)나라에 신하질 아니할 것을 보 이더라

○晉西河人王延이 事親色養하더니 夏則扇(平聲)枕席하고 冬則以身

温被하며 隆冬盛寒에 體常無全衣而親極滋味라하더

(增註)色養 以和悅之顏色而奉養也 全完也
(集解)西河 縣名 延字延元

●진(晉) 서하 사람 왕연이 어버이 섬기기를 화열한 빛으로 봉양하더니 여름이면 벼개뒤에서 부채질하고 겨울이면 몸소 이부자리를 따뜻하게 하며 몸씨 추운 겨울에 몸에 온전한 옷이 없고 어버이에게는 맛 있는 음식을 극진히 하더라

○柳玭이 曰崔山南의 昆弟子孫之盛이 鄉族이 罕比니러 山南의

曾祖王母長孫夫人이 年高無齒늘어 祖母唐夫人이 事姑孝하여

每旦에 櫛縱笄여하야 拜於階下고하고 即升堂여하야 乳(去聲)其姑니하니 長孫夫人이

不粒食數年而康寧라하더

●유빈이 말하기를 최산남의 형제 자손의 번성함이 향족(한고을 안에서 살고 있는 씨족)이 비하는

이가 드므니 산남의 증조왕모 장손부인이 나이 많아서 이가 없거늘 조모 당부인이 시어머니 섬기기를 효도로 하여서 매일 아침에 빗질하고 낯질하고 뜰 아래에서 절하고 곧 마루에 올라가서 그의 시어머님을 젖을 먹이니 장손부인이 싸락을 먹지아니한지 두어해에도 편코 편하더라

(集解)山南 名瑶 博陵人 爲山南西道節度使 故稱山南 (增註) 王大也 曾祖王母 卽曾祖母也 不粒食

一日에 疾病이어 長幼咸萃니러 宣言無以報新婦恩이니 願新婦는

(集解)疾甚日病 萃聚也 長孫夫人 臨沒 聚長幼 稱其子 婦之孝 願後子孫 皆克似之 孝子錫類 其族屬 隆盛可知也

●하루에 병을 얻을거늘 어른과 어린이가 모두 모였더니 써 새며느리의 은혜를 갚을수 없으니 원하건데 새며느리는 아들을 두고 손자를 둠이 다 여러 새 며느리와 같이 효도하고 공경하면 최씨의 가문이

有子孫이 皆得如新婦의 孝敬則崔之門이 安得不昌大乎니라하더라

새며느리는 창성하여 커지지 아니하리요 하고 말을 하였느니라

○南齊瘦黔婁ㅣ 爲孱陵令하여 到縣未旬에 父易ㅣ在家遘疾이러니

(集解)南齊 蕭齊也 黔婁字子貞 屠陵 縣名 遭遇也 父子 一體而分 父疾而子 心驚汗出 自然之理也

黔婁ㅣ 忽心驚여하 擧身流汗이어늘 即日棄官歸家니하 家人이 悉驚其忽至라하더

(集解)黔婁 即棄官而歸故 家人이 驚其至之速也

●남제 유금누가 자룡영(군수)이 되여서 고을에 도착한지 열흘이 못되여서 아버지 이(易)가 집에 있어 병이 나서 금루가 홀연히 마음이 놀라서 온 몸에 땀을 흘리거늘 곧 그날에 벼슬을 버리고 집에 돌아가니 그의 홀연히 돌아 옴을 놀라더라

時에 易疾이 始二日이러니 醫云欲知差劇인댄 但嘗糞甜苦야ㅣ라하늘 易ㅣ

泄利ᄒᆞ든黔婁ㅣ輒取嘗之ᄒᆞ니味轉甜滑ᄒᆞᄂᆞᆯ이어心愈憂苦ᄒᆞ여至夕에每

그때에 이(易)의 병이 비로소 이틀이러니 의원이 이르기를 병이 낫고 더한 것을 알고 저 할진댄 이가 설사를 하거늘 금루가 문득 취해서 맛을 보니 맛이 달고 미끄럽거늘 마음에 더욱 근심스럽고 괴로워서 저녁이 됨에 매양 북극성에 머리를 조아려서 써 몸으로 대신하기를 구하더라

稽顙北辰ᄒᆞ야求以身代ᄒᆞ더라

(集說)陳氏曰病愈曰差 病甚曰劇 醫 蓋以糞甜則病甚 糞苦則病愈也 稽顙 叩頭也 此辰 北極也 (集解)

或問黔婁 父病 稽顙 北辰 求以身代 數日而愈 果有此應之理否 朱子曰禱是正理 自合有應 不可謂知

其無是而姑爲之也 愚 按禮 疾病 行禱五祀 蓋臣子 切迫之至情 子朱子所謂禱是正理 是也 孝誠感格 崇信妖巫淫覡

執謂無其應乎黔婁之禱北辰 求以身代 其孝誠 爲如何哉 後世 罔知禮義 不務迎醫合藥

而專禱淫昏之鬼 正吾夫子所謂淫祀無福 讀者 不可不察

○海虞令何子平이母喪에去官ᄒᆞ고哀毀踰禮ᄒᆞ여每哭踊에頓絶

方蘇ᄒᆞ더라屬大明末에東土ㅣ饑荒繼以師旅ᄒᆞ니八年을不得

營葬ᄒᆞ여晝夜號哭ᄒᆞ되常如袒括之日ᄒᆞ여冬不衣絮ᄒᆞ고夏不就

清凉ᄒᆞ며一日에以米數合으로爲粥ᄒᆞ고不進鹽菜ᄒᆞ더라所居屋敗ᄒᆞ야不

蔽風日늘이어兄子伯興이欲爲葺理ᄒᆞᆫ대子平이不肯曰我ㅣ情

事를未申니하天地一罪人耳라屋何宜覆리오

해우(고을)령(군수)하자 평이 어머니의 초상에 벼슬을 버리고 슬퍼하고 상케 함을 예절에 넘어서 매양 울고 뜀에 돌연히 기절하다가 다시 살아나더라 때마침 대명 말년에 동토(지명)가 흉년이 들고 이어서 사려(난리)가 나니 팔년을 얻어 경영해 장례를 치루지 못하여서 밤낮으로 부르짖어 울

되 항상 어깨 걸고 머리 풀든 날과 같이 해서 겨울이 라도 솜 옷을 아니입고 여름에 맑으로 서늘한 데 나아가지 아니하며 하루에 쌀 두어 합으로써 죽을 먹고 식게나 나물을 나아들게 아니하더라 거처 하는 집이 허러서 바람과 햇빛을 덥지 못하거늘 三카 백홍이가 위해서 덥고 다스리고저 한데 자평이 즐기지 아니하여 내가 인정에 당한 일을 펴지 못하였으니 하늘과 땅에 한갓 죄를 지은 사람이라 어찌 마땅히 덥으리요

●蔡興宗이 爲會稽太守하여 甚加衿賞하여 爲營塚擴라하니

채흥종이 회계 태수가 되어서 심히 어여쁘고 아름답고 해서 위하여 매 무덤을 경영 하였느니라

(集說)陳氏曰海虞는 縣名이요 子平은 會稽人蘇猶醒也라 屬猶會也라 大明은 劉宋武帝年號也라 東土는 卽會稽二千五百人을 爲師하고 五百人을 爲旅하니 營謀爲也라 祖는 露臂括하고 括髮人子初喪之禮也라 葺는 脩補也라 情事未申은 謂親未葬也라

●朱壽昌이 生七歲에 父雍이 守雍(去聲이더 下同이라)이러니 出其母劉氏하여 嫁民間하니

주수창이 난지 일곱살에 아버지가 옹(지명) 땅을 지켰더니 그 어머니 유(劉)씨가 쫓아 내서 민간에 시집을 가니 어미와 자식이 서로 알지 못한 적이 오십년이러니 수창이 사방으로 돌아 다니면서 구하기를 맡지 아니해서 마시고 먹는데에 술과 고기를 드물게 하고 다른 사람과 더부러 말

母子不相知者ㅣ 五十年이러니 壽昌이 行四方여하 求之不己여하 飮食에 罕御酒肉고하 與人言에 輒流涕하더라

할 사이에 문득 눈물을 흘리더라

(集解)壽昌은 字康叔이니 楊州天長縣人 雍은 卽今西安府 壽昌 年七歲 父巽이 爲雍州守 出其生母 嫁之民間

●熙寧初에 棄官入秦하여 與家人訣되 誓不見母면하 不復還이라하고

희녕 초에 벼슬을 버리고 진나라에 들어가서 가인과 더부러 결단하되 맹세 코 어미를 보지 못하면 다시 도라 오지 아니하리라 하고

行次同州여하 得焉하니 劉氏ㅣ 時年七十餘矣러라 雍守錢明逸이 以

행차가 동주에 하여 얻으니 유씨가 이때 나이 칠십 여라러 옹나라 지킨 전명일이

事聞대한 詔壽昌還就官니하 孫이 是로 天下ㅣ 皆知其孝라하니

일을 들은대 수창을 조서 하시여 도라 벼슬에 나아가게 하시니 이로 좇아 천하가 다 그 효도를 알더라

●회령(년호) 처음 시대에 벼슬을 버리고 진(秦) 나라로 들어 갈새 집에 사람으로 더브러 영결하
되맹서코 어머니를 보지 못하면 다시 돌아오지 아니하리라 하더니 가다가 동주(지명)땅 군수 어
머님을 얻으니 유씨가 그때에 나히 칠십이 넘더라 옹(지명)땅 군수 전명일이 이일로써 나라에 들
린대 수창을 불러서 도로 관직에 나아가라 하시니 이것으로 말미암아 천하가 다 그의 효성을 알았
느니라

(集解)熙寧 宋神宗 年號 秦 卽古雍州地也 訣 別也 同州 郡名

壽昌이 再爲郡守ㅣ러니 至是하여 以母故로 通判河中府하여 迎其同
母弟妹以歸하여 居數歲에 母ㅣ卒커늘 涕泣幾喪明이러라 拊其弟
妹益篤하여 爲買田宅居之하고 其於宗族에 尤盡恩意하여 嫁兄弟
之孤女二人하며 葬其不能葬者十餘喪하니 蓋其天性이 如此러라

●수창이 다시 군수가 되더니 이에 이르러서 어머님의 연고로써 하중 고을에 통판을 해서 그의 같
은 어머님의 형과 아우를 맞아서 써 돌아오더니 살아온지 수년에 어머님이 돌아 가시거늘 눈물을
흘려서 거의 눈이 상할번 하였느니라 그의 형과 아우를 위로 하기를 더욱 독실히 하여서위해서 밭
과 집을 사서 거하게 하고 그 일가족친에 더욱 은혜와 뜻을 극진히 해서 형과 아우의 외로운 딸두사
람을 시집 보내며 그 능히 장례 하지 못하는 자 여남은 초상을 장례를 치루니 대개 하늘에 타고난
성품이 이같더라

(集說)陳氏曰河中府 今蒲州也 近同州 壽昌 嘗爲閬州 廣德 二郡守 至是 以便於養母之故 乃辭郡守而
爲河中府通判也 拊安慰也 宗族 壽昌 父族也

●伊川先生家ㅣ治喪에 不用淨屠니하시며 在洛에 亦有一二人家
ㅣ化之라하니

●이천선생의 집에서 초상을 다 스림에 불도를 쓰지 아니 하시니 낙양에 있어 또한 한두사람이 집이
있어서 화했느니라

(集說)陳氏曰浮屠 佛氏也 洛 水名 在河南 或 問治喪 不用浮屠親在而親意 曰且以委曲開釋 爲先 如不可回 則又不可 拂親意也 欲用之 不知 當如何 朱子

○霍光이出入禁闥二十餘年에小心謹愼하여未嘗有過라하더니爲
人이沈靜詳審하여每出入下殿門에進止有常處하더니郞僕射夜ㅣ
竊識視之하니不失尺寸이라하더라

곽광이 금달(궁중작은문)에 출입 한지 이십여년에 마음을 적게 하고 삼가서 일찍이 허물이 있지 아니 하더라 사람 됨이 잠잠하고 고요하고 자세하고 살펴서 매양 출입해서 전문(궁전문)에 내려옴 에 나아가고 그침이 있더니 낭복야가 가만히 살펴보니 척촌(조금)이라도 실수 함이 없 더라

(集解)光字子孟 平陽人 官至大將軍 禁闥 宮中小門也 沈靜 謂不浮躁也 詳審 謂不齟齬牽也 郞 僕射 皆官名 不失尺寸 言其步履有常而不易也

○汲黯이景帝時에爲太子洗馬러니以嚴見憚이러니武帝ㅣ卽
位하사召爲主爵都尉하시니以數直諫으로不得久居位라하니是時에
太后弟武安侯田蚡이怨爲丞相이라이니中二千石이拜謁이든蚡이弗
爲禮러니見蚡에未嘗拜하고揖之라하더라

사하 蘇典反

급암이 경제때에 태자 세마(벼슬이름)가 되어서 엄격함으로 써 꺼리낌을 받더니 무제가 왕위에 나아가사 불러서 주작도위(벼슬이름)를 하시니 자주 바로 간함으로써 얻어 오래 그 직위에 거하지 못하더라 이때에 태후의 아우 무안후 전분이 중이 승상이 된지라 중이천석(봉급의등분)이 절해서 뵈옴 든 분을 볼때에 일찍 절을하지 아니하고 읍만 하더라

(集說)陳氏曰黯 字長孺 濮陽人 太子洗馬 官名 陳氏曰洗之言先也 以嚴見憚 以正直 爲景帝 太子出見前導也 所敬憚也 主爵 都尉 亦官名 中滿也 中二千石 謂九卿之官 歲俸 滿二千石也 蚡 貪貴而驕人 黯 獨不爲之屈 但揖之而已

上이 方招文學儒者ㅣ러시니 上이 曰吾欲云云라하노 黔이 對曰陛下ㅣ
內多欲而外施仁義하시니 奈何欲效唐虞之治乎(去聲)ㅣ잇고 上이 怒
變色而罷朝하시니 公卿이 皆爲(去聲)黔懼하더 上이 退謂人曰甚矣라

●임금이 방향으로 문학하는 선비를 불러서 임금이 말하기를 내가 이렇게 이렇게 하고저 하노라 하니 암이 대답해 말하기를 폐하(임금을 말함)가 안으로 욕심이 많고 밖으로 인과 의를 베풀라하시니 어찌 당나라 우나라의 다스림을 본받고져 하리잇고 임금이 성내어 얼굴을 변하여 조회를 파하시니 공과 경들이 다 암을 위해서 두려워 하머니 임금이 물러와서 사람에게 일러 말하기를 심하다 하다

汲黔之戇(撞也)也ㅣ여

(集解)云云猶言如此如此也　　　愚也　黯은 直言公卿皆恐獲罪帝不之罪而止以爲愚然則武帝之賢豈

當時公卿所能知哉

群臣이 或數(聲)黯한대 黯曰天子ㅣ 置公卿輔弼之臣은 寧令從諛
承意하여 陷主於不義乎오리잇가 且己在其位하니하 縱愛身이나 奈辱朝廷
何오

뭇 신하가 혹 암을 꾸짖진대 암이 말하기를 천자가 공과 경과 도우는 신하를 둠은 차라리 하여금 아첨하고 뜻을 받들어서 임금을 의 아닌데 빠트리요 또 이미 그 벼슬에 있으니 비록 몸은 아끼나 조정을 욕되느는데 어찌 할고

(集說)陳氏曰數는 責也　輔弼은 輔德而弼違也　從諛承意는 順從阿諛 以奉承上意也　己既也

黯이 多病하여 病且滿三月이어늘 上이 常賜告者ㅣ 數(대朔하)終下愈(愈ㅣ러)니

最後에 嚴助ㅣ 爲(去聲)請告한대 上이 曰汲黯은 何如人也오 曰使黯

任職居官하면 亡(無)以癒(愈)人이어니와 至其輔少(去聲)主守成하여 雖自

謂賁(奔)育이라도 弗能奪也ㅣ라 上이 曰然하다 古有社稷之臣이러니 至如

● 汲黯여 近之矣로다

(集說)陳氏曰漢法病滿三月當免官告休暇也癒通作愈病瘳也嚴助人姓名時爲侍中癒當作愈
過也孟賁夏育皆古之有力者言黯之直若託之擁輔幼君以保守成業雖自謂有賁育之勇者亦不能奪
其大節也然是其言也社稷臣能安社稷者也

大將軍青이 侍中에 上이 踞廁視之하시고 丞相弘이 宴見現이어든 上이

或時不冠하시되 至如見黯하시는 不冠見也ㅣ러시다 上이 嘗坐武帳이어시늘 黯이

前奏事니러 上이 不冠가이라 望見黯고하시고 避帷中여하 使人可其奏하시

● 其見敬禮ㅣ 如此라하더

셨다가 급암을 바라보시고 장막 가운데로 피해서 사람으로 하여금 그의 드리는 것이 옳다고 하시니 그 공경과 예절을 보임이 이와 같더라

(集說)陳氏曰青 衛青 待中 待於禁中也 踞 蹲坐也 厠 牀邊側 弘 公孫弘 宴見 宴閒時進見也 嘗 曾也 武帳 帳中置兵衛者 可 猶是也 從其奏則稱制曰可

○初에 魏遼東公翟黑子ㅣ 有寵於太武ㅣ러니 奉使幷州(去聲)하여 受
布千疋이러니 事覺(去聲)늘 黑子ㅣ 謀於著作郎高允曰 主上이 問我
ㅣ어든 當以實告(去聲)아 爲(去聲)當諱之아 允이曰公은 帷幄寵臣이니 有罪首
實이면 庶或見原이어니와 不可重爲欺罔也ㅣ니라 中書侍郎崔鑑公孫
質이曰若首實이면 罪不可測이니 不如姑諱之라 黑子ㅣ 怨允曰君
은 奈何로 誘人就死地오하여 入見帝여하여 不以實對한대 帝ㅣ 怒하여 殺之하다

●처음에 위나라 요동공 적흑자가 태무에게 사랑 받음이 있더니 병주(지명)에 심부름을 받들어서
(布)일천필을 뇌물 받았더니 일이 발각되거늘 흑자가 저작랑 고윤에게 말하기를 임금이 나를 물거든 마땅히 써 사실대로 고할것인가 혹자가 마땅이 은휘를 할것인가 고윤이 말하기를 공은 장막 안에서 사랑 받는 신하이니 죄가 있음에 자수를 하면 거의 혹 죄를 용서 받거니와 가히 두번 속임을 하지 아니할 것이니라 중서시랑 최감공손 수를 하면 죄가 가히 아직 은휘하는 것만 같지 못하느니라 흑자가 고윤을 원망하여 말하기를 그대는 어찌 사람을 죽는 땅에 나아가기를 꾀우는고 하여 들어가 임금을 뵈옴 여 사실대로 대답한대 임금이 성내서 죽이다

(集說)陳氏曰魏 元魏 太武 魏帝 幷州 今太原府 允 字伯恭 宥罪曰原 重 再也 言 己受賄 若更隱諱 是 再造欺罔之罪也

帝ㅣ 使允으로 授太子經하더니 及崔浩ㅣ 以史事被收여하야 太子ㅣ 謂允

임금이 고윤으로 태자경을 가르치더니 및 최호가 사실로써 잡힘을 당하여 태자가 고윤

曰入見至尊하여吾自導卿하리니脫己尊이어시든但依吾語하라

●임금이 고윤으로 하여금 태자(임금의아들)에게 글을 가르치게 했더니 및 최호가 사기일로써 죽엄을 임었거늘 태자가 고윤에게 일러 말하기를 들어가서 지존(임금)을 뵈옵고 내가 스스로 경(자네)을 인도 할것이니 만일 지존(임금)이 물음이 있거든 다만 내말을 의지하라

(集解)太子는太武의長子晃也라崔浩는位司徒라與允等修國書하여刻石以彰直筆하니太武怒其暴揚國惡하여收浩誅之將及於允故로太子敎允入對하여欲指導其生路也라脫儻也라○按此段은太子欲欺君而脫高允하여允必諫止而無一言은恐史氏記錄之誤也라

太子ㅣ見帝言高允은小心愼密고하且微賤이라制由崔浩니하請赦其死하소서帝ㅣ召允問曰國書ㅣ皆浩所爲乎아對曰臣與浩ㅣ共爲之하니然浩는所領事多ㅣ總裁而已오至於著述여하臣多於浩다호이帝ㅣ怒曰罪ㅣ甚於浩니로何以得生오이리太子ㅣ懼曰天威嚴重하시니允은小臣이라迷亂失次耳니이다臣이曏問하니皆云浩所爲라하더이다帝ㅣ問允信如東宮所言乎아對曰臣이罪當滅族이라이不敢虛妄이니이다殿下ㅣ以臣이侍講日久ㅣ哀臣사欲丐其生耳언정實不問臣며하시臣亦無此言니하不敢迷亂이로이다

태자가 임금을 뵈옵고 말하되 고윤은 소심(마음이 적은것)하고 삼가고 조밀하고 또 작고 천함이 지음이 최호로 말미암았으니 청하노니 그 죽음을 노와 주소서 임금이 고윤을 불러서 물어 말하기를 신이 최호로 더부러 같이 하였노니 그러나 최호를 나라에 글을 다 최호의 한것인가 대답하기를 신이 최호

는 말은바 일이 많은지라 총재 따름이 어니와 저술하는데 이르러서는 신이 최 보다 많습니다 한대
임금이 성내 말하기를 고윤의 죄가 최호 보다 더 심하니 어찌 써 얻어 사리요 태자가 겁을 내 여서
말하기를 하는(임금을말한) 위엄이 엄숙시고 무거우시니 고윤은 적은 신하라 회미하고 어지러워서
절차를 잃은 것이로소이다 신(태자)이 적게 들었노니 최호가 한바라고 이릅더이다 임금이 고윤에게
묻기를 것이니 마땅히 특별히 그의 죄를 덜어서 표창을 하라하고 드디어 죄를 사하였다
동궁(태자)이 말하는 바와 같은가 대답하여 말하기를 신하가 죄가 많아 족을 멸하게 될것
인데 감히 헛되히 속이지 아니하니이다 전하(태자)가 신하로써 되서 강한지라 신하를
슬퍼하사 그 살리기를 빌고저 할지언정 실상은 신하에게 물음이 아니시면 신하가 또한 이말이 없
었노니 감히 회미하고 어지럽지 아니 하노이다

帝ㅣ顧謂太子曰直哉라此ㅣ一人情所難늘이어而允이能爲之니하臨
死不易辭는信也오爲臣不欺君은貞也니宜特除其罪여하以旌
之라하고遂赦之다하

(集說) 陳氏曰微賤은言其識之卑오 制著述也 總裁 謂總其大綱而裁正之 紀事曰著 纂言曰述 次 謂所對 失其次序 屬 猶昔也 東宮 太子之宮

他日에太子ㅣ讓允曰吾欲爲卿脫死늘이어而卿이不從은何也
임금이 태자를 돌아보고 일러 말하기를 곧다 이것은 인정의 어려운 바이거늘 고윤이 능히 하니
죽음에 다다러서 말을 바꾸지 아니하는 것은 신의요 신하가 되여서 임금을 속이지 아니함은 곧은

允이曰臣이與崔浩로實同史事니하死生榮辱에義無獨殊니誠
것이니 마땅히 특별히 그의 죄를 덜어서 표창을 하라하고 드디어 죄를 사하였다

荷殿下再造之慈니와違心苟免은非臣所願也니이다太子ㅣ動

(增註) 直哉 贊其直也 旌 表其善也

容稱嘆하더라

●다른날에 태자가 고윤을 보고 꾸짖어 말하기를 내가 경을 위해서 죽음을 벗기고저 하거늘 쫓지 아니함은 어찌 함이 있고 고윤이 말하기를 신하가 최호로 더부러 실상 사기 일을 같이 하였으니 죽고 살고 영광스럽고 욕됨에 의리에 나 홀로 달리 할수 없으니 진실로 전하(태자)의 다시 살리신사 랑을 입었거니와 마음을 어기여서 구차히 면함은 신하의 원하는 바가 아닙니다 태자가 용모를 변하

(集說)陳氏日言當與浩同之 再造 猶言再生

여서 탄식 하더라

允이退謂人日我ㅣ不奉東宮指導者는 恐負翟黑子故也ㅣ니

하는 고윤이 물러가서 사람에게 일러 말하기를 내가 동궁(태자)의 가르치고 인도함을 받드지 아니 하는 것은 적 혹자를 등질까 두려워 하는 연고 이니라

(正誤)致堂胡氏日高允 不欺之君子也 與崔浩 同爲國史 浩旣被罪 允 義不可苟免 自陳於君父之前 內不 欺心 外不欺其友 上不欺其君 若高允 可謂仁矣

○李君行先生의 名은 潛이니 虔州人이라이 入京師하여 至泗州하여 留止 니러 其子弟ㅣ請先往이어늘 君行이 問其故한대 日科場이 近니하 欲先至하야 京師여하 貫開封戶籍하야 取應이라하노 君行이 不許日汝ㅣ虔州人而 貫開封戶籍하면 欲求事君而先君欺이니可乎아寧遲緩數年정언 不可行也ㅣ니라

●이군행 선생의 이름은 잠이니 건주 땅 사람이라 서울에 들어 갈새 사주(지명)에 이르러서 머물러 있더니 그의 자식과 아우들이 먼저 가기를 청하거는 군행이 그 연고를 물은대 대답 하기를 과거에 응시하려 하는 장소가 가까우니 먼저 서울에 이르러서 개봉(지명)호적을 걸어서 과거에 응시함을 취하고저 하노이다 군행이 허락 하지 아니하고 말하기를 너가 건주 사람이고 개봉 땅에 호적을 걸면 임금 섬기

기를 구하고 먼저 임금을 속이는 것이 옳은 것인가 차라리 두어해를 더디고 늦출지언정 가히 가지는 못할 것이니라

(集說)陳氏曰君行 字 慶州 今贛州府 泗 郡名 宋之京師 在開封府 貫 猶係也 冒籍以應擧 是欺君矣

○崔玄暐 偉의 母盧氏ㅣ嘗誡玄暐曰吾見姨兄屯田郎中辛玄馭曰兒子從宦者를有人이來云貧乏不能存이라하면此는是好消息이어니와若聞貲貸ㅣ充足하며衣馬ㅣ輕肥면此는惡消息하니吾當以爲確論이라하노라

●최현위의 어머니 노씨가 일찍 현위를 경계해 말하기를 이종형 둔전랑 신현어를 보고 말하기를 아들이 벼슬하고 다니는 자들을 사람이 있어서 와서 가난하고 궁핍하여 능히 보존 하지 못하 더라고 이르면 이것은 이 좋은 소식이니 거니와 만약 재물을 벌어주며 풍족하며 의복과 말이 가볍고 살찜을 들으면 이것은 좋지 못한 소식이니 내가 일찍이 써 군은 의논이라고 하노라

(集說)陳氏曰玄暐 名曄 博陵人 仕至宰相 姨兄 姨之子 姨乃父母之姨也 長於我者也 貧必廉故 曰好消息 富必

比見親表中에仕宦者ㅣ將錢物여上其父母ㅣ든父母ㅣ但知喜悅고意不問此物이從何而來하니必是祿俸餘資댄誠亦善事니어와如其非理所得이면此與盜賊何別오縱無大咎나獨不內愧於心가한대玄暐遵奉敎誡하여以淸謹으로見稱라하니

(貧故)曰惡消息

●요사이 보니 친족과 다른 성 가운데에 벼슬 한이가 돈과 물건을 가져와서 그의 부모에게 올리거 든 부모가 다만 즐기고 즐길 줄만 알고 마침내 이 물건이 어데로 부터 왔는지를 묻지 아니 하나니

반드시 봉급 받은 남은 재물일진댄 진실로 또한 착한 일이어니와 만약 그것이 이수가 아닌 얻은 것이면 이것이 도적과 무엇이 분별 하리요 비록 큰 허물은 없으나 홀로 안으로 마음에 부끄럽지 아니한가 한내 현위가 가르치는 경계를 따라 받들어서 써 청렴하고 삼가 함으로 일컬음을 보았느니라

(集說) 陳氏曰 比 近也 親 同姓 表 外姓 非理所得 如竊官物 剝民財 皆是 咎罪也 言 罪雖幸免 心實有 愧矣

○劉器之待制初登科여ᄒᆞ야 與二同年로 謁張觀參政이러니 三人이 同起身ᄒᆞ야 請教ᄒᆞᆫ대 張이 曰某ᅵ 自守官以來로 常持四字ᄒᆞ노니 勤謹和緩이니 中間一後生이 應聲曰 勤謹和ᄂᆞᆫ 既聞命矣어니와 緩之一字ᄂᆞᆫ 某所未聞이로소이다 張이 正色作氣曰 何嘗教賢緩不及事ᅵ리오 且道世問甚(삼)事ᅵ 不因忙後錯了오

유기지대제가 처음 과거에 올라서 동년으로 더부러 장관 참정을 뵈왔더니 세사람이 한가지 몸을 일어나서 가르침을 청한대 장이 말하기를 내가 벼슬함으로부터 써 옴으로 항상 넷 글자를 가지노니 부지런할근자와 삼가할근자와 화할화자와 늦을완자 이니라 중간 한 후생이 소리를 따라 말하기를 부지런함과 삼가함과 화함은 이미 명함을 들었거니와 늦을 완자의 한글자는 내가 듣지 못한바 소이다 장이가 낯빛을 바루고 기운을 지어서 일찍이 현을 가르쳐 늦어서 일에 미치지 못하게 하리요 또 세상 사이에 무슨 일이 바쁨을 인한 위에 그릇 되지 아니한다 고 말하는고

○伊川先生이 曰安定之門人이 往往에 知稽古愛民矣ᄂᆞ니 則於爲政也에 何有ᄅᆞ리오

(集解) 然이나 器之 名安世 大名府人 世珍元城先生 勤은 謂勤於從政 謹은 謂謹於持身 和는 謂和以待人 緩은 謂緩以處事니 然이나 緩非迂緩 蓋欲遇事 從容而詳審也ᅵ라

이천선생이 말하기를 안정의 문인이 왕왕이 옛것을 상고하며 백성을 사랑할줄 아나니 곧 정사를 함에 무슨 어려움이 있으리오

●이천선생이 말하기를 안정(안정호선생)의 문인이 왕왕에 예전을 상고하고 백성을 사랑함을 아니
곧 정사를 하는데에 무엇 어려움이 있으리요
(增註)門人 如劉彝 錢藻 孫覺 范純仁 錢公輔 是也 何有言不難也

○呂榮公이 自少로 官守處에 未嘗干人學薦니라

여영공이 젊을때 부터 벼슬 지키는 곳에 일찍이 사람을 들어 천거 하기를 간섭하지 아니하더

其子舜從이 對曰勤於職事고하

그의 아들 순종이 벼슬해서 회계(지명)를 지킴에 사람이 혹 그 알기를 구하지 아니한다고 조롱
하는자가 있거늘 순종이 대답하여 말하기를 직무에 부지런 하고 그 다른 것을을 감히 삼가 하지 아니

●其他를 不敢不愼니하노 乃所以求知也니라

其他를 不敢不愼니 乃所以求知也

守官會稽에 人或譏其不求知者를 舜從이 對曰

(集解)舜從 榮公 第二子 名 疑問 舜從 字也 榮公 生平 未嘗求擧於人 故 舜從 克紹父志 嘗曰職業 不
敢不勤 他事 不敢不愼 此雖不求知 能人必自知也 孔子曰不患莫己知 求爲可知也 舜從 似之

○漢陳孝婦가 年이 十六而嫁여하 未有子니러 其夫가 當行戍(수)여하

한(漢)나라 진땅에 효부가 나이 열여섯살에 시집 가서 자식을 두지 못하였더니 그의 가장이 수자

且行時에 屬孝婦曰我生死를 未可知니 幸有老母가 無他兄

리(군대)에 감을 당하여 서 또 갈때에 효부에게 부탁해 말하기를 내가 죽고 삶을 가히 알수가 없으
니 다행히 늙은 어머니가 있으서 다른 형과 아우가 없으니 내가 돌아 오지

弟備養니하 吾不還이라도 汝가 肯養吾母乎아 婦應曰諾다

아니 하더라도 나의 어머님을 즐기히 봉양을 하리까 효부가 대답하여 말하기를 그리하리다
(集解)孝婦 後漢時人 守邊曰戍 囑付託也

夫가 果死不還늘이어 婦가 養姑不衰여하 慈愛愈固여하 紡績織紝하여以

곧인즉 과연 죽어 돌아오지 아니하거늘 효부가 시어머니 봉양을 하여도 쇠하지 아니하여 인자하게
사랑하여 더 굳게 하여 실을 잣고 베를 짜서

●爲家業고 終無嫁意라하더

가장이 과연 죽고 돌아오지 못하였거늘 효부가 시어머니 봉양 하기를 쇠하지 아니해서 길삼을 하고 베짜서 써 가업을 하고 마침내 시

집갈 뜻이 없더라

(集解)慈愛愈固 謂姑慈 婦愛 愈牢固也 紡績織紝 謂治絲枲而織布帛也

●居喪三年늘 하여 其父母ㅣ 哀其史無子而早寡也여하 將取嫁之

孝婦ㅣ曰夫ㅣ去時에 屬妾以供養老母ㅣ어늘 妾이 既許諾之니하

夫養人老母而不能卒며하 許人以諾而不能信면하 將何以立

於世리오 欲自殺대한 其父母ㅣ懼而不敢嫁也여하 遂使養其姑

二十八年에 姑ㅣ八十餘ㅣ以天年으로 終늘커 盡賣其田宅財物

以葬之고하 終奉祭祀라하니

●초상에 거하기를 삼년을 하거늘 그의 부모가 그 딸이 자식이 없고 일찍이 홀어미 된 것을 슬퍼

여겨서 장차 데려다 시집 보낼랴 하더니

효부가 말하기를 가장이 갈때에 첩(자기를낮추는말)에게

늙은 어머니를 봉양 하라고 부탁 하거늘 첩이 이미 그렇게 하리라 하고 허락 하였으니 대저 남의 늙은은 어머

니를 봉양 해서 능히 마치지 못하며 남에게 그렇게 하리라 하고 써 믿지를 못하면 장차

어찌 써 세상에 서리요 하고 스스로 죽고저 한대 그의 부모가 두려워 해서 감히 시집 보내지 못하

고 드디어 하여금 그 시어머니를 봉양하게 하니 이십팔년만에 시어머니가 팔십세라 천명으로 마치거

늘 그 밭과 집과 재산을 팔아서 써 장례를 치루고 마침내 제사를 받드니라

(增詩)卒 終也 夫死不嫁 節也 養姑而生事葬祭 必盡力 孝也

淮陽太守ㅣ以聞한대 聞使使(시)聲者여 賜黃金四十斤고하시 復(복)

●之여하終身無所與(去聲)니하號曰孝婦ㅣ라하더라

회양 태수가 이 말을 듣고 나라에 불러 말하기를 효부라 하니라 황금 사십근을 주시고 두번해서 몸이 마

치도록 간예 한바 없게 하니 불러 말하기를 효부라 하니라

(集解)淮陽 卽今陳州 太守 以孝婦 聞之於朝 因遣使賜金 且復除其家之戶役終孝婦之身 無所干與 號

曰孝婦云

○漢鮑宣의妻桓氏의字는少君이라宣이嘗就少君父學이러니父ㅣ

奇其淸苦故로以女妻之(去聲)니하裝送資賄ㅣ甚盛이어늘宣이不悅여하

謂妻曰少君이生富驕여하習美飾이라而吾ㅣ實貧賤이라不敢當

禮로다妻ㅣ曰大人이以先生이脩德守約故로使賤妾로侍執巾

櫛니하시니旣奉承君子ㅣ란惟命是從이니이다宣이笑曰能如是면是吾

志也ㅣ로다妻ㅣ乃悉歸侍御服飾고하更着(착)(平聲)短布裳여하與宣共

挽鹿車여하歸鄕里여하拜姑禮畢고하提甕出汲여하脩行婦道니하鄕邦

이稱之라하더

●한나라 포선의 안해 환씨의 자는 소군이라 선이 일찍 소군의 아버지에 나아가서 배웠더니 아비가

그 맑고 부지런함을 기특히 여겨서 연고로 딸로 써 포선의 아내를 하니 장비해 보내는 재산과 뇌물

이 심히 성하거늘 포선이 즐기지 아니해서 아내에게 일러 말하기를 소군이 부자이고 교만한데 살아

서 아름다히 꾸미는데 익었으니 내가 실상 가난하고 천한이라 감히 예를 당하지 못할로다 아내가

말하기를 내인(아버지)이 써 선생이 덕을 닦고 간략함을 지키는 연고로 써 천한 첩으로 하여금 수

건과 빗을 잡고 뫼시고 잡게 하시니 이미 군자를 받들고 받들것이라 오직 이 명령을 쫓으리이다 포

선이 웃으며 말호기를 능히 이갑으면 이것이 나의 뜻이로다 아내가 이에 다 종과 옷과 꾸미게를 돌리고 짧은 베 치마를 고쳐 입고 포션으로 머부러 한가지 록거(작은수레)를 잡고 향리에 돌아와서 시어머니에게 절해서 예를 마치고 단지롤 잡고 나가서 물을 건고서 며느리의 도리를 잡아 행하니 향리와 나라가 칭찬 하더라

(集說)陳氏曰宣 字子都 渤海人 吳氏曰大人 稱其父 先生 稱其夫 約 儉約也

(增註)引車曰挽 鹿車 小可容一鹿者

○曹爽의 從弟文叔의 妻는 誰郡侯文寧之女ㅣ니 名은 令女ㅣ라 文叔이 蚤死늘 服闋고하 自以年少無子니하 恐家ㅣ 必嫁己여하 乃斷髮爲信이러니 其後에 家ㅣ 果欲嫁之늘 令女ㅣ 聞고하 即復扶又反 以刀로 截兩耳고하 居止를 常依爽니하며 及爽이 被誅여하 曹氏盡死늘커 令女叔父ㅣ 上書여하 與曹氏絶婚고하 彊上聲迎令女歸라하니

●조상의 종제 문숙의 아내는 초군(지명)후 (벼슬이름)문령의 딸이니 이름은 령녀라 문숙이 일찍 죽었거늘 삼년 복을 마치고 스스로 써 하기를 나이 젊고 자식이 없으니 친정집에서 반드시 자기를 시집 보낼까 두려워해서 이에 머리를 끊어서 맹세를 했더니 그 뒤에 집에서 과연 시집 보내고져 하거늘 령녀가 듣고 곧 다시 칼로 써 두 귀를 끊고 거처를 항상 조상이를 의지했더니 및 조상이 나라에 목베임을 입어서 조씨가 다 죽었거늘 령녀 숙부가 나라에 글을 올려서 조씨로 더부러 혼인을 끊고 강제로 령녀를 맞아서 돌아 갔느니라

(集說)吳氏曰曹爽 魏宗室 從弟 同祖之弟 譙郡 今亳縣 夏候 覆姓 文寧 名也

時에 文寧이 爲梁一作州州니러 憐其少執義고하 又曹氏無遺類라ㅣ 冀其意阻여하 乃微使人風去聲之대한 令女ㅣ 嘆且泣曰吾亦惟之니하 許

그 때에 문녕이 량주 자사가 되었더니 그 소년에 의리 잡음을 어여삐 여기고 또 조씨가 끼친 류가 없는지라 그 뜻이 막히기를 바래서 이에 가만히 사람을 부려 풍유한대 령녀ㅣ 탄식하고 또 울어 가로되 나 또한 생각하니 허

之是也ㅣ라하여늘 家ㅣ以爲信하여 防之少懈한대 令女ㅣ於是에 竊入寢
室하여 以刀斷鼻하고 蒙被而臥하여 其母ㅣ呼與語하되 不應이어늘 發被視
之하니 血流滿床席이어늘 舉家ㅣ驚惶하여 往視之하고 莫不酸鼻라하더

●그때에 문령이 양상(벼슬이를)이 되었더니 그 뜻이 막히기를 바라 이에 가만히 사람이 의리 잡음이를 어여쁘 여기고 또 조씨가 끼친 령녀가 탄식하고 또 울어 말하기를 내가 또한 생각한 것이니 허락 함이 옳다고 하거늘 집이 써 믿어서 막기를 조금 게을리 한대 령녀 이에 가만히 자는 방에 들어가서 칼로 코를 베고 이불을 덮어서 누워 그 모친이 불러서 더부러 말한대 대답이 없거늘 이불을 헤치고 보니 피가 흘러서 살평상 자리에 가득하거늘 온 집안이 놀라서 가서 보고 슬퍼 아니 하는 사람이 없더라

(集說)陳氏曰無遺類는 盡死也ㅣ라 冀其意阻는 幸其阻守義之意而攻適也ㅣ라 風謂以言動之는 惟之思之也ㅣ라

或謂之曰人生世間이 如輕塵棲弱草耳니 何辛苦乃爾오
且夫家ㅣ夷滅已盡하니 守此欲說爲哉오 令女ㅣ曰聞仁者는
不以盛衰로 改節하고 義者는 不以存亡으로 易心이니 曹氏全盛之
時도 尚欲保終이어늘 況今衰亡이니하 何忍棄之오리 禽獸之行을 吾豈
爲乎ㅣ오리오

●혹이 일러 말하기를 사람이 세상 사이에 삶이 가볍기가 티끌이 약한 풀위에 있는 것과 같으니어 찌 맵고 쓰임이 이러한 또 가장의 집이 쓸어져 멸해서 이미 다 했으니 이를 지켜서 즐김을 하고져 하는고 령녀가 말하기를 들으니 어진 자는 성하고 쇠함으로 써 절개를 고치지 아니하고 의리가 있는 자는 존하고 망함으로써 마음을 바꾸지 아니 한다하니 조씨가 완전히 성할때에 라도 오히려 보전해

마치고저 하거늘 하물며 이제 쇠하고 망했으니 어찌 참아 버리리요 새와 짐승의 행동을 내가 어찌 하리요

(集說)熊氏曰輕塵易散 弱草難依 非有縷固也 吳氏曰人之所以異於禽獸者 以其有仁義也 若以盛衰存亡而改節易心 則不仁不義 禽獸之行也 令女之所以不爲者 其有見於此也 夫魏晉之際 廉恥道喪 背君父而事仇讎者 比肩按跡 聞令女之言 觀令女之行 寧不愧乎 後 司馬懿聞而嘉之 聽令女養子 爲曹氏後

●幾 平聲ㅣ러 死ㅣ러라

○唐鄭義宗의妻盧氏ㅣ略涉書史고事舅姑되甚得婦道니라

嘗夜에有強盜數十이持杖鼓噪蹲垣而入니家人이悉奔竄고

唯有姑ㅣ自在室늘이어盧ㅣ冒白刃고하往至姑側여하爲賊挺擊여하

(集解)鼓噪 鼓舞呼噪也 奔竄 奔走竄匿也 姑 老不能出避 盧 冒白刃而往者 義欲救姑 不顧其身也 幾 近也

당나라 정의종의 아내 노씨가 대강 글과 사기를 배웠고 시부모를 섬기되 심히 부인의 도리에 맞더니 일찍 밤에 강도 수십이 있어서 막대를 가지고 두드리고 담을 넘어 들어오니 집에 사람이 달아나며 숨고 오직 시어미가 있거늘 노씨가 흰 칼을 무릅쓰고 가서 시어미 곁에

도적의 치임이 되어서 거의 죽게 되었더라

賊去後에家人이無何獨不懼오盧氏曰人所以異於禽獸者

는以其有仁義也니鄰里有急도이라尚相赴救오況在於姑而可

委條乎아若萬一危禍면豈宜獨生오리

도적이 간뒤에 집사람이 어찌 홀로 두렵지 아니함이 없는고 노씨가 말하기를 사람으로써 새와 짐승의 다른 바는 써 그 인과 의가 있음이니 이웃과 마을이 급한이 있더라도 오히려 서로 가서 구원할 것이오 하물며 시어머니에게 있어서 가히 닭겨 버릴까 만약 위태한 재난이면 어찌 마땅히 홀로 살리요 로 살리요

(集解)仁義者 人性之所以異乎禽獸者 此也 盧氏 惟其知之明 見之審 於是捐 生以赴 而不顧其
身 誦其言 千載之下 凜然猶有生氣 鳴呼 天理民彝之在人心 終古而不泯滅者 於此可見矣

○唐奉天竇氏二女ㅣ生長草野되야 幼召志操ㅣ러니 永泰中에 群
盜數千人이 勦掠其村落대한二女ㅣ皆有容色여하長者는 年十九
幼者는 年十六니이러 匿巖穴間늘이어 曳出之여하 驅迫以前할제 臨巚
谷深數百尺여하 其姊ㅣ先曰吾寧就死정ㅣ언 義不受辱이라하 卽投
崖下而死늘커 盜方敬駭하더 其妹ㅣ繼之自投여하 折足破面流血
늘이어 群盜ㅣ乃捨之而去라하니

●당나라 봉천두씨 두 딸이 시골에서 생장해서 뜻과 지조가 있더니 영태(연호)중에 뭇도적 수천사람이 그 마을을 협박하고 노략해서 두 딸이 다 용모가 아름다워서 만이 나이 열아홉살이요 어린자는 나이 열여섯살이러니 바위 틈사이에 숨었더니 꺼내어서 써 앞에 몰고 핍박할새 구렁 깊이가 수십자가 되는데 찌ㅣ러서 그 만이 먼저 말하기를 내가 차라리 죽는데 나아갈지언정 의리에 욕됨을 받지 못하리로다 하고 곧 먼저 몸을 던져 죽거늘 그 도적이 놀래더니 그 아우가 이어서 투신해서 발을 꺾고 낯을 깨고 피를 흘리거늘 뭇 도적이 이에 놓고서 갔느니라

●京兆尹第五琦ㅣ嘉其貞烈여하奏之대한詔旌表其門閭고하시 永錫
其家丁役다하시

(集解)奉天 縣名 永泰 代宗 年號

리에 정표비 세우는것을 하고 길이 그 집의 부역을 더시는다.

경조 땅 부윤(벼슬이름)제오기가 그 정열을 아름다이 여겨서 나라에 들릴때 조서해서 그 문거

（集解） 京兆、郡名、今西安府、尹、官也、第五、覆姓、名、鑌、除也

○繆木容이 少孤여호야 兄弟四人이 皆同財業이러니 及各取妻諸

婦ᅵ遂求分異고하 又數ᅵ有鬪爭之言을이어 彤이 深懷忿嘆여호야 乃掩諸

戶自撾曰繆彤아 汝ᅵ修身謹行야여 學聖人之法은 將以齊整

風俗이어 奈何로 不能正其家乎오한대 弟及諸婦ᅵ聞之고여호 悉叩頭

謝罪여호야 遂更ᄒᆞ야 爲敦睦之行야호더라

●목용이 졈어셔 아비를 잃고 형제 네 사람이드니 다 재산과 세업을 한 가지 하더니 각각 아내를 취해서 모든 며느리가 드디어 각각 살기를 요구하고 자조 싸우고 다투는 말이 있거늘 목용이 깊이 분해하고 탄식함을 품어서 이에 문을 닫고 스스로 매질해 말하기를 목용아 네가 몸을 닦고 행실을 삼가서 성인의 법을 배우는 것은 장차 써 풍속을 같게 하고 정돈할 것이니 어째서 능히 그 집도 바루지 못하는고 한대 아우와 및 모든 며느리가 듣고 모두 머리를 숙이고 죄를 사과해 드디어 시 돈독하고 화목한 행실을 하더라.

（集說） 吳氏曰漢繆彤字豫公幼而無父曰孤撾擊也彤怒諸弟求分財異居乃閉戶自責於是諸弟諸婦聞之悉俯地擊首以謝遂改爲敦睦之行嗚呼彤之德固有以感動諸弟而諸弟亦可謂善改過者矣

○蘇瓊이 除南淸河太守니하 有百姓乙普明兄弟ᅵ爭田여하 積

年不斷여하 各相援據니하 乃至百人이러니 瓊이 召普明兄弟여하 諭之

曰天下에 難得者는 兄弟오 易求者는 田地니 假令得田地도라 失

兄弟心면하 如何오하고 因而下淚대한 諸證人이 莫不灑泣니하 普明兄

●弟ㅣ叩頭하여乞外更思하여分異十年에遂還同住하니라

(集說)陳氏曰 瓊字珍之 北朝人(北齊南淸河 郡名 乙姓 普明 名也 援據 攀援他人 爲證據也 諭 曉也)

소경이 남청 하태수를 시키니 백성 가운데 을보 형제가 있어서 밭을 다투어 두어 해가 넘도록 결
단하기를 못해서 각각 서로 증거를 잡음이 이에 백사람에 이르렀더니 소경이 보명 형제를 불러서 달래
말하기를 천하에 얻기 어려운 것은 형제요 구하기 쉬운 것은 밭과 땅이니 가령 밭과 땅을 얻더
라도 형제간에 마음을 잃으면 어찌하는가 인하여 눈물을 흘린대 모든 증거하는 사람이 눈물을 흘려
울지 아니하는 사람이 없더니 보명 형제가 머리를 두드려서 다시 생각하기를 나누어 달
리 한지 십년만에 드디어 한 가지 살았느니라

○王祥의弟覽의母朱氏ㅣ遇祥無道ㅣ러니覽이年數歲에見祥의
被楚撻하고輒涕泣抱持하더니至于成童하야每諫其母하니其母ㅣ少
止凶虐하니라朱ㅣ屢以非理로使祥이어든覽이與祥俱하고又虐使祥
妻ㅣ어든覽妻ㅣ亦趨而公之하니朱ㅣ患之하야乃止하니라

●왕상의 아우 (이름)람의 모친 주씨가 왕상 대접하기를 도가 없더니 람이 두어살 때에 왕상의 매
맞는것을 보고 문득 울면서 껴안고 말류하였다 성동(열 다섯살)에 이르러서 매양 그 어머니를 간하니 람의
그 어머니가 조금 흉하고 포학했느니라 주씨가 여러번 도리 아닌 일로 왕상을 심부름 시키거든 람이
왕상으로 더부러 같이 하고 또 왕상의 아내를 부리거든 람의 아내가 또 쫓아가서 한 가지 하
니 주씨가 근심해 여겨서 이에 그쳤느니라

(集解)王覽字玄通覽年幼見兄被楚撻 抱持泣諫 其友愛 出於天性 至於祥妻受虐 覽妻 亦趨共之 則
非得於觀感之深者 其能然乎 由是其母亦止凶虐也

○晋右僕射鄧攸ㅣ永嘉末에沒于石勒하야過泗水할새攸ㅣ以
牛馬로負妻子而逃하다가又遇賊하야掠其牛馬고步走하야擔其兒

及其弟子綏니러 度鐸 不能兩全고하 乃謂其妻曰吾弟早亡고하 唯
有一息니하 理不可絶이니 止應聲去 自棄我兒耳다로 幸而得存면하 我는
後當有子어녓 妻l泣而從之어늘 乃棄其子而去之니러 卒以無嗣
라하니

(集解) 僕射 官名 攸 字伯道 平陽人 永嘉 懷帝 年號 石勒 胡人 借據自立 爲後趙 泗水 在淮北 熊氏
曰 旣不能兩全 則寧棄己之兒 母絕亡弟後 卒以無子 命也

●진나라 우복야(벼슬 이름) 등유가 영가(년호) 난리에 쫓겨서 사수(지명)를 지낼새 유가 소와 말로써
아내와 자식을 신고 달아나다가 또 도적을 만나서 자기 아
희와 및 아우의 아들을 업었더니 능히 둘 다 온전히 보호하지 못함을 요량하고 그 아내에게 일러
말하기를 내 동생이 일찍 죽고 오직 한 자식이 있으니 도리에 끊지 못할 것이라 다뭇 응당히 내 아
희를 버릴 것이로다. 다행히 언어 살면 나는 뒤에 마땅히 자식이 있을 것이로다. 아내가 울고 쫓
거늘 이에 그 아들을 버리고 갔더니 마침내 자식이 없었느니라.

●兒로 弟子綏l服收喪三年하니
兒다
時人이 義而哀之여하 爲去聲之語曰天道l 無知여하 使鄧伯道로 無

(增註) 義者 義其能存姪也 服喪三年 如喪父也

그 때에 사람이 의리로 여겨서 슬퍼하여 말하니 말하기를 하늘이 아는것이 없어서 등백도
로 하여금 아희를 없게 하도다. 아우의 자식 유가 유의 초상 삼년을 입었느니라.

○晋咸寧中에 大疫이러니 庾袞의 二兄이 俱亡고하 次兄毗l 復扶又切下同
危殆여하 厲氣l 方熾어늘 父母諸弟l 皆出次于外호되 袞이 獨留不
去어늘 諸父兄이 强上聲之대한 乃曰袞이 性不畏病하이라하고 遂親自扶持여하

原本小學集註卷之六

一五

晝夜不眠하며其間(潤이)에復撫柩하여哀臨(聲去)不輟하더니如此十有餘旬에

● 疫勢ㅣ既歇이어늘家人이乃反畉病이어늘得差하니衰亦無恙라하니

진나라 함녕(년호)때에 큰 역질이 있더니 유곤의 두 형이 한 가지 죽고 다음 형 비가 다시 위태하고 역질의 기세가 방향으로 성하거늘 모든 부형이 밖에 나가 홀로 머물고 가지 아니하거늘 모든 아우가 다 곤이 머문다 하고 드디어 친히 몸에 이에 말하기를 곤이 성품이 병을 겁내지 아니한다 하고 기를 거두지 아니하여 이같이 한지 십여일 만에 역질의 기세가 이미 쉬어 지거늘 집사람이 이에 널판을 어루만지고 슬퍼하여

(集解) 咸寧武帝年號衰字叔褒毗次兄名次舍也間空隙也
때비의 병이 언어 낫고 곤도 또한 탈이 없었느니라.

父老ㅣ咸曰異哉라此子ㅣ守人所不能守며行人所不能行이하

● 歲寒然後에知松柏之後凋ㅣ니始知疫癘之不能相染也ㅣ라

늙은이들이 모두 말하기를 기이하다. 이 자식이여 남이 지키며 못함을 능히 지키며 남이 행하지 못함을 능히 행하니 비로소 해가 차운 가운데라야 소나무와 잣나무가 뒤에 고는 것을 안다하니 비로소 역질의 능히 서로 전염치 못함을 알 것이로다.

(增註) 父老鄉之高年者異哉稱其所守所行異於人也後凋謂後凋於衆木之凋

○楊播의家世純厚하여並敦義讓하여昆季相事되하有如父子니하더

椿津이恭謙하야兄弟ㅣ一旦則聚於廳堂하여終日相對하여未嘗入內하며

有一美味ㅣ어든不集不食이라하며廳堂間에往往에幃幔隔障하여爲寢

息之所ㅣ여하時就休偃하고還共談笑라하더

二六

●양번의 집이 대대로 순진하고 관후하고 아울러 의리와 사양이 돈독하더니 형과 아우가 서로 섬기되 아버지와 아들 같음이 있더니 춘진이 공손하고 겸손해서 형제가 아침마다 대청 마루에 모여서 해가 지도록 서로 대해 앉아서 일찍 안에 들어 가지 아니하며 한가지 아름다운 음식이 있으면 모이지 아니하면 먹지 아니 하더라. 대청 마루 사이에 드문 드문 장막을 막고 막아서 잠자고 쉬는 곳을 만들어서 때로는 나아가 쉬고 기대고 돌아 와서는 한 가지 말하고 웃더라.

(集說) 陳氏曰播 字延慶 北朝人 昆季 兄弟也 椿 字延壽 津 字羅漢 偃 猶臥也

椿이 年老여하 曾他處醉歸늘어 津이 扶持還室여하 假寢閤前여하 承候

安否라하더

●춘이 나이 늙어서 일찍 다른 곳에서 술이 취하여 돌아 오거늘 진이 붙들어서 집에 돌아와서는 방에 자게하고 평안하지 못함을 받들어 살피더라.

(增註) 假寢 不脫衣冠而寢也 閤 謂室之門也

椿津이 年過六十여하 並登台鼎而津이 常曰莫暮參問든이어 子姪이

羅列階下니러 椿이 不命坐든이어 津이 不敢坐라하더

●춘과 진이 나이 육십이 지나서 정승에 올려서 진이 항상 아침과 저녁에 참예해 묻거든 자식과 조카들이 뜰 아래에 벌려 열을 서는데 춘이 앉으라고 명령하지 아니 하더면는 진이 감히 앉지 아니 하더라.

(增註) 台鼎 三公之稱 如星之有三台 鼎之有三足也 椿 爲司徒 津 爲司空 故曰 並登台鼎

椿이 每近出여하或曰斜不至든어 津이 不先飯여하 椿이 還然後에 共食

니하며 食則津이 親授匙箸며하 椿이 命食然後에 食라하더

●춘이 매양 가까이 나가서 혹 날이 기울어도 이르지 아니하거든 진이 먼저 밥먹지 아니하고 춘이 돌아온 연후에 한가지 먹으며 밥먹으면 진이 친히 수저와 젓가락을 주며 춘이 먹으라고 명한 연후에 먹더라.

津이 爲肆州에 椿이 在京宅니이러 每有四時嘉味든어 輒因使聲次여하

附之고하 若或未寄면 不先入口라하며 一家之內에 男女ㅣ百口ㅣ러니

● 춘이 매양 가까운데 나가서 혹 날이 저물어 돌아오지 아니하며는 먼저 밥먹지 아니하고 춘이 돌아온 그런 뒤에 한 가지 먹더니 먹으면 진이 친히 술가락과 저를 주며 음식을 다 먼저 맛보고 춘이 먹으라고 명령한 그런 뒤에 먹더니 진이 사주 군수가 됨에 서울 집에 있었는데 매양 사시로 아름다운 맛이 있으면 문득 사신행차를 인하여 부치고 만약 부치지 못하였으면 먼저 입에 들이지 아니하더라. 한 집 안에 남녀가 일백 식구러니 시복(팔촌)이 한 가지 불때이되(한 솥에 밥을 짓는 것) 뜰에 이간하는 말이 없더라.

緦服이 同㸑取亂하reverse되 庭無間聲去하며라하

(增註) 京宅 宅在京也 嘉味 美味也 未寄于兄 則不先食 緦麻之服 同炊㸑 四世不分異也

○ 隋吏部尚書牛弘의 弟弼이 好酒而酗하더니 嘗醉하여 射殺弘이

駕車牛한대 弘이 還宅이어늘 其妻ㅣ 迎謂弘曰叔이 射殺牛여늘 弘이

聞고하 無所恠問이오 直答曰作脯라하라하 坐定커늘 其妻ㅣ 又曰叔이 射殺

牛니하 大是異事ㅣ로다 弘이 曰已知고라하 顔色이 自若여하 讀書不輟하더라

● 수나라 이부상서(벼슬이름) 우홍의 아우 필이 술을 좋아 하고 주정이 심하더니 일찍 술이 취해서 우홍의 수레 메우는 소를 쏘아 죽인대 우홍이 집에 돌아 오거늘 그의 아내가 우홍을 영접하고 일러 말하기를 아저씨가(시동생) 소를 쏘아 죽였다 하거늘 우홍이 듣고 기이히 물은 바가 없고 곧 대답하기를 포를 지으라하고 조용히 앉거늘 그 아내가 또 말하기를 아저씨가 소를 쏘아 죽였으니 무엇이 그렇게 괴이한 일이오. 우홍이 말하기를 이미 안다 하고 글 읽기를 거두지 아니하더라.

(集說) 陳氏曰弘 字里仁 安定人 以酒爲凶曰酗 直 猶但也

○ 唐英公李勣迹이 貴爲僕射夜ㅣ로다 其姊病든이어 必親爲下聲去同 然火하

火焚其鬚어늘 姉ㅣ曰僕妾이 多矣니 何爲自苦如此오

勣이曰豈爲無人耶오 顧今에 姉ㅣ年老하고 勣이亦老하니 雖欲數朔

爲姉煑粥인들 復可得乎아

(集說) 吳氏曰勣은 本姓은 徐ㅣ오 爲唐相 封英公 賜姓 李 字懋功 曹州人 顧猶念也

○司馬溫公이 與其兄伯康으로 友愛尤篤이러니 伯康이年將八十

에 奉之如嚴父하며 保之如嬰兒하여 每食少頃則問曰得無

饑乎며하고 天이少冷則拊其背曰衣ㅣ得無薄乎아하더라

(集解) 公兄名旦이오 字伯康이라 奉之如嚴父는 敬之至也오 保之如嬰兒는 愛之至也오 老人 腸胃弱 易飽易饑 氣體

虛 易寒易熱 故公撫問之勤이 如此라

○近世故家ㅣ 惟晁氏ㅣ因以道의 申戒子弟하여 皆有法度하니 群

居相呼에 外姓尊長이란 必曰某姓第幾叔若兄하며 諸姑尊姑

之夫란 必曰某姓姑夫某姓尊姑夫하고 未嘗敢呼字也며하고 其

言父黨交游에 必曰某姓幾丈이라하고 亦未嘗敢呼字也니 當時
故家舊族이 皆不能若是라하더

요사이 세상 고가가 오직 조씨가 인하여 도리로써 자식과 아우들을 신근히 경계하면서 다 법도
가 있더니 모여 살아서 부름에 다른 성 높은 어른은 반드시 아모성 차례 몇 째 아저씨 및
하며 고모와 존고모의 가장은 반드시 말하기를 아모성 고모부 아모성 존고모부라 하고 일찍
감히 자를 부르지 아니하며 그 아버지 친구를 반드시 말하기를 아모성 아모 어른이라 하고
또한 일찍이 감히 자를 부르지 아니하니 그 때에 고가 씨족이 다 같지 아니 하더라.

(集說) 陳氏曰故家는 舊家惟獨也 以道名說之 澶淵人 若 及也 尊者曰某姓第幾叔 長者曰某姓第幾
兄 姑 父之姉妹也 尊姑 祖之姉妹也 父黨交遊 父之友也 稱姓 稱行 稱位 而不呼字 皆謙厚之道

○包孝肅公이 尹京時에 民有自言호되 以白金百兩으로 寄我者ㅣ
死矣늘 予其子호니 不肯受하나 願召其子하여 予之케하소서 尹이 召其
子辭曰亡父ㅣ 未嘗以白金委人也ㅣ라하고 兩人이 相讓久之라

포땅 효숙공이 서울에 윤(군수)때에 백성이 스스로 말하기를 백금 백냥을 써 내게 부친자가 죽
었거늘 그 아들을 주니 받기를 즐거히 아니하니 원컨대 그 아들을 불러서 주소서 윤이 그 자식을
불러서 주니 사양해 말하기를 죽은 아버지가 일찍 백금으로써 남에게 맡기지 아니했다 하고 두사
람이 서로 사양 하기를 오래 하더라.

(集說) 吳氏曰公 名拯 字希仁 孝肅 諡也 廬州人 尹京 時爲京尹之時也 委 寄於人也

呂榮公이 聞之고하曰世人이 喜言無好人三字者는 可謂自賊
者矣라로 古人이 言人皆可以爲堯舜하니 蓋顴於此而知之로다

여영공이 듣고 말하기를 세상 사람이 좋은 사람이 없다고 하는 세 글자를 즐겨히 말하는 자는 스
스로 해롭게 하는 자라 이를것이로다 옛 사람이 다 가히 써 요순이 될 것이라 말하니 대개 이것을

봐서 알것이로다。(集解) 賊害也

○萬石君石奮이 歸老于家 하더니 過宮門闕새할 必下車趨 하며 見路
馬 하고 必軾焉 하더라 子孫이 爲小吏來歸謁이어든 萬石君이 必朝服見
之 하고 不名 하더라 子孫이 有過失이어든 不譴讓 하고 爲(去聲)
然後야에 諸子ㅣ相責 하여 因長老 하여 肉袒 하고 固謝罪改之 하여 乃許
라 하더

聲坐 하여 對案不食 하더든 이어

● 만석군(오부자의 봉록)석분이 돌아 와서 집에서 늙더니 궁문 앞을 지낼새 반드시 수레에 내려서 걸으며 노마(임금의 말)를 보고 반드시 머리를 굽히더라 자손이 작은 관리가 되어서 돌아와 뵈옵 거늘 만석군이 반드시 조복을 입고 보고 이름을 부르지 아니하더라 자손이 허물과 실수가 있거든 꾸짖지 아니하고 위해서 앉아서 책상을 대해서 먹지 아니 하거든 그런 뒤에 모든 자손들이서 로 꾸짖어서 어른과 늙은이 부터서서 어깨를 걷고 굳게 죄를 사죄해서 고쳐서야 이에 허락 하더라.

(集解) 漢石奮四子長建次甲次乙次慶皆官至二千石故號萬石君歸老致仕也路馬駕路車之馬也下君門式路馬敬之至也子孫歸謁必朝服以見禮以接下也諡以言責之也長老族之高年者肉袒祖衣露肉也固再三也對案不食謂飲食設於案對之而不食也便側之處也

子孫勝冠者ㅣ在側이어든 雖燕나 必冠 하여 申申如也 며 僮僕엔 訴
訢(銀) 如也 되 唯謹 하더라

● 자손이 갓 쓸만한 자기 곁에 있거든 비록 스스로 거처할 때나 반드시 갓을 쓰고 신신(화하고 순 한 모양)한듯 하며 종과 종에는 은은(화하고 즐기는 모양)한듯 하되 오직 삼가더라.

(增註) 勝冠謂年及冠者燕謂燕居也申申和順也訴訴和悅也

上이 時賜食於家 시든 必稽(啓) 首俯伏而食 하여 如在上前 하며 其執

喪에 哀戚이 甚하니 子孫이 遵敎하야 亦如之하며 萬石君家ㅣ 以孝謹으로

聞乎郡國이라 雖齊魯諸儒ㅣ라도 質行聲으로 皆自以爲不及也ㅣ러라

(集解) 質行은 質朴行實也ㅣ라

임금이 때로 집에 먹을 것을 주거든 반드시 머리를 숙이고 굽혀 엎드려서 먹어서 임금 앞에 있는 것 같이 하며 그 초상을 집상함에 슬퍼하고 슬퍼함이 심하니 자손들이 이같이 가르침을 따라 또한 같이 하더라 만석군 집이 효도하며 삼가 하므로써 향리와 나라에 들리었는지라 비록 제나라 노나라 선비라도 진실한 행실은 다 스스로써 미치지 못한다 하더라

●長子建은 爲郎中令이오 少子慶은 爲內史ㅣ러니 建이 老白首하되 萬石

君이 尚無恙이라하더 每五日洗沐여하 歸謁하고 親入子舍여하 竊問侍者하여

取親中帬 廁牏하여 身自浣滌여하 每與侍者言되 不敢令萬石

君知之하여 以爲常이라하더

맏아들 건은 랑중령(벼슬)이 되었고 작은 아들 경은 내사(벼슬)가 되더니 건이 늙어 머리가 회었으되 만석군이 오히려 병이 없더라 매양 오일만에 목욕해서 돌아가 친히 곁방에 들어가 가만히 모시는 이에게 물어서 친히 중군(속옷)과 측투(똥옷)를 가져서 몸소 스스로 빨고 씻어서 매양 모시는 이와 더부러 말하되 감히 만석군이 알지 못하게 해서 써 항상 그렇게 하더라

(集解) 郎中令內吏는 皆官名也라 漢法에 在官五日이면 則休暇一日以洗身沐首也라 子舍는 寢至邊小房也라 躬自洗濯하되 而不欲親知者는 盡己之心하며 而又欲親心安也라

(集成) 中ㅣ 今中衣也라 廁牏者는 近身之小衫이니 若今汗衫也라

內史慶이 醉歸하야 入外門하야 不下車한대 萬石君이 聞之하고 不食이어

慶이 恐하여 肉袒謝罪한대 不許ㅣ어늘 擧宗及兄建이 肉袒한대 萬石君이

讓曰內史는貴人이라入閭里中長老ㅣ皆走匿이어늘而內史ㅣ

坐車中自如호딕固當하니이로다乃謝罷慶니하慶及諸子ㅣ入里門야하趨

●走家호라하더

（集說）陳氏曰外門은家之外門이라舉宗猶言闔族讓은責也固當者는反辭以深責之也謝罷는顏師古曰告令去也里門은卽巷門이라言自是以後入巷門則下車也

내사경이 술에 취해 돌아 와서 바깥 문에 들어와서 수레에 내리지 아니한대 만석군이 듣고 먹지아니하거늘 어깨를 건은대 만석군이 꾸짖어 말하기를 죄를 사례한대 허락을 아니하거늘 온 집안과 형 건이가 마을을 거리에 들어 오거든 운데 어른과 늙은이가 다 달아나 숨거늘 내사는 귀한 사람이라 마을 가운데 앉아서 보통과 같으니 진실로 마땅하리로다. 하고 이에 사례해 경을 가라고 하니 경과 및 모든 자식들이 마을 거리에 들어와서 쫓아서 집에 가더라.

○疏廣이爲太子太傅니ㅣ러上疏乞骸骨한대加賜黃金二十斤

太子ㅣ贈五十斤이어늘歸鄕里야하日令家토供具設酒食請

族人故舊賓客相與娛樂며하數問其家되하金餘ㅣ尚有幾

●斤趣賣以供具하라하더라

（集說）陳氏曰廣은字仲翁이니東海蘭陵人이라太傅는官名이라上疏乞骸骨은猶今之告老也라娛는歡也오趣는興促同共與라言促賣餘金以供酒食之告具也라

소광이 태자의 스승이 되었더니 임금에게 글을 올려서 해골(몸)을 빈대 임금이 황금 이십근을 주시고 태자가 오십근을 주시거늘 향리에 돌아 가서 날로 집으로 하여금 갖추어 술과 먹을 것을 베풀고 일족 사람과 친구와 손님을 청해서 더부러 즐기며 자주 그 집에 물으되 금이 남은 것이 오히려 몇 근이나 있는고 빨리 팔아서 음식을 갖추라 하더라.

居歲餘에廣의子孫이竊謂其昆弟老人廣所信愛者하여曰子

孫이冀及君時하여頗立産業基址하더니今日에飲食費且盡하니宜

從丈人所하여勸說稅君하여置田宅라하老人이即以閒暇時로爲廣

言此計한대

● 살아온지 수년됨에 소광의 자손이 가만히 그 형제와 노인들과 소광의 믿고 사랑하는 자에게 일러서 말하기를 자손이 그대의 대에 미쳐서 자못 산업기지를 세우기를 바랬더니 오늘 날에 음식 비용이 또 다 했으니 마땅히 어른의 곳에 가서 집 어른을 권하고 달래서 밭과 집을 두게 하리라. 노인이 곧 한가한 때로써 소광을 위해서 이 꾀를 말한대.

(增註) 冀는 欲也ㅣ라 丈人은 即廣의 所愛信之高年兄弟也ㅣ라 (集解) 君은 謂疏廣所處也ㅣ오 說은 誘也ㅣ라

廣이曰吾豈老悖하여不念子孫哉오顧自有舊田廬하니令子孫

勤力其中이면足以共衣食하여與凡人齊하리니今復增益之하여

以爲嬴餘면但教子孫怠惰耳라니

소광이 말하기를 내가 어찌 늙고 패리해서 자손을 생각지 아니 하리요 돌아 보건대 스스로 이전 집과 밭이 있으니 자손으로 하여금 그 가운데 부지런히 힘쓰면 족히 써 의식을 장만하여서 더부러 보통 사람과 같을 것이니 이제 다시 더해서 남은 것을 하면 다만 자손으로 게으름을 가르친 것이니라.

(集解) 老悖는 年老而乖悖也ㅣ라 嬴은 餘也ㅣ라 衣食有餘 則子孫이倚之而怠惰矣라

賢而多財則損其志하고愚而多財則益其過니하나且夫富者는

衆之怨也니ㅣ吾ㅣ既無以敎化子孫라이不欲益其過而生怨라하노

어질고 재물이 많으면 그 뜻을 덜고 어리석고 재물이 많으면 그 허물을 더하나니 또 무릇 부자는 많은 사람의 원망이니 내 이미 써 자손을 교화할 것이 없으니 그 허물을 더하여서 원망을 내게 하고자 아니하노라.

又此金者는聖主所以惠養老臣也니故로樂으로與鄕黨宗族으로
共享其賜여하以盡吾餘日이니하노라不亦可乎아

●어질고 재물이 많으면 그 뜻을 손상하고 어리석고 재물이 많으면 그 허물을 더하나니 또 대개 부자질 하는 자는 뭇 사람의 원망을 들으니 내가 이미 자제를 가르쳐 화함이 없는지라 그 허물을 더해서 원망을 낳고져 아니 하노라. 또 이 금이라 하는 것은 착한 임금이 써 나의 남을 다 하는 바니 그런고로 즐겨 향당종족으로 더부러 그 주신 것을 은혜로 봉양하는 바니 그런고로 즐겨 그 주신 것을 받아서 써 나의 남을 다 하노니 또한 옳지 아니한가.

(集解) 熊氏曰世之人 但知營私較計 增益田宅 以貽子孫 而不知敎之德義 以爲長世之道 則其多貲 徒所謂田宅貲財者 卒亦不可保也 疎廣此言 豈非爲人父祖之鑑乎 以重其淫侈 長其愚騃

○龐公이未嘗入城府하고夫妻ㅣ相敬如賓하더니劉表ㅣ候之러니龐
公이釋耕於壟上而妻子ㅣ耘於前이어늘表ㅣ指而問曰先生이
苦居畎畝而不肯官祿하니後世에何以遺子孫乎오龐公이曰
世人은皆遺之以危늘今獨遺之以安하노니雖所遺ㅣ不同나未
爲無所遺也ㅣ라한대表ㅣ嘆息而去하다

방공이 일찍 성부(임금 사는 곳)에 들어 가지 아니하고 가장과 아내가 서로 공경하기를 손님 같이 하더니 유표가 문안을 하니 방공이 밭 갈다가 두던 위에 놓고 아내와 자식이 앞에서 밭을 매거늘 유표가 가르쳐서 물어 말하기를 선생이 괴로히 밭 고랑에 거해서 관록을 즐기지 아니하나니 뒷세상에 무엇으로써 자손에게 끼치리요. 방공이 말하기를 세상 사람은 다 위태함으로 끼치거늘 이제 홀로 편안함으로써 끼치노니 비록 끼치는 바가 같지 아니하나 끼침없는 바 되지는 아니 하노라 한대 유표가 탄식하고 가더라.

(集解) 龐公 龐德公 襄陽人 劉表 漢宗室 爲荊州刺史 遺之以危 謂富貴 多危機也 遺之以安 謂自食

其力而無後患也 (增註) 侯 猶訪也 壙 田間高處也 畎 田間水道也

○陶淵明이 爲彭澤令여하 不以家累로自隨ㅣ러니 送一力여하 給其
子書曰汝ㅣ旦夕之費에 自給이 爲難새할 今遣此力여하 助汝薪
水之勞니하노 此亦人子也니 可善遇之라니

●도연명이 평택령이 되여서 가속으로 스스로 따르지 아니 하더니 한 종을 보내서 그 아들에게 주
고 글에 말하기를 네가 아침 저녁의 쓰임에 스스로 장만 할것이 어려움이 될새 이제 종을 보내서
너의 나무하고 물 기르는 수고로움을 도우노니 이도 또한 사람의 자식이니 가히 착하게 대접할 것
이니라. (集解) 淵明 字元亮 家累 妻子也 力 僕也

○崔孝芬兄弟ㅣ 孝義慈厚니하며 弟孝暐等이 奉孝芬되하 盡恭順
之禮여하 坐食進退에 孝芬이 不命則不敢也며하 雞鳴而起하며 且溫
顏色며하 一錢尺帛을 不入私房하고 吉凶有須아 聚對分給니하며 諸
婦ㅣ 亦相親愛여하 有無를 公之라하더

●최효분의 형제가 효도하고 의리하고 자혜하고 후하더니 아우 효위(이름) 등이 효분을 받드되 공
손히 예를 다해서 앉고 먹고 나아들고 물러가는데 효분이가 명령을 아니하면 감히 하지 아니하며
닭이 울면 일어나서 또 낯빛을 온순히 하며 한푼 돈과 한자 명주를 사사방에 들이지 아니하고 길
사와 흉사가 특수함이 있을 때 모여 대해 나누어 주더니 모든 며느리가 또한 서로 친하고 사랑해
서 있고 없는 것을 공평되게 하더라. (集說) 陳氏曰孝芬 北朝 博陵人 孝芬元 魏時人

孝芬의 叔振이 既亡後에 孝芬等이 承奉叔母李氏되하 若事所生하며
旦夕溫淸하며 出入啓觀며하 家事巨細를 一以咨決며하 每兄弟

出行에 有獲則尺寸以上을 皆入李之庫고하야 四時分賚를 李氏

自裁之니라하더 如此~二十餘歲라러

넘더라 (增註) 溫謂多溫 淸謂夏淸 賚與也 (集解) 啓謂出必告 觀謂反必面

●효분의 아저씨 진이 죽은 뒤에 효분 무리가 숙모 이씨를 받들어 봉양하되 자기를 낳은 바와 같이 하고 효분 형제 아우가 나가고 들어옴에 고하고 보이며 집안일의 크고 작은 것 일체를 써 물어 결정하며 매양 형과 아우가 나가 다님에 얻음이 있으면 한자와 한치 써 위는 다 이씨의 창고에 넣고 사철에 나누어 줌을 이씨가 스스로 맡아하더니 이같이 한지 이십년이 넘더라

○王凝이 常居에 慄 如也니하더 子弟~非公服면이 不見하여 閨門之

內~若朝廷焉라하더

(集解) 凝 字叔恬 文中子之弟 慄 嚴謹貌 子弟 非公服不敢見 處閨門 如處朝廷 其嚴謹 可知矣

(增註) 御治也

왕응이 항상 거처함에 율(엄하고 삼가는 모양)한듯 하더니 자식들과 아우들이 관복이 아니면 보지 아니해서 집안에 거처함에 율(엄하고 삼가는 모양)한듯 하더라

●御家以四敎하니 勤儉恭恕~正家以四禮니하야 冠婚喪祭라러

집을 다스리기를 네가지로써 하니 부지런함과 검소함과 공손함과 용서함이요 집을 바루기를 네가지로써 하니 갓 쓰는 예와 혼인과 초상 예와 제사 지내는 예니라

●聖人之書와 及公服禮器를 不假며하고 垣屋什物을 必堅朴여하고 曰無

苟費也하며 門巷果木을 必方列여하고 曰無苟亂也더라

(增註) 假借也 不假 阮氏曰皆自足也 營築 垣屋 造設什物 必渾堅朴素 經書門卷 種植果木 必方整成

성인의 글과 및 공복(관복)과 예기를 버리지 아니하며 원장과 집과 물건을 반드시 굳고 질박해서 말하기를 구차히 허비를 넘이 없으라 하며 문밖 과일 나무를 반드시 방정하고 줄지게 해서 말하기를 구차히 어지러움이 없게 하라 하더라

列盡其爲人 不苟故 每事 亦不苟如此

○張公藝ㅣ九世同居ㅣ러니 北齊隋唐이 皆旌表其門이러니 麟德
中에 高宗이 封泰山하고 幸其宅하여 召見公藝어하 問其所以能睦族
之道한대 公藝ㅣ請紙筆以對하여 乃書忍字百餘하여 以進하니 其意ㅣ
以爲宗族所以不協은 由尊長衣食이 或有不均하며 卑幼禮節
ㅣ或有不備든 更(平聲)相責望하여 遂爲乖爭이하니 苟能相與忍之則
家道ㅣ雍睦矣라하니라

●장공예가 아홉 대를 한 집에서 살더니 북쪽 제나라와 수나라와 당나라가 다 그 문에 정표(비를 세워 표창하는 것)를 하니라. 이덕(연호)때에 고종이 태산을 봉하시고 그 집에 가서 공예를 불러 보고 그 써 능히 일족을 화목케 하는 도리를 물은대 공예가 종이와 붓을 청하여서 써 대답하되 이에 참을 인(忍)자를 써서 나아드니 그 뜻이 써 종족이 화하지 아니하는 바는 높으고 어른의 옷과 먹을 것을 고르지 못함을 위함이며 낮고 어린이 예절이 혹 갖추지 못함이 있거든 다시 서로 꾸짖고 책망해서 드디어 어기고 다툼을 하나니 진실로 능히 서로 더부러 참으면 집안도 화하고 화목하리라.

(集說) 陳氏曰公藝 東平人 北齊 北朝 高齊也 (增註) 封 謂封土爲壇以祭也 泰山 山名 天子所至曰幸 尊長 責望卑幼之不均 是 更相責望也 乖 戾也 雍 和也

忍 耐也 協 和也 卑幼 責望尊長之不備

○韓文公이 作董生行曰淮水ㅣ出桐栢山하여 東馳遙遙하여 千
里不能休든이어 泜水ㅣ出其側하여 不能千里여하 百里入淮流ㅣ로 壽
州屬縣有安豐하니 唐貞元年時에 縣人董生召南이 隱居行義

一二八

於其中ᅵ이로 刺史ᅵ不能薦ᄒ니ᄒ 天子ᅵ不聞名聲라이 爵祿不及門오이

門外에惟有吏ᅵ日來徵租更索錢(色)다이로

(集說) 陳氏曰公名愈字退之謚文 昌黎人 董生名召南 行歌類 桐栢山 在唐縣 泚水 在合淝縣 安豐縣 名貞元 德宗年號 蓋生 隱居行義於淮泚之間 時之人 不能與ᄋ 韓子 爲作此詩 董賦而興也

한문공이 동생행 노래를 지어 말하기를 회수(물이름)가 동백산에서 나와서 동쪽으로 달리기를 멀리 멀리해서 천리를 능히 쉬지 아니 하거든 비수(물이름)가 그 곁에 나와서 능히 천리를 못가서 백리에 회수 흐르는데 들어 가도다. 수주 속한 고을 안풍이라는 땅이 있으니 당정 첫해에 고을 사람 동생 소남이 그 가운데 숨어 살아 의리를 행하였도다. 자사가 능히 천거를 천하니 천자가 이름을 듣지 못한지라 벼슬과 관록이 문에 미치지 못하고 문 밖에 오직 관리가 있어 날로 와서 세금을 징수하고 돈을 내라 하더라.

嗟哉董生ᅵ여 朝出耕ᄒ고 夜歸讀古人書ᅵ라 盡日不得息ᄒ여 或山
而樵ᄒ며 或水而漁ᄒ로 入廚具旨ᄒ고 上堂問起居니ᄒ 父母ᅵ不戚
而妻子ᅵ不咨咨다ᄒ로

●感ᄒ다

슬프다 동생이여 아침에 나가서 밭을 갈고 밤에 돌아와 옛 사람의 글을 읽는도다. 날이 다하도록 쉬지 아니해서 혹 산에 올라가서 나무하며 혹 물에 가서 고기 잡도다. 부엌에 들어가서 맛있는 것을 장만하고 마루에 올라가서 기거(안부)를 물으니 부모가 슬퍼하지 아니하며 아내와 자식들이 슬퍼하고 원망하지 아니하더라.

(集解) 孝故 不憂 妻子樂其慈故 不怨 朝耕暮讀 山樵水漁 晋其困窮守道 以養父母而育妻子也 愁愁 憂感也 咨咨 嗟怨也 父母安其

嗟哉董生ᅵ여 孝且慈(를)ᄒ을 人不識ᄒ고 唯有天翁知ᄒ여 生祥下瑞無
時期로다 家有狗乳(聲)出求食늘이어 鷄來哺其兒ᄒ되 啄啄庭中拾蟲

蟻[하]哺之不食聲悲[여]하여彷徨躑躅久不去[고하]以翼來覆[반]數求待狗
歸[다로]

●슬프다 동생이여 효도하고 또 자애함을 남이 알지 못하고 오직 하늘 첨지가 이
움을 낳고 내려오기를 때와 기약이 없더다. 집에 개가 있어 새끼를 낳고 먹을 것을 구하려 나갔거
늘 닭이 와서 그 새끼를 먹이되 쪼으고 쪼아서 들 가운데 벌레와 개미를 주어서 먹여도 먹지 아니
하니 소리를 슬피해서 방황하고 주저해서 가지 아니하고 날개로써 와서 덮고 개가 돌아오기를 기다
리더라。

(集解) 乳 生子也 此 言董生孝慈之行 人雖不知 而疾知之故 祥瑞 見於異類 如此

嗟哉董生[여]이여誰將與儔[오]時之人[은]夫妻相虐[며]하고兄弟爲讐[여]하야食
君之祿而令父母愁[하나]亦獨何心[고]嗟哉董生[여]이여無與儔[다]

●슬프다 동생이여 누구로 더부러 짝을 할고 때에 사람은 가장과 아내가 서로 몹씨하며 형과 아우
가 원수가 되고 임금의 녹을 먹고 하여금 부모에게 근심을 시키나니 또한 홀로 무슨 마음인고 슬프
다 동생이여 더부러 짝할 사람이 없도다。

(集說) 陳氏曰儔 匹也 朱子曰上句 誰將儔與 疑而問之之辭也 下句 無與儔 答而決之之辭也

○唐河東節度使柳公綽[반]在公卿間[여]하야最名有家法[라하더]

(集解) 公綽 字子寬
당나라 하동(지명) 절도사(벼슬) 유공작이 공경(벼슬)사이에 있어 가장 이름난 집 법도가 있더라。

中門東[에]有小齋[러니]自非朝謁之日[면]이면每平旦[에]輒出至小齋[고하]

諸子仲郢[이]皆束帶晨省於中門之北[라하며]公綽이決私事[며]하며

接賓客[고하]與弟公權及群從[성]聲弟[로]再會食[여]하야自朝至莫[히]暮히不

離去聲 小齋고하야 燭至則命一人子弟하야 執經史하야 躬讀一過訖고하고 乃

講議居官治家之法하며 或論文하며 或聽琴하다가 至人定鍾然後에

歸寢든어 諸子ㅣ 復婚定於中門之北니하더 凡二十餘年에 未嘗

● 一日變易라하더

(集說) 陳氏曰仲郢 節度之子 字諭蒙 公權 節度之弟 字誠懸

중문 동쪽에 작은 집이 있더니 스스로 조회해 뵈오는 말이 아니면 매양 보통 아침에 문득 나아가 작은집에 가고 모든 아들 중영이 띄를 매고 중문 북쪽에서 문안을 하더라 공작이 사사일로 손님을 대접하고 아우 공권과 및 모든 종제로 더부러 두번 모여 먹고 아침부터 저녁 때에 이르도록 작은 집을 떠나지 아니하고 촛불이 이르면 한사람 자식이나 아우를 명령해서 경전이나 사기나 겨오라 해서 몸소 한번 읽어 마치고 이에 벼슬의 거하고 집을 다스리는 법을 강해 의논하며 글도 의논하며 혹 거문고 곡조를 듣다가 인정종(사람들이 잠자라는 종) 들린 그런 뒤에 돌아가 잠자거든 모든 자식들이 중문 북쪽에 이부자리를 정하더니 무릇 이십년이 넘도록 하루도 변하고 바꿈이 없더라.

● 其遇飢歲則諸子ㅣ 皆蔬食니하더 曰昔吾兄弟ㅣ 侍先君爲丹

州刺史에 以學業未成으로 不聽食肉하시며 吾ㅣ 不敢忘也라하노

그 흉년을 만나면 모든 자식들이 다 나물 밥을 먹더니 말하기를 예전에 우리 형제가 선군(죽은 아버지)을 뫼시고 단주(지명)자사가 됨에 학업이 이루지 못함으로써 고기 먹기를 허락 하지 아니 하시더니 내가 감히 잊지 아니 하노라

(增註)曰、節度言也、聽、猶許也

姑姉妹姪이 有孤榮離者든어 雖踈遠도이라 必爲聲去擇婿嫁之되하 皆

用刻木粧奩（廢하며）績（胡結反）文絹로爲資裝하더니常言必待資粧豐備

고모나 누이나 여동생이 질녀가 외롭고 홀 어미가 된자가 있거든 비록 성글고 먼이라도 반드시 위하여서 사위를 가려서 시집 보내되 다 나무로 새긴 인경대를 쓰며 수놓고 무늬 놓은 비단으로 시집가는 밑천과 치장을 하더니 항상 말하기를 반드시 밑천과 단장이 풍부하고 구비하기를 기다리

●何如嫁不失時（론）더오하더라

기를 무엇이 시집 가기를 때를 잃지 아니하는 것과 같으리요.

（集說）陳氏曰姪은謂兄弟之女ㅣ오孤는無父者ㅣ오奩은鏡臺也ㅣ라績文絹은繫絹染爲文者ㅣ라 無夫者

及公綽이卒하여仲郢이一遵其法여事公權되하如事公綽여非甚
病든이어見公權에未嘗不束帶라하더爲京兆尹壚鐵使여出遇公
權於通衢에必下馬端笏立여候公權過여하公權이莫
歸든어必束帶迎候於馬首하며公權이屢以爲言되하中郢이終不
以官達로有小改하더

공작이 죽음에 미처서는 중영이가 한결 같이 그 법을 따라서 공권을 섬기되 공작이 섬기는 것과 같이해서 심한 병이 아니거든 공권을 뵈옴에 일찍 띠를 매지 아니할 때가 없더라 경조윤 염철사（벼슬）가 되어서 나갔다가 공권을 길거리에서 만남에 반드시 말에 서내려 홀을 단정히 하고 서서 공권이 지나감을 기다려서 이에 말에 오르며 공권이 저물어 오거든 반드시 띠를 매고 말머리에 맞아서 문후 하더니 공권이 여러번 써 그러지 말라고 말을 하였으되 중영이 마침내 벼슬 높고 통달 함으로써 조금이라도 고침이 있지 아니 하더라.

●公綽의妻韓氏는相國休之曾孫이니家法이嚴肅儉約여爲搢紳

（增註）其는指節度也ㅣ라已上은言家法之在外者ㅣ라

家楷□駭範이러니 歸柳氏三年에 無少長을聲去 嘗見其啓齒聲去 常衣

絹素ᄒᆞ고 不用綾羅錦繡ᄒᆞ며 每歸覲에 不乘金碧輿ᄒᆞ고 祇支乘竹兜

子ᄒᆞ여ᄒᆞ며 二青衣로 步屜以隨ᄒᆞ더니 常命粉苦參黃連熊膽으로 和聲去爲

丸ᄒᆞ여ᄒᆞ야 賜諸子ᄒᆞ여 每永夜習學에 含之ᄒᆞ여 以資勤苦ᄒᆞ더라

●공작의 아내 ᄒᆞᆫ씨는 상국(벼슬)휴의 종손이니 가법이 엄숙ᄒᆞ고 검약ᄒᆞ여 벼슬ᄒᆞᄂᆞᆫ 집의 본보기

와 법 받기가 되엿더니 유씨에게 돌아간지 삼년에 졂은이나 어른이나 일즉 그 잇빨을 열어서 보이

지 못ᄒᆞ게 ᄒᆞ며 항상 비단도 술술ᄒᆞᆫ 것을 입고 ᄂᆞᆫ나금수(좋은 비단)를 쓰지 아니ᄒᆞ며 매양 귀근(친

정 가ᄂᆞᆫ 것)할때에 금백으로한 가마를 타지 아니ᄒᆞ고 다만 대나무 교자를 타고 두청의(푸른 옷 입

은 종)와 삼으로 만든 신을 신고 걸어서 ᄃᆞ니더니 하상 고삼과 황연과 웅담을 가루를 만들라 명령

해서 ᄐᆞ서 환을 지어서 모든 아들을 주어서 매양 긴 밤에 배운 것을 익힐 때에 먹게 ᄒᆞ여서 써 부

지런ᄒᆞ고 괴로움을 돕게 ᄒᆞ더라.

(集說)陳氏曰搢紳 搢笏垂紳也 楷範 猶言法式 婦人謂嫁曰歸 啓齒 笑也 歸覲 歸寧父母也 金碧輿 唐

時命婦所乘者 竹兜子 竹轎子 資 助也 此 言家法之在內者

○江州陳氏ㅣ 宗族이 七百口ㅣ러니 每食에 設廣席ᄒᆞ고 長幼ㅣ 以次

坐而共食之라ᄒᆞ며 有畜이聲去詐六反 犬百餘ᄒᆞ되 共一牢食ᄒᆞ니ᄒᆞ더니 一犬이 不

至면諸犬이 爲之聲去不食라ᄒᆞᄂᆞ니ᄒᆞ더라

●강주 진씨가 종족이 칠백사람이러니 매양 먹음에 넓은 자리를 펴고 어른과 어린이가 ᄡ ᄉ 차례로

앉아서 한가지 먹더니 개ᄇᆡᆨ여 마리를 길음이 있었으되 한통에 같이 먹더니 한마리 개라도 오지

아니ᄒᆞ면 모든 개가 그 개를 위ᄒᆞ여서 먹지 아니ᄒᆞ더라.

(集說)陳氏曰江州 今九江府 陳氏 名褒 南唐人 十世同居 犬知愛其類 和順之所感也

○溫公이 曰國朝公卿이 能守先法하여 久而不衰者는 唯故李
相家니 子孫이 數世에 至二百餘口로되 猶同居共爨하여 田園邸底
舍所費와 及有官者俸祿을 皆聚之一庫하여 計口日給餉하며 婚
姻喪葬所費ㅣ 皆有常數하여 分命子弟하여 掌其事하니 其規模ㅣ大
抵出於翰林學士宗諤所制也ㅣ니라

온공이 말하기를 나라 조정에 공과 경들이 능히 먼저 법을 지켜서 오래도록 쇠하지 아니하는 자는 오직 예전 이정승 집이니 자손이 두어대에 이백여식구로되 오히려 한데 거처하며 한가지 밥 지어 전원과 집에 쓰이는 바와 및 벼슬 있는 자와 봉급을 다 한 창고에 모두어서 식구를 헤아려서 날로 먹을 것을 주며 혼인과 초상 장례에 쓰는 바가 다 떳떳한 수량이 있어서 아들과 아우들에게 나누어 명령해서 그 일을 맡기어 그 규모가 대개 한림학사 종악의 만든 바에 났나니라.

李相 名昉 字明遠 滁州人 爲宰相 故稱李相 邸舍 客店也 宗諤 李相之子 字昌武
(集說) 陳氏曰國朝 溫公 自謂當朝也 李相

右는 實名倫이라
●오른쪽은 인륜 밝힘을 실증함이라。

或이 問第五倫曰公이 有私乎아 對曰昔에 人이 有與吾千里馬
者ㅣ어늘 吾雖不受나 每三公이 有所選擧에 心不能忘되하 而亦終
不用也하며 吾兄子ㅣ 嘗病커늘 一夜十徃되하 退而安寢하고 吾子ㅣ有
疾이어늘 雖不省視하며 而竟夕不眠하니 若是者ㅣ 豈可謂無私乎오ㅣ리

●혹이 묻기를 제오륜(성)이 말하기를 공이 사사가 있는가 대답해 말하기를 예전에 사람이 나를 천리마를 주는 자가 있거늘 내가 비록 받지 아니하나 매양 삼공(태사 태부 태보)이 선거하는 바가 있

음에 능히 잊지 못하되 또한 마침내 쓰지 아니하며 우리 청의 아들이 일찍 병이 들었거늘 하루밤에
열번씩 가되 물러와서는 편하게 잠자고 내 자식이가 병이 있거늘 비록 살펴 보지는 못하나 밤이 맞
도록 이같은 자가 가히 사사 없다고 이르리요.

(集說) 陳氏曰第五는 姓이오 倫은 名이오 字伯魚니 京兆人이니 爲司空하니 以公正稱이라 周는 以太師 太傅 太保로 爲三公하고 東漢은 以
太尉 司徒 司空으로 爲三公이라 朱子曰不薦은 自是好나 然於心終不忘하니 便是喫他取擧意思不過니 這便是私意오 又曰
如十起與不起는 便是避嫌이니 只是他ㅣ 見得這意思ㅣ 已是大段做工夫니 大段會省察也ㅣ니라

●劉寬이 雖居倉卒(平聲反)이나 未嘗疾言遽色이러니 夫人이 欲試寬하야
令恚(하)여시러니 伺(似)當朝會하야 裝嚴己訖이어늘 使侍婢로 奉肉羹하야 翻汚(去聲)
朝服하고 婢ㅣ 遽收之러니 寬이 神色不異하야 乃徐言曰羹爛汝手
乎아 其性度ㅣ 如此러라

유관이 비록 창졸(뜻밖에 바쁜일)을 당하나 빨리 말하고 바쁜 빛이 없더니 부인이 유관을 시험
하려 하여 금 성내도록 하고져 해서 조회 당함을 기다려서 행장 차리기를 이미 마쳤거늘 모시는 종
을 시켜서 고기 국을 들고 쏟아서 조복을 더럽히고 종이 빨리 거두더니 관이 정신과 얼굴이 달라
지지 아니하고 이에 조용히 타일러 말하기를 국이 네 손을 디게 함이 없는가 하니 그 성품 도량이
이와 같더라.

(集解) 寬字文饒니 弘農人이라 恚는 怒也오 裝嚴은 猶言裝飾也ㅣ라

●張湛이 矜嚴好禮(去聲)하야 動止有則하야 居處(上聲)幽室되 必自修整하며
雖遇妻子ㅣ라도 若嚴君焉하더니 及在鄉黨하야 詳言正色이러니 三輔ㅣ以
爲儀表라하더라

장담이 씩씩하고 엄숙하고 예를 좋아해서 움직이고 그침이 법이 있어서 조용한 방에 거처하되 반
드시 스스로 닦고 바루며 비록 아내와 자식을 만나더라도 엄한 임금 같이 하더니 향당에 있음에 미
처서 말을 자세히 하고 얼굴 빛을 바루니 삼정승이 써 위의의 표준이라 하더라.

建武初에 爲左馮翊이러니 告歸平陵여하 望寺(시) 門而步대한 主簿ㅣ

進曰明府는 位尊德重니하 不宜自輕이니다 湛이曰禮에 下公門며하 軾

路馬고하 孔子ㅣ 於鄉黨에 恂恂如也시니하 父母之國엔 所宜盡禮니

何謂輕哉오

(集說)陳氏曰湛 字子孝 平陵人 矜嚴 矜莊而嚴厲也 嚴君 卽易 所謂家人有嚴君焉 朱子曰所尊嚴之君

長也 漢 以京兆尹 左馮翊 右扶風 爲三輔 共治長安城中 儀 範也 表 率也

(集解)建武 光武 年號 寺 官 吏所止之處 盖湛 鄉郡官府之居 主簿 湛屬吏也 (增註)恂恂 信實之貌

전무 초년에 좌빙익(벼슬이름)이 되더니 평능(지명)에 돌아 가기를 고하고 시(관사)門을 바라보 고 걸은대 주부(벼슬이름)가 나아들어 말하기를 직위 높으고 덕이 중하니 마땅히 스스로 가벼이 아 니할 것이니라 담이 말하기를 예에 공문 앞에 내리며 임금의 말을 공경하고 공자가 향당에 순순(신 실한 모양)같이 하시니 부모의 나라엔 마땅히 예를 다할배니 어찌 가벼이 한다고 이리요.

●楊震의 所舉荊州茂才王密이 爲昌邑令라이 謁見새할 懷金十

斤여하 以遺震대한 震이曰故人은 知君이어늘 君不知故人은 何也오密이

曰暮夜라 無知者라니 震이曰天知神知我知子知니 何謂無

知오密이愧而去라하니

(集說)陳氏曰震 字伯起 弘農人 嘗爲荊州刺史 故人 震自謂 君 謂密也 熊氏曰君子 明不欺天 幽不欺

神 內不欺心 外不欺人

양진의 천거 했는바 형주 패재왕 밀이 창읍군수가 되었는지라 청하여 뵈올새 금 열근을 품어서 써 양진에게 준대 양진이 말하기를 친구는 자네를 알거늘 자네가 친구를 알지 못함은 어떤 일인고 밀 이 말하기를 밤이라 아는 자가 없다고 이르는고 밀이 부끄러워서 가더라.

○茅容이 與等輩로 避雨樹下새할 衆皆夷踞(本作據)相對하되 容이 獨

危坐愈恭이어늘 郭林宗이 行見之而奇其異하여 遂與共言하고 因謂

寓宿하더니 旦日에 容이 殺鷄爲饌이어늘 林宗이 謂爲己設이러니 既而

供其母하고 自以草蔬로 與客同飯대한 林宗이 起하여 拜之曰 卿은 賢

乎哉인뎌하고 因勸令學하여 卒以成德하니라

● 모용이 같은 무리로 더부러 나무 밑에서 비를 피할새 모두가 다 평안히 걸터 앉아서 서로 대하
되 모용이 홀로 꿇어 앉아 더욱 공손 하거늘 곽임종이 가다가 보고 그 다름을 기이히 여겨서 드디
어 더부러 한가지 말을 하고 인하여 붙치여 잠 자기를 이르더니 아침에 모용이 닭을 잡아 반찬을
작만하거늘 임종이 자기를 위하여서 설비 하는는줄 알았더니 이윽고 그의 어머니를 봉양하고 자기는
풀과 나물로써 손님으로 더부러 한가지 밥을 먹은대 임종이 일어서서 절하고 말하기를 자네는 어
질도다 하고 인하여 권하여 하여금 글을 배우라 해서 마침내 써 덕을 이루었느니라.

(集解) 容 字季偉 陳留人 夷踞 蹲踞也 危坐 以尻苦高反脫蹠隻而坐也 林宗 名泰 太原人 (增註) 異 謂異

於衆

○陶侃이 爲廣州刺史여하 在州無事든 輒朝運百甓關於齋外

하고莫暮運於齋內하더니 人이 問其故대 答曰吾ㅣ方致力中原이노니 過

爾優逸면恣不堪事하나니라 其勵志勤力이 皆此類也ㅣ러라

도간이 광주(지명) 자사(군수)가 되어서 고을에 있어 일이 없거든 문득 아침에 백개 벽돌을 집
밖에 옮기고 저물어 집 안에 옮기더니 남이 그 연고를 물으니 대답하여 말하기를 내가 방향으로 중
원에 힘을 이루고저 하노니 과히 넉넉하고 평안하면 방자해서 일을 감당하지 못할것이라 하니 그
뜻을 가다듬고 힘을 부지런히 함이 다 이러한 종류이더라.

(集說)陳氏曰侃 字士行 鄱陽人 仕至太尉 甓 甎也 時 中原之地 爲劉石所據 侃 欲致力興復故 朝夕運 甓 以習勞也

後爲荊州刺史니侃性이聰敏여勤於吏職며業而近禮며愛好

人倫하더 終日歛膝危坐閤 外多事여 千緒萬端이로 固有

遺漏며하 遠近書疏 莫不手答되하 筆翰如流여하 未嘗壅滯며하 引

接疏聲遠되하門無停客라하더

● 뒤에 형주 자사가 되었더니 성품이 총명하고 민첩해서 관리 직책에 부지런 하며 예에 가까우므로 일삼으며 사람의 윤리를 사랑하고 좋아 하더라 날이 마치도록 무릎을 좇아 앉아서 문밖에 일이 많아서 일천가지와 일만끝이모대 새임이 있지 아니하며 멀고 가깝고 글과 편지를 손수 답하지 아니함이 없으되 붓 깃치가 흐르는 같애서 일찌기 막히고 머무르지 아니하며 섞으니 손님이 끊어 질때가 없더라.

(增註)愛好人倫은 尙名敎也 (集解)閤 門限也 古者 人君 命將之辭 閤以外 將軍制之 時 侃 都督荊州故 日閤外也

常語人曰大禹는 聖人이시되 乃惜寸陰하시니 至於衆人하여는 當惜

分陰이니豈可逸遊荒醉여하 生無益於時며하 死無聞於後면 是自

棄也라니 諸參佐ㅣ 或以談戲廢事者ㅣ어 乃命取其酒器蒲

博之具여하 悉投之于江며하 吏將則加鞭扑고하 撡捕者는 牧猪奴

戲耳오라 老莊浮華는 非先王之法言이니不可行也라 君子는 當正

其衣冠며하 攝其威儀니 何有亂頭養望여하 自謂弘達耶ㅣ리요

항상 사람에게 말하기를 큰 우(禹) 임금은 성인이로대 이에 한마디 시간을 아끼시니 모든 사람에 이르러서는 마땅히 한푼 시간이라도 아낄 것이니 어찌 가히 편하게 놀고 거칠게 술취해 살아서 때에 유익이 없으며 죽어서 뒷 세상에 소문이 없으면 이는 스스로 버리는 것이니라 혹이 말과 회롱으로써 일을 폐하는 자거늘 이에 명령하여 그 술그릇과 포(화투종류)는 스스로 버리는 도구요 노자와 장자(불교)의 뜻과 화합은 선왕의 법언이 아니니 가히 행하지 못할 것이라 군자는 종의 희롱이요 노자와 장을 바루며 그 위엄과 거동을 거둘 것이니 어찌 머리를 어지럽게 해서 허망함을 길러서 스스로 크고 통달하다고 이르는가.

(集說) 陳氏曰 蒱는 樗蒱也오 博은 局戲也라 浮華는 謂老聃莊周之言이니 虛而無實也라 攝은 檢束也라 亂頭養望은 吳氏 謂蓬頭放肆하야 養其虛望也라 逸遊荒醉와 談戲廢事는 亂頭養望이 皆老莊 尚玄虛하야 棄禮法之流弊也라

○王勃楊炯盧照鄰駱賓王은 皆有文明이라 謂之四傑더니 裴行儉이 曰 士之致遠은 先器識而後文藝니 勃等이 雖有文才나 而浮躁淺露하니 豈亨爵祿之器耶오 楊子는 沈靜하야 應得令長이어니와 餘得令終이면 爲幸이라하더니 其後에 勃은 溺南海하고 照鄰은 投潁水하고 賓王은 被誅하고 炯은 終盈川令하니 皆如儉之言하니라

(集解) 行儉은 字守約이니 絳州人이라 器識은 器局識量也오 令終은 善終也라

○孔戡이 於爲義는 若嗜慾하야 不顧前後하고 於利與祿則畏避

退怯하여如懦糯러夫然이라하더

(集解) 戴는 字君勝이니 孔子三十八歲孫이라 (增註) 懦는 柔弱也라 言其勇於爲義而怯於趨利祿也라

공감이 옳은 것을 하는 데에는 두려워 피하고 겁내 물러가서 나약한 사람과 같은듯 하더라.

○柳公綽이 居外藩할새 其子ㅣ每入境에 郡邑이 未嘗知고 既至하여 下馬하며 呼幕賓爲丈여하 皆許納拜하고 未

每出入에 常於戟門外에 下馬하며

嘗笑語歟治라하더

(集說) 陳氏曰 外藩은 謂節度使라 取屏蔽之義也라 其門에 得列戟故로 曰戟門이라 納受也라

○柳仲郢이 以禮律身하여 居家에 無事ㅣ라도 亦端坐拱手하며 出內

齋에 未嘗不束帶라하더 三爲大鎮되야 廐無良馬하며 衣不薰香하고 公

退에 必讀書하여 手不釋卷이라하더

(集解) 仲郢은 嘗爲山南과 劍南과 天平三道節度使故로 曰三爲大鎮이라

家法이 在官하여 不奏祥瑞하며 不度僧道하며 不貸贓吏法하며 凡理藩

一四〇

府에 急於濟貧卹孤하며 有水旱이어든 必先期假貸하며 廩軍食되하 必
精豊하며 逋租를 必蠲免하며 館傳을 必增飾하며 宴賓犒軍을 必華
盛하고 而交代之際에 食儲帑藏(去聲)이 必盈溢於始至하며 有
孤貧衣纓家女ㅣ 及笄者ㅣ어든 皆爲(去聲)選婿하여 出俸金爲資裝하여

●嫁之라하며

가법에 벼슬해서 상서를 드루지 아니하며 중의 도(불도)를 지나지 못하게 하며 관리가 뇌물을 받
는 법을 용서 아니하며 무릇 번부(모든 변두리에 있는 고을)를 다스림에 가난한 이를 구제 하고 외
로운 이를 구휼 하는데 급히 하며 수해와 한해가 있거든 반드시 기약을 먼저 해서 버리고 꾸어 주
며 군사 먹을 것을 쌓으되 반드시 정미롭게 하고 풍부히 하며 세금을 내지 못하는 이에게 반드시
세금을 면제 하며 판사와 전접(우체국)을 반드시 더해 꾸미며 손님을 잔치 하고 군사를 위로 하기
틀 반드시 빛나게 하고 성하게 하고 교대 할 지음에 식과 저와 노래와 장(모두창고)이 반드시 처
음 보다 차고 엄하게 하며 지경안에 의롭고 가난한 의영(양반)집 딸 비녀 질음에 미치거든 다 위해
서 사위를 가려서 봉급 돈을 내서 시집 보내느니라.

(集說) 陳氏曰假貸는 謂以錢穀借之也ㅣ오 逋는 欠也ㅣ오 蠲은 除也ㅣ오 館舍傳驛遞也ㅣ오 犒는 勞也ㅣ오 儲는 蓄也ㅣ오 帑藏은
皆庫名이니 所以貯金帛者ㅣ오 衣纓은 猶簪纓也ㅣ오 及笄는 年十五者也ㅣ니 吳氏曰不奏祥瑞는 恐獻諛於上也ㅣ오 不度僧道는 恐異
瑞惑世也ㅣ오 不貸贓吏는 恐貽害於民也ㅣ오 食儲帑藏이 盈溢於始至者는 出納有稽하야 用無所私而致也ㅣ라

○柳玭이 曰王相國涯ㅣ 方居相位여하 掌利權이러니 嫁薛氏女ㅣ
歸하여 請曰玉工이 貨一釵니하 奇巧라ㅣ 須七十萬錢이라다 王이 曰七十
萬錢은 我一月俸金耳니 豈於女(汝)惜(오리이)但一釵七十萬이ㅣ 此ㅣ

妖物也ㅣ라必與禍相隨ㅣㄴ대女子ㅣ不復敢言라호니

유비가 말하기를 왕상국애가 정승 자리에 거해서 재리 권한을 맡았더니 두씨에게 시집간 딸이 만전이러이다 왕상국이 말하기를 옥 다듬는 공인이 한 비녀를 팔려 고하니 기이하고 교묘한지라 값이 칠십 만전이라 너의게 아끼리요 다만 한 비녀가 칠십만전은 이것이 요괴한 물건이라 반드시 재앙으로 더부러 서로 따른다 한대 여자가 다시 감히 말을 하지 아니하더라

(集解) 涯 字廣津 唐文宗朝拜相 掌利權 謂居相位 又兼度支 鹽鐵 榷茶等使也 寶氏女 涯女 嫁寶訓 爲妻也

數月에 女ㅣ自婚姻會로歸여告王曰前時釵ㅣ爲馮外郎妻首
飾矣니乃馮球ㅣ求也ㅣ라王이嘆曰馮이爲郎吏여妻之首飾이有
七十萬錢니其可久乎아馮이爲賈相餗의門人니이最密니러
蒼頭ㅣ頗張威福이어늘馮이乃而勖之니러未浹旬에馮이晨謁賈ㅣ
有二靑衣ㅣ俸地黃酒여出飮之대食頃而終니賈爲出涕
竟不知其由ㅣ라호니

두어달 만에 딸이 혼인 모임으로부터 돌아와서 왕상국에 고하여 말하기를 전날 비녀가 풍외랑 아내의 머리 꾸미게가 되었다 하니 이에 풍구라 왕상국이 탄식해 말하기를 풍이 낭관 벼슬을 해서 아내의 머리 꾸미개가 칠십만전이 있으니 그 가히 오랠까 풍이 가상국의 문인이 되었는지라 가장 친밀하더니 열흘이 되지 못함에 풍이 새벽에 가상국을 뵈오거늘 두 사람 청의의 종이 있어 지황술을 받들어 마시게 한대 먹고 조금 뒤에 죽으니 가상국이 위해서 눈물을 흘릴대 마침내 그 연유를 알지 못하더라

(集說) 陳氏曰馮外郎 員外郎 球也 賈餗 亦宰相 密 親密也 奴僕 以蒼爲巾 故曰蒼 勖 勉也 浹 周也 十

又明年에 王賈ㅣ皆邁禍니噫라 王이以珍玩奇貨로爲物之妖

信知言矣와어니 徒知物之妖而不知恩權隆赫之妖ㅣ甚於

物耶아 馮이以卑位貪寶貨여하야 已不能正其家고하야 盡忠所事而

不能保其身니하 斯亦不足言矣로 賈之臧獲이 害門客于牆

廡之間而不知니하 欲終始富貴를其可得乎아

● 此ㅣ雖一事나戒臧數端이라다

○王文正公이發解南省(성)廷試에皆爲首冠이或戲之

日壯元試三場니하一生喫着이不盡公이正色日曾의平生

右側 註文:
日爲旬 球以奴 張威福 恐爲主累故 戒之 奴恐球告主故 毒殺之也 ○置毒於地黃酒也

(集說) 陳氏曰邁 遇也 涯 飮이皆爲宦者 仇士良 所殺 恩權之隆赫 禍機所伏也 故 謂之妖 盡忠所事 謂盡
心於餕也 奴曰藏 婢曰獲 門客 指馮球

武

(集說) 熊氏曰珍玩奇貨 不可貪 一戒也 恩權隆赫 不可恃 二戒也 溺愛而不能正家 三戒也 失言而不能
保身 四戒也 婆藏獲 張威福 害門客而不知 五戒也

한글 풀이 (세로 작은 글씨):
또 명년에 왕상국과 가상속이 다 화를 만나서 슬프다 왕상국이 보배와 구경스러운 것과 보화로써 물건의 요괴함이 되다 하니 진실로 아는 말이 거니와 한갓 물건 요괴한 줄만 알고 은혜와 권위가 높으고 빛남이 요괴 됨이 심한 줄은 직위로써 보화를 탐하고 이미 능히 그 집을 바루지 못하고 충성을 다하여 섬기는 바에 능히 그 몸을 보전하지 못하니 이것도 또한 족히 말할 것 없도다 가상속의 장회(종)이 문아래 손님을 담과 집의 사이에 해롭게 하여도 알지 못하니 부와 귀를 처음부터 끝까지 하고저 한들 그 가히 얻을까.

이것이 비록 한가지 일이나 경계 됨은 여러 끝이 도다.

왕문정공이 발해 남성 정시에 다 머리 되더니 혹이 희롱하여 가로되 장원이 세 마당을 시험하니 일생에 먹고 입음이 다하지 못하리로 공이 정색하여 가로되 일찍의 평생

之志ㅣ不在温飽ㅣ니라

●왕문 정공이 발해와 남성과 정서에 다 으뜸이 되었더니 혹이 회롱해 말하기를 시험처서 세자리나 장원을 하다 한평생에 먹고 입을 것이 다 하지 아니할로다 공이 낯빛을 바루어 말하기를 증의생의 뜻이 따뜻하고 배부르는데 있지 아니 하니라.

(集解)公名曾 字孝先 青州人 宋眞宗朝 鄉試 省試 延試 皆第一 劉子儀 學士 戲之公 答之以此後 仕至宰相 卒諡文正 石氏曰士之積道德 富仁義於 厥身 蓋假權位 以布諸行事 利於天下也 豈屑屑然謀 於衣食歟

○范文正公이 少聲去有大節하여 其於富貴貧賤毀譽聲歡戚에 不一動其心而慨然有志於天下러니 嘗自誦曰士ㅣ當先天下之憂而憂하고 後天下之樂洛下同而樂也ㅣ라하더라

범문 정공이 젊어서 큰 절개가 있어서 그 부하고 귀하고 헐고 기리고 즐겁고 슬픔에 하나도 그 마음을 움직이지 아니하고 개연히 뜻이 천하에 있더니 일찍 스스로 외워서 말하기를 선비가 마땅히 천하의 근심을 먼저 해서 근심하고 천하의 즐거움을 뒤에서 즐거워서 즐기느니라.

(增註)不一動其心 謂富貴不慕 貧賤不厭 毁之不怒 譽之不喜 得而不歡 失而不戚也 天下未憂而先憂 天下己樂而後樂

其事上遇人에 一以自信하여 不擇利害爲趨捨하고 其有所爲에 必盡其力여하 曰爲之自我者는 當如是니 其成與否는 有不在 我者라 雖聖賢도이사 不能必이시니 吾豈苟哉리오하더라

그 위를 섬기며 사람을 대접함에 한결 같이 믿음으로 써 하고 이해를 가려서 추종과 놓음을 하지아니 하고 그 하는 바 있음에 반드시 그 힘을 다하고 말하기를 나 자신으로 불은 것이 이와 같으니 그 이루고 다못 이루지 못하는 것은 내게 있지 아니 한자 있는 것이라 비록 성현이라도

능히 기필치 못할 것이니 내가 어찌 구차히 하리요 하더라.

○司馬溫公이 嘗言吾無過人者어니와 但平生所爲ㅣ 未嘗有

不可對人言者耳로라

(增註) 自信 守其正也

사마온공이 일찍 내가 남에게 지내는 것이 없거니와 다만 뎡생에 하는 바가 일찍 남을 대

(集解) 公 平生 誠實不欺故 不可對人言者則不爲也

해서 말하지 못할 자가 있지 아니하니라.

公 平生 誠實하지 못할 자가 있지 아니하나 불가히 사람을 대하여 말하지 못할 것이 없느니라.

○管寧이 嘗坐一木榻니하더 積五十餘年대이로 未嘗箕股니 其榻

●上當膝處ㅣ 皆穿이라하니

(集解) 寧 字幼安漢末 避亂 依公孫度於遼東 日講詩書 所居成邑 民化其德 魏文帝 立召 寧 浮海以還

文帝 明帝 皆召之 使仕 寧 陳情 不仕而終

관령이 일찍 한 나무 탑(榻자리)에 앉더니 오십년이 쌓았으되 일찍 다리를 뻗히지 아니하니 그

탑 뒤에 무릎이 닿는 곳이 다 뚫어 졌느니라. 그

○呂正獻公이 自少로 講學即以治心養性로으 爲本여하 寡嗜慾

●薄滋味며하 無疾言遽色며하 無窘步며하 無惰容며하 凡嬉笑俚近

之語를 未嘗出諸口며하 於世利紛華聲伎游宴과 以至於博奕

奇玩히 淡然無所好ㅣ라하더

여정헌공이 졈을 때로 부터 학문을 강하되 곧 마음을 다스리고 성품을 기르므로써 다 근본을 삼

고 즐기는 것과 욕심을 적게 하며 반찬을 박하게 하며 빛이 없으며 군걸음이 없

으며 게으른 얼굴이 없으며 무릇 희롱하고 웃으며 속(俗)에 가까운 말을 일찍 입에 내지 아니하

며 세상 재리와 어지러히 번화한 일과 노래와 재주와 놀음과 잔치함과 써 바둑 두고 기이하고 구경

○明道先生이 終日端坐에 如泥塑人이시니 及至接人야 則渾

(集說) 吳氏曰治心은 收其放心也오 養性은 養其德性也오 自寡嗜慾以下는 皆治心養性之事라 遽는 急遽也오 窘은 迫促
也오 僩은 鄙俗也오 聲伎는 歌樂巧戲也라

스러운데 이르기까지 담연히 좋아 하는 바가 없느니라.

是一團和氣러시다

●명도선생이 해가 다하도록 단정히 앉음에 허수아비 사남과 같더니 남을 대접 하는데 이르러서
는 곧 모두가 이 한덩어리 화기러시다.

(正誤) 終日瑞坐如泥塑人은 敬也오 (集解) 所謂望之儼然이오 即之也溫

○明道先生이 作字時에 甚敬시더니 嘗謂人曰非欲字好ㅣ라 即此
ㅣ是學이니라

●명도선생이 글을 쓰실 때엔 심히 공경 하시더니 일찍 사람에게 일러 말하기를 글자가 좋게 하
려 함이 아니라 곧 이게 이 학문이니라.

(集說) 朱子曰此亦可以收放心

○劉忠定公이 見溫公여하 問盡心行己之要ㅣ可以終身行之
者대한公이 曰其誠乎저인劉公이 問行之何先잇고公이 曰自不妄語
始라니

●유충정공이 온공을 보고 마음을 다하고 몸을 행하는 요지러움이 가히 써 몸이 마치도록 행할 것
을 물은대 온공이 말하기를 그 정성 함일진저 유공이 묻기를 행함이 무엇을 먼저 하니잇고 온공
이 말하기를 망녕 되게 말 아니한데로 부터 시작 하니라.

(集說) 陳氏曰忠定은 元城先生 諡也라 朱子曰溫公 所謂誠은 即大學所謂誠其意者니 指人之實心而不自欺也라

劉公이 初甚易之러니 及退而自隱栝日之所行과 與凡所言이 〔去聲이〕
自相掣肘矛盾者ㅣ 多矣러니 力行七年以後에 成하니 自此로 言行이하

●一致라 表裏相應하여 遇事坦然하여 常有餘裕ㅣ러

〔集說〕陳氏曰易之는 以不忘語違也 吳氏曰掣挽也 肘臂節也 掣肘謂肘欲運動而人挽之 不能運也 矛有鈎之共盾 即今傍牌也

揉曲者曰隉 正方者曰括 皆制本之器也 自相掣肘矛眉 喩言行相 矛盾

謂矛欲傷人而盾蔽之 不能傷也

●劉公이 見賓客에 談論踰時되 體無欹側되 肩背竦直하여 身不

少動하여 至手足도 亦不移라하더

●徐積仲車ㅣ 初從安定胡先生學이러니 潛心力行하여 不復仕

進하고 其學이 以至誠爲本하여 事母孝至하며 自言初見安定先生

退에 頭容이 少偏이러니 安定이 忽厲聲云 頭容直이라하야시늘 某ㅣ因自

思不獨頭容이 直이라 心亦要直也ㅣ라하여 自此로 不敢有邪心호라

●卒늘謚節孝先生이라하니라

●서적 중거가 처음에 안정호 선생을 따라서 배우더니 마음을 침잠하고 힘써 행해서 다시 벼슬에 나아가지 아니하고 그 배움이 그 정성을 근본 하는데 이르러서 어머니 섬기기를 지극히 효도 하더라 스스로 말하기를 처음에 안정 선생을 보고 물러옴에 얼굴이 조금 기우려졌더니 안정이 홀연히 소리를 가다듬어 이르기를 머리 얼굴은 곧다 하시거늘 내가 인해서 스스로 생각 하기를 홀로 머리 얼굴이 곧을 뿐 아니라 마음도 또한 곧은 것이 요지럽다 해서 이로 부터 감히 사특한 마음을 두지 아니했다 하더라 뒤에 죽거늘 시호를 절효 선생이라 하더라.

母朱子曰這樣人都是資質所以一撥便轉終身不爲惡也

(集解)仲車旣冠徒步往從安定學時門人千數獨以別室處之父羅城君早棄家不知所終盡孝於

○文中子之服이儉以絜하고無長物焉이러니綺羅錦繡를不入

(集解)儉謂不侈潔謂不汚無長物謂稱用而已無多餘者也(正誤)長剩也

于室하여曰君子는非黃白不御오婦人則有靑碧이니라

문중자의 의복이 검소하고 깨끗하고 남은 물건이 없다 하더니 비단과 비단을 집에 들어 놓지 아니하고 부인은 푸른것이 있음이라 하니라

○柳玭이曰高侍郎兄弟三人이俱居淸列되非速客든不二

羹哉하며夕食엔齕蔔匏而已러라

(集解)이이거든 국과 고기를 두가지 아니하며 저녁 밥엔 나물을 먹을 뿐이니라.
유빈이 말하기를 고시랑(벼슬이름)형제 세 사람이 한가지 맑은 처지에 거하더니 손님을 청할적

(集解)高氏兄弟唐人長鋏亦翰林學士次鈇殊給事中次錯皆禮部左郎遠召也不貳無兼味也蔽切肉也匏匏菜名

○李文靖公이治居第於封丘門外되廳事前이僅容旋馬러러

或言其太隘(대)한대 公(공)이 笑曰居第(데)는 當傳子孫이니 此ㅣ爲宰輔廳事

혹이 그 너무 좁다고 말한대 공이 웃으며 말하기를 사는 집은 마땅히 자손에 전할 것이니 정승 집이 됨엔 진실로 좁거니

●誠隘와어니 爲太祝奉禮廳事則已寬矣라니

와 태축봉예(제사)하는 집이면 이미 너그러우니라

(集說) 陳氏曰公 名況 字太初 位宰相 諡文靖 洛州人 封丘 宋都門名 廳 所以治事 故曰廳事 太祝 奉

禮皆祭祀者ㅣ已 太也

○張文節公이 爲相여하 自奉이 如河陽掌書記時니러 所親이 故規

장문절공이 정승이 되어서 스스로 봉양 함이 하양장 서기때와 같더니 친한바가 진짓 바루어서

之日今公이 受俸不少而自奉이 若此니하 雖自信淸約이라 外人

말하기를 이제 공이 받는 봉급이 적지 아니하고 스스로 봉양 함이 이같으니 비록 스스로 밝고 간략

●頗有公孫布被之譏니하 公이 宜少從衆라하도 公이 嘆曰吾今日之

하다고 믿더라도 다른 사람들이 공손(이름)의 베이불 하는 기롱이 있을 것이니 공이 마땅히 조

俸이 雖擧家錦衣玉食을 何患不能이오리 顧人之常情이 由儉入

금 여럿을 쫓으리라 공이 탄식해 말하기를 나의 오늘 날의 봉급이 비록 온가족이 비단 옷과 옥식

奢는 易하고 由奢入儉은 難니하 吾今日之俸이 豈能常有ㅣ며 身豈能

을 무엇이 능하지 아니하고 근심 하리요 도라보건대 사람의 떳떳한 정이 검소 하므로

常存오이리 一旦에 異於今日家人이 習奢已久ㅣ 不能頓儉여하 必

至失所ㅣ하리니 豈若吾居位去位身存身亡이 如一日乎ㅣ오리

사치 한데 들어가기는 쉽고 사치함을 말미암아서 검소한데 들어감은 어려우니 내가 오늘 날의 봉급이 어찌 능히 항상 있으며 몸이 어찌 능히 항상 보존 하리요 하루 아침에 이전날과 다름은 집사 람이 이미 오랜지라 능히 돌연히 검소하지 못해서 반드시 살곳을 잃은데 이를 것이니 어찌 내가 직위에 거하고 직위를 버리고 몸이 보존하고 몸이 망하는 것이 하루 날 같은 것과 같으니라.

(集說) 陳氏曰公名 知白 字用晦 滄州人 諡文節 漢 承相 公孫弘 爲布被 汲黯曰弘 俸祿多而爲布被 此 詐也 或人見文節之儉約 亦疑其詐 故引是以譏之

○溫公이曰先公이爲群牧判官에 客至어든 未嘗不置酒시며 或三行며하或五行며하不過七行며하酒沽於市고하果止梨栗棗柿오며 脯醢海榮羹오이器用瓷漆니하 當時士大夫ㅣ皆然라이人不相非也니하 會數며而禮勤며하物薄而情厚니하

●온공이 말하기를 선공(죽은어른)이 군목판관이 되었을때 손님이 이르거든 일찍 술을 두지 아니 하시며 혹 셋 차례하며 혹 다섯 차례를 지내지 아니하되 술은 저자에 받고 과실은 배와 밤과 대추와 감에 그치고 안주는 포와 식혜와 나물국에 그치고 그릇은 옹기와 칠한 것을 쓰며니 당시에 사대부가 다 그러했느니라 사람이 서로 그르게 여기지 아니해서 모이기를 자주 해서에 부지런 하며 물건은 박하고 정은 두터웠느니라.

近日士大夫家는 酒非內法이며 果非方遠珍異며 食非多品이며 器皿이非滿案이어든 不敢會賓友여하 常數日營聚然後야에 敢發書하나 苟或不然면이 人爭非之여하 以爲鄙吝니하 故로 不隨俗奢靡者ㅣ鮮矣라니

(集解)溫公父 名池 字和中 (增註)行 猶巡也 亦作按

●요사이 사대부 집은 술이 궐내 법이 아니며 기명이 상에 꽉차지 아니하거든 과실이 방환 진이가 아니며 먹을 것이 많은 품질이 아니며 모인 뒤에 감히 글을 내나니 구차히 혹 그렇지 아니하면 사람이 다투어 가며 그르게 여겨서 더럽고 인색하다 하니 그런고로 풍속을 따라 사치하고 쓰러지지 아니하는 자가 드무니라。

(正誤)内法 謂宮造酒之法 書 謂召客之書

嗟乎ㅣ風俗頹弊ㅣ如是니하 居位者ㅣ雖不能禁이나 忍助之乎아

슬프다 풍속이 퇴폐 함이가 이같으니 벼슬에 거하는 자가 비록 능히 금하지는 못하나 참아 도울까。

(集說)熊氏曰溫公 時己爲相 蓋欲以淸約 爲天下先也

○溫公이曰吾家ㅣ本寒族이라世以淸白相承고하吾性이不喜華靡여하自爲乳兒時로長者ㅣ加以金銀華美之服든이어輒羞赧乃板反여하棄去之니하더年二十에忝科名여하聞喜宴에獨不戴花니하同年이曰君賜ㅣ不可違也ㅣ라여늘乃簪一花라호平生에衣取蔽寒며하食取充腹고하亦不敢服垢弊여하以矯俗干名오이但順吾性而已라로

●온공이 말하기를 내 집이 본래 한미한 겨레라 대대로 우리가 청백 함으로써 서로 잇고 나의 성품이 화려한데 쓰러지기를 즐기지 아니해서 어릴때로 부터 어른이 금과 은과 화려하고 아름다운 옷을 더하려거든 문득 부끄러히 해버렸더니 나이 이십에 과거 이름을 더렵혀서 문회연(즐거움을 들은 잔치)에 홀로 꽃을 이지 아니하니 동갑이 말하기를 임금이 주는 것이라 가히 어기지 못할 것이라 하거늘 이에 한 꽃을 꽂아 노라라 한평생에 옷은 떨어진 것을 취하며 먹는 것은 배채우기를 취하고 또한 가히 때묻고 떨어진 것을 입고 써 풍속을 바루고 명예를 구하는 것이 아니고 다만 나의 성품을 순하게 할 뿐이로다。

(正誤)忝 忝也 垢 汚也 弊 壞也 矯 壞也 干 求也 (集解)聞喜 宋 進士 宴名也

○注信民이嘗言人이 常咬得菜根則百事를 可做여늘 胡康

侯ㅣ聞之고하 擊節嘆賞라하더

주신민이 일찍 말하기를 사람이 항상 언어 나물 뿌리를 씹으면 일백 일을 가히 이룬다 하거늘 호강후가 듣고 손벽을 쳐서 탄식하고 찬성하더라.

(集說) 陳氏曰信民 名革 臨川人 康侯 文定公字也 人能甘淡泊 而不以外物 動心 則可以有爲矣 擊節 一說 擊手指節 一說 擊器物 爲節 皆通 嗟嘆賞 稱賞 朱子曰學者 須常以 志士 不忘在溝壑 爲念 則道義重 而計較死生之心 輕矣 況衣食外物 至微末事 不得 未必便死 亦何用義犯 犯分 役心 役志 營 營以求之耶 某觀今人 因不能咬根 而至於違其心者 衆矣 可不戒哉

●右는 實敬身이라

오른 쪽은 몸 공경함을 실증 함이라.

原本小學集註卷之六 終

小學集註跋

古者小學始教七歲之蒙想其爲言易知而其爲教易入也三代之盛其法必備規模條
制列於職官而羨火之餘其書不傳晦菴夫子閔人道之不立嘆爲學之無本以聖人
立教之遺意蒐輯經史編爲小學之書由是小學之教復明於天下誠垂世之大訓也第
次輯之書出入古今其精深簡奧之言必有訓釋無後其義可明此集註之說不得不作
於後也夫子以後註家相踵各有成書然讀之者咸病其不盡合於經意之說吾友德水李
候叔獻謝事而歸講道海山之陽造士之規悉舉成注揭是書爲入德之門而且憂註說
多門莫歸于正乃取諸家删繁釋要長去短一以不反乎經旨明白平實而或詳或畧
又以互相發焉可謂執羣言之兩端而善於折衷者矣間送于一二執友與之幼稚以
渾之愚亦得以反復焉鳴呼聖賢之書何莫非服膺踐實之要而小學之致加之幼稚之
初發良知而示趨向正蒙養而培本原先諸事爲無非家庭日用之常童子受一日之教
舉足之始己立於循蹈之地非如大學之方兼有玩索之功業廣而思深也然則讀是書
者不雖於解其義而專於習其事不貴於說話鋪排而主於深體力行要使明倫敬身之
意浹洽於中淪肌浹髓日用之間事親從兄即見孝悌之當然如着衣昭飯無待於外求
則所謂涵養純熟根基深厚者可得而言也渾晚暮收拾根本不立竊有感於夫子妙敎無窮之旨
序追補者尤不可以不知此意也
每以嘗試責勉之工程自訟於心者久矣叔獻書來徵跋文於余既不敢辭則書其說以
諗之云昌寧成渾跋

小學跋

成化間有淳安程氏者治河于濟南多名士彬彬有伏生之遺風焉因與其徒日講小

學辨質訂正爲註跂六卷以畀東使之聘上國者東人始得欣觀焉其後河吳陳氏之說

稍稍出海外而學子局於井觀猶守株先入崇信程說殊不知諸家語有短長理或抹搬

余嘗病之妄欲粲根會趣以便考閱一日金鐵原長生見訪因語及之金言栗谷己先宰

割子何重勞遂以其所藏一帙見示余甲管曰不亦善乎儘師逸而功倍矣因繼史纂入

梓以壽其傳都提調推忠奮義平難忠勤貞亮竭誠效節協策扈聖功臣大匡輔國崇祿

大夫議政府左議政兼領　　經筵事監春秋館事　　世子傅鰲城府院君李恒福謹跋

版權所有 明文堂印版 圖書出版

原 本 小 學 集 註 (全)

初 版 發 行 ● 1978年　9月　25日
修 正 版 1刷 發 行 ● 1991年　9月　2日
修 正 版 11刷 發 行 ● 2022年　7月　15日
校　　閱 ● 金 星 元
發 行 者 ● 金 東 求
發 行 處 ● 明 文 堂 (1923. 10. 1 창립)
　　　　　서울특별시 종로구 안국동 17~8
　　　　　우체국　010579-01-000682
　　　　　전화　(영) 733-3039, 734-4798
　　　　　　　　(편) 733-4748
　　　　　FAX 734-9209
　　　　　Homepage www.myungmundang.net
　　　　　E-mail mmdbook1@hanmail.net
　　　　　등록　1977. 11. 19. 제1~148호
● 낙장 및 파본은 교환해 드립니다.
● 불허복제

값 12,000원
ISBN 89-7270-805-4 93140

東洋古典原本叢書

原本備旨 **大學集註**(全) 金赫濟 校閱 값 6,000원

原本備旨 **中庸**(全) 金赫濟 校閱 값 6,000원

原本備旨 **大學·中庸**(全) 金赫濟 校閱 값 12,000원

原本 **孟子集註**(全) 金赫濟 校閱 값 10,000원

原本備旨 **孟子集註**(上·下) 金赫濟 校閱 값 上 12,000원 下 10,000원

正本 **論語集註** 金星元 校閱 값 7,000원

懸吐釋字具解 **論語集註**(全) 金赫濟 校閱 값 12,000원

原本備旨 **論語集註**(上·下) 申泰三 校閱 값 각 10,000원

備旨吐解 **正本周易**(全) 金赫濟 校閱 값 10,000원

備旨具解 **原本周易**(乾·坤) 明文堂編輯部 보 15,000 특 25,000원

原本懸吐備旨 **古文眞寶前集** 黃堅 編 金赫濟 校閱 값 5,000원

原本懸吐備旨 **古文眞寶後集** 黃堅 編 金赫濟 校閱 값 10,000원

原本集註 **書傳** 金赫濟 校閱 값 10,000원

原本集註 **詩傳** 金赫濟 校閱 값 12,000원

懸吐 **通鑑註解**(1, 2, 3) 司馬光 撰 값 각 3,000원, 3,500원

詳密註釋 **通鑑諺解**(전15권) 明文堂編輯部 校閱 값 각 6,000원

詳密註釋 **通鑑諺解**(上中下) 明文堂編輯部 校閱 값 각 25,000원

詳密註解 **史略諺解**(1, 2, 3) 明文堂編輯部 校閱 값 각 5,000원

詳密註解 **史略諺解**(全) 明文堂編輯部 校閱 값 15,000원

原本 **史記五選** 金赫濟 校閱 값 5,000원

原本集註 **小學**(上·下) 金赫濟 校閱 값 上 8,000원 下 7,000원

原本 **小學集註**(全) 金星元 校閱 값 10,000원

原本備旨懸吐註解 **古文眞寶前集** 明文堂編輯部 校閱 값 6,000원

原本備旨懸吐註解 **古文眞寶後集** 明文堂編輯部 校閱 값 10,000원

原本備旨懸吐註解 **古文眞寶集** 前後集合本 編輯部 校閱 값 15,000원

增訂註解 **五言唐音**(全) 明文堂編輯部 校閱 값 7,000원

增訂註解 **七言唐音**(全) 明文堂編輯部 校閱 값 8,000원

增訂註解 **五言·七言唐音**(全) 明文堂編輯部 校閱 값 15,000원

東洋古典은
계속
출간됩니다.